王志江 □ 著

儿童与课程

数学教育新论

ERTONG YU
KECHENG
SHUXUE JIAOYU XINLUN

漓江出版社
·桂林·

图书在版编目（CIP）数据

儿童与课程：数学教育新论 / 王志江著 . -- 桂林：漓江出版社，2024.11. -- ISBN 978-7-5801-0088-7

Ⅰ . G633.602

中国国家版本馆 CIP 数据核字第 2024F9Q212 号

儿童与课程：数学教育新论

ERTONG YU KECHENG: SHUXUE JIAOYU XINLUN

王志江　著

出 版 人　刘迪才
策划统筹　文龙玉
责任编辑　文龙玉
助理编辑　潘潇琦
书籍设计　周泽云
责任监印　黄菲菲

出版发行　漓江出版社有限公司
社　　址　广西桂林市南环路22号
邮　　编　541002
发行电话　010-85891290　0773-2582200
邮购热线　0773-2582200
网　　址　www.lijiangbooks.com
微信公众号　lijiangpress

印　　制　天津嘉恒印务有限公司
开　　本　710 mm×960 mm　1/16
印　　张　15.75
字　　数　238千字
版　　次　2024年11月第1版
印　　次　2024年11月第1次印刷
书　　号　ISBN 978-7-5801-0088-7
定　　价　59.80元

自 序

在基础教育领域中，相当一部分学生被数学学习所困扰，直接影响其学习生活品质。长期以来，中小学数学教师基于多年经验积累不断尝试教学改革，如精讲多练、举一反三、专题训练，或者基于对数学思想方法和核心素养的重视，强调运算背后的算理和逻辑推理能力等。这些做法对于暂时提升学生的数学考试成绩也许有些效果，但是，对于培养和提升学生的数学意识，特别是数学创新思维能力见效甚微。从现代人的文化修养来看，良好的数学意识是其健全生活的重要保障。为了帮助中小学生在基础教育阶段形成良好的数学学科意识，中小学数学教师有必要对此"自然态度"进行深刻省思，从提升学生数学意识的视角重构数学教育观念，改进课堂教学方法。

因此本研究的核心问题是基于儿童认知发生的原理，探讨中小学数学教育中"教－学"意识之间的逻辑联系。具体而言，中小学数学教师应该基于理论思维追问以下诸问题：如何激活自己的"教的意识"？如何以自己的"教的意识"激活学生的"学的意识"？如何在"教师之教的意识"与"学生之学的意识"双向激活的基础上，建立"教－学"意识的联结？

秉持理论思维相对于经验积累的优先性，首先，本研究尝试搭建理论框架，即以现象学哲学反思的态度，对中小学数学知识系统进行先验发生学分析，从学科知识的角度抵达"教之先对教的拥有"。其次，运用认知心理学和脑科学的原理，进行个体发生学分析，从儿童认知发生发展规律的角度抵达"教之先对教的拥有"；通过以上两个"拥有"，初步激活"教师之教的意识"。最后，通过课前挑战初步激活"学生之学的意识"，进而通过课堂对话有效建立"教－学"意识的联结。

　　本研究首先通过长期的课堂观察，分析了当前中小学数学课堂教学存在的问题，即"教师之教的意识"与"学生之学的意识"都处于遮蔽之中，在教与学的过程中，只有客观数学知识的"搬运"和被动应用，而缺少意识的相互激活与持续生长。进而通过理论学习，对基础教育阶段"图形与几何"部分进行系统的先验发生学分析，从数学知识的角度初步激活"教师之教的数学意识"。同时，本研究采用深度访谈法，对3~12岁儿童进行了个体发生学分析，从学生认知发生发展规律的角度，初步激活"教师之教的学生意识"。在此基础上，回归"教师－知识－学生"三位一体的教育生活世界，与中小学数学教师共同构建"单元教学整体设计"模型，进一步激活"教师之教的意识"，同时初步激活"学生之学的意识"。本研究还协同一线教师构建课堂对话模型，使学生通过课前挑战，遭遇认知冲突，激发认知兴趣。最后，师生一起围绕典型认知冲突，展开深刻而热烈的课堂对话，在"教师之教的意识"与"学生之学的意识"相互激活与点燃的过程中，"教－学"意识得以深度联结，数学观念得以精彩诞生。

　　本研究结果显示，改革之后的中小学数学教学，不仅可以提升学生学习数学的美好体验，而且有助于提升学生的数学创新思维能力，同时，也为中小学数学教师的专业意识发展提供了一条可能性路径。

目　录

引　论　儿童的数学认识何以发生？

一、研究缘由和研究问题

（一）来自中小学数学教育一线的心声

1. 来自学生和家长的心声

在胡萍老师的博客中，有一篇点击量较高的文章:《儿子在剑桥如此纠结，痛斥国内数学学习之伤》。胡老师记录了已经进入剑桥大学生物专业的儿子的话:

"妈妈，我现在才知道，我的天分是在数学方面，我在小学的时候学习奥数，读完题目，不用拿笔画图计算，题目中那些球的运动轨迹全部会呈现在我的脑海里。在我的脑海里，我会把自己变成其中一个球，然后经历题目中的过程，马上就可以直接得出答案;那些智力游戏，比如华容道，我很快就能够知道那几个木块该如何弄出来;九连环，我拿在手里，很快脑海里就能够出现一幅图，几分钟我就知道该如何解开这些连环;还有魔方，无论几阶的魔方，我都可以很快知道如何解决难题。"

然而，学校数学教育却是"做题、做题、做题……"，以及"寻找唯一的正确答案"，没有人带领儿童去发现数学的奥秘，最后导致颇具数学天分的胡老师的儿子"直接将全国数学竞赛二等奖证书扔进了垃圾箱"!

"20年来，我无时无刻不在竭尽全力地保护着儿子的天赋和探索的激情，然而，我的能力有不能企及的地方，在如今这片教育的土壤里，有时候，我也不知不觉地成了毁灭孩子天赋的帮凶！儿子的话语让我的心很痛很痛，人类最大的浪费就是浪费人的天才！"作为"天才儿童"的母亲，胡老师的这番话是多么迟、多么痛的领悟！

显然，这并非个例与偶然现象，而是每时每刻都在每一所学校和每一个家庭不断重复上演的"剧目"。20以内的加减法全凭每天口算题卡的机械训练；暗无天日地死记硬背"九九表"；不允许追问"为什么"，只需记住法则、模仿例题，像机器人一样无休无止地操练，直至成为合格的"熟练工"。从小学到中学，凭借一张又一张的试卷，大量儿童被打上"数学低能儿"的标记；少量幸存者，即便能够在考场上取得不错的成绩，却也终生丧失了对数学的兴趣；更少的幸运儿，虽然能够在国际奥林匹克赛场上争金夺银，但在更广阔更深邃的数学王国却鲜有建树！凡此种种，无一不令人心痛！

2. 来自一线教师的心声

孙喜宗说："高中数学教育教学存在的问题主要有：教学方式单一、教学速度统一、教师占据主导地位、学生缺乏学习兴趣。"[①]早在十年前，党亭军就已指出："中小学数学教学中的四对基本矛盾，即：教学目的中的双基训练与数学思想教育之间的矛盾、课时分配中的教师主导性讲解与学生自主性探究之间的矛盾、课堂教学中理论学习与课外实践运用之间的矛盾、教学评价中定量分数与定性发展之间的矛盾。"[②]十多年间，随着课程改革轰轰烈烈地推进，"双基"变成了"四基"，然而这些矛盾是否有所缓解呢？没有！正如党老师说："（这些矛盾）并没有得到根本性的解决，反而随着课程改革的深入推进，有日益凸显和加剧的趋势。"[③]

党老师当年提出的建议是："（1）通过加快中小学各种考试尤其是高考的改革步伐来促使应试教育观念向素质教育观念的彻底转变；（2）改进中小学数学教学评价制度；（3）在中小学数学教学目的中凸显数学素养的核心地

---

① 孙喜宗：《高中数学教育教学存在的问题及应对策略探究》，《数学之友》2022年第9期。

②③ 党亭军：《中小学数学教学改革中的基本矛盾分析及对策研究》，《内蒙古师范大学学报（教育科学版）》2010年第2期。

位；（4）做好中小学数学教师培训方式的转变，即把目前的理论培训为主的培训方式转变为具体的课堂教学指导与培训；（5）中小学数学教学中应尊重学生的主体地位；（6）加强对中小学数学教学的督导，以确保综合实践与运用部分的实施。"[1]十多年后，孙老师提出的建议是：（1）改变教学方式；（2）采取分层教学；（3）突出学生主导地位；（4）激发学生学习意识，注重培养学生在学习中独立解决问题的习惯。显然，在考试改革、教材改革、教师培训改革等宏观政策方面的变化是显著的，但是，在数学教育教学发生的第一现场——每一所学校、每一间教室、每一位老师与学生的生命状态，真实状况并不乐观。

正如党老师所说"随着课程改革的深入推进，（矛盾）有日益凸显和加剧的趋势"，这真是一语成谶！当下基础数学教育改革在一线老师的眼中，已经深陷怪圈：问题和建议仿佛是两条同时上扬的平行线——建议越来越多，问题与矛盾不仅没有丝毫减少，反而同步快速增多；更加令人"称奇"的是，几乎所有的局中人都已见怪不怪，满足于被一股强大的、看不见摸不着的惯性力量推动着，茫茫然而前行！朱晓宏老师说："从教师职业特点来看，当一个普普通通的教师并不容易。陈先生对于教师的境况饱含同情，他在文中曾描述一位小学老师的日常工作：每周16节课，备课，上课，批改学生作业，参与学校内部测验和上级教育管理部门组织的统测，参加学校和上级教研部门的教研活动……教师似乎'成了一架无法停止的机器'。"[2]

事实上，一线数学教师的生存境遇也许比上述文字所描述的更加不容乐观：除了僵死的公式、法则、定理等条条框框，不知数学为何物的大量从业者，每一天都在盲目而又辛苦地劳作；他们能够在某种层面上依据推理证明揭示数学的逻辑理性，却仅仅将逻辑思维理解为"两点之间（从已知到结论）的、客观存在的线性路径"——在形式逻辑严密的控制下生活，而不是灵活

---

① 党亭军：《中小学数学教学改革中的基本矛盾分析及对策研究》，《内蒙古师范大学学报（教育科学版）》2010年第2期。

② 朱晓宏：《"师说别解"与"师道实话"：为教师"正名"——陈桂生先生的教师研究视域与实践关怀》，《教师发展研究》2023年第1期。

运用逻辑去生活。所以，那些不断提出各种精灵古怪之数学问题的儿童就会有意无意地受到"打压"，直至"长大后，我就成了你"；少数罕见的"优秀数学老师"，能够在逻辑性与非逻辑的丰富性之间把握合适的分寸，不过，他们教与学的目标，仍然是有效抵达一个外在的、客观的数学真理王国，而不是由衷地渴望像数学家一样去创造数学、发明数学，更不会从灵魂深处迸发出渴望承担理性价值的强烈的使命感，所以，他们教育的学生也许能够取得卓越的中高考成绩，甚至也能表现出某种对数学的超乎寻常的兴趣与热爱，然而，随着斗转星移、物是人非，那些曾经的点点星火，终归昙花一现。

中小学数学教育改革路在何方？

（二）关于中小学数学教育改革的不同观点

张丹在《中国数学会中小学数学教育改革研讨会记录》[①]一文中，比较详细地记录了一次"关于基础数学教育改革的讨论会"。讨论会由马志明（中国数学会理事长）主持，刘坚（时任教育部基础教育司课程教材发展中心负责人）作为新课程改革的"旗手"率先发言，他说："这次课程改革基本思路的核心是：建立高质量的基础教育。什么叫高质量？新的质量观是什么呢？它包括：终身学习的愿望和能力；反映现代科技和学科的最新进展；确保全民基本素质的前提下，实现多样性（我们现行课程缺乏选择和多样化）。"显然，刘坚的质量观包括了三个方面：目标改革——时代性，课程内容改革——时代性，课程实施改革——选择性。同时，他还指出我们国家数学教育的优势和不足同样突出，其中，优势有：基础知识扎实、基本技能熟练、解题技巧较好、勤奋和刻苦的精神。不足有：（1）知识面较窄，内容较为陈旧，不能反映现代科技的进步；（2）与学生的认知发展水平和生活经验脱离；（3）与现代科学技术的脱节；（4）学生的情感体验不好。

在此基础上，刘坚强调：这次数学改革，我们的优势要基本保留，公民基本的读、写、算要保证，但弊端必须进行改革！他进一步指出，新的数学课程力图强调："（1）削枝强干，删繁就简，突出本质，体现数学的思想方法；

---

① 张丹：《中国数学会中小学数学教育改革研讨会记录》，《数学通报》2000年第11期。

（2）强调数学的探索过程，体现基本的数学化过程：现实问题—抽象成数学模型—解决现实问题；（3）基于儿童的生活经验，取消一些繁难的问题，如'乘数、被乘数'；（4）重视理性精神和几何推理。"

然而，数学家们想法并不相同。姜伯驹说："我们国家的课程比较单一，缺乏有特色的教材。在这样的传统背景下，提出《标准》给社会的影响就是'齐步走'。这与美国的情况正好相反，他们是各地各校各行其是，教材种类繁多，因此有制定国家标准适当加以规范的要求。对于我国的课程改革来说，是编写一个国家标准更有效，还是组织人员编写有特色的教材更有效？"

来自师范大学的数学教育专家则要温和一些。刘绍学（北京师范大学教授）说："我对《标准》的某些方面是欣赏的。在理想状态，看一看在义务教育阶段应该达成什么样的目标是必要的。"

为什么会出现这种局面呢？在我国，课程改革是国家行为，刘坚作为课程改革最为积极的推动者，在某种程度上无疑是国家意志的代言人。放眼整个世界，教育和课程毫无疑问都会承载着国家和民族的意志，从这个角度讲，刘坚并无不是，那么，难道是数学家们过于保守或者过于理想化、自由化了？显然更不是！

真正的问题在于：教育的本质到底是什么？有没有比承载"客观标准"更根本的目标？显然，教育最根本的目标是培养人、发展人，因此，一切"眼中无人"的行为——不管是保守还是革新——无疑都偏离了教育的正道！尽管刘坚在谈改革目标时，也会提及"培养终身学习能力"，在谈"不足"时，也会说"学生的情感体验不好"，但是，整体而言，在他的改革蓝图中，人——不管是学生还是老师——多少偏离了中心位置。

而姜伯驹之所以对《标准》持反对态度，是因为他反对"齐步走"。他为什么会反对"齐步走"？最根本处，显然是因为"人的差异性"。作为我国著名的数学家，他最擅长的领域是数学，而不是教育，但是，他却敏锐地洞察到：教育之为教育，其逻辑在先的目标必定是"人"，其他任何目标都应该是由"人"延伸出去的。

在讨论会后的补充内容部分，张丹还记录了诺贝尔奖获得者杨振宁博士在中国科协2000年学术年会上的学术讲演中提到的一个事实："最近20年来，美国的中小学生在各种各样的国际性的评价测试中成绩一直名列倒数第一第二，但是，就是在这20年里，特别是最近的10年来，美国实现了经济的快速增长，成为世界上真正的强国。实际上早在七八十年代，美国的教育模式已经发生了重大的变化，较少关注具体的知识、技巧，而更多地指向人的个性、创造性、实践能力等方面的发展。"

如果按照刘坚的逻辑，杨振宁提到的事实显然就是一个悖论：美国最拙劣的基础教育，却发展出卓越的高等教育和具有创新活力的国家——这就如同在像豆腐渣一般的地基上建起了安全稳固的万丈高楼。如果按照姜伯驹的逻辑则顺理成章：美国基础教育名列倒数第一的结论，是依据一种错误的、只见分数不见人的评价标准得出的，而其不可见的、人之为人的个性、创造性和实践能力并未得到真实的评价；如果从结果倒推回去，则不难得出，美国的基础教育其实是优秀的。如此一来，我们还要坚持认为基础知识扎实、基本技能熟练、解题技巧较好、勤奋和刻苦的精神等，真的是我们的基础数学教育之优势吗？！

（三）"双减"政策对课程改革提出的新要求

2021年5月21日，习近平总书记在主持召开中央全面深化改革委员会第十九次会议上说："义务教育是国民教育的重中之重，要全面贯彻党的教育方针，落实立德树人根本任务，充分发挥学校教书育人主体功能，强化线上线下校外培训机构规范管理。"2021年7月24日，中共中央办公厅、国务院办公厅印发《关于进一步减轻义务教育阶段学生作业负担和校外培训负担的意见》（"双减"），要求各地区各部门结合实际认真贯彻落实。同年8月，国务院教育督导委员会办公室印发专门通知，拟对各省"双减"工作落实进度每半月通报一次。同年10月，全国人大表示："双减"拟明确入法，避免加重义务教育阶段学生负担。同年11月3日，市场监管总局等八部门发布《关于做好校外培训广告管控的通知》，坚决杜绝地铁、公交站台等所属广告牌、广告位刊发校外培训广告。整个社会形成联动机制，全面推进"双减"政策落地。

在北京师范大学教师教育研究中心2021学术年会上，张志勇做了《"双减"改革对教师专业素养提出的新挑战》的主题演讲，他说："为什么说在'双减'改革支持下，对教师的课堂教学改革能力、育人能力提出了更加迫切的挑战呢? 因为'双减'改革有两个重点，即：减轻学生的校外培训负担和校内作业负担。作业负担如何减轻? 顾明远先生讲过一句话：一切都在课堂。课堂教学质量不提高，作业负担怎么能降下来呢?"[①]显然，"双减"看似直接针对"作业"，但是解决问题的关键却在"课堂教学质量"。那么，"课堂教学质量"又意指什么呢? 张教授接着说："所以，'双减'的首要举措实际上不是作业改革，而是'大力提升教学质量，确保学生在校内学足学好'。如果课堂教学质量不提上去，作业改革是没有逻辑基础的。而要提高课堂教学质量，教师在教学设计上有五点特别重要：第一，孩子的认知起点在哪里? 孩子掌握了什么? 还要学习什么? 第二，孩子在课堂里学习的动力是什么? 老师不要总是指责孩子不学习、开小差、调皮捣蛋，而是要反问自己，为什么没有能力把学生吸引到你的课堂教学体系中来? 第三，到底要让孩子学到什么程度? 孩子学完之后到底能做什么? 第四，要让学生实现这样的学习行为的发生，需要给孩子什么样的学习'支架'? 第五，如何证明学生达到了你所提出的学习目标? 用以证明的测评工具是什么?"在这里，改革的"焦点"已经悄然发生了改变：从作业数量的多少转向了课堂教学质量的高低，从教学的策略与方法转向了儿童真实学习过程的发生，从一切偏外在的因素转向了内在的"人的因素"。[②]

（四）研究问题

综上，中小学数学教育改革的方向应该是：从当下的"知识概念记忆和题海战术"转向"对核心原理的理解和领会"，既要"知其然"，更要"知其所以然"，唯有如此，方能提升孩子们终身受益的数学核心素养。同时，相对于制定和修改《标准》，编写教师培训教材以切实提升教师的能力和素养，也是切中肯綮的建议。这是因为，在教与学的情境中，虽然有教师和学

---

①② "校长会"公众号，2022年1月22日。

生"双主体"的说法，但是主体性是一个始终处于发展中的、可能性的概念，教师如此，儿童更是如此，特别地，教师的主体性如果不能得以如其所是地显现，儿童的主体性大概率只能处于遮蔽和隐匿之中。所以，聚焦教师培训教材的编写和师范大学的教育改革，既是对广大一线教师的主体性的必要尊重，又是着眼未来教师之培养的合理举措，而且，当这个举措不断行之有效地得到落实时，可以与基础教育实践改革同步良性互动，从而不断唤醒、点燃和激励当下的一线教师群体走上真正的专业发展之路。

现在，我们可以进一步从微观层面反思基础数学教育改革的可能性路径：如果想要超越"聚焦唯一标准答案的解题教学"，就需要进入"领会核心原理"的层面；而领会原理，就需要聚焦学习者的意识活动（或思维活动）而不是外在的习题和答案；再进一步，一旦聚焦意识活动，就需要更进一步聚焦内在意识活动之动机——意义。

这就好比是打靶，靶心是意义，如果打靶者总是瞄准一、二环的位置——知识与技能，那就难免会脱靶。如果聚焦于原理——这里的原理显然不是外在的知识或教条，就会总是与内在的意识或思维活动密切相关；如果聚焦于意义，对于基础数学教育而言，难免被诟病为空泛，不过，事实上，意义总是内蕴于意识活动之中，根本不存在没有意义的意识活动。

至此，我们从"中小学数学课程改革何以可能"，聚焦到"儿童数学思维发展何以可能"，进一步聚焦到"形成核心素养的数学认识何以可能"，最后定位于"教与学的意识的激活与联结何以可能"，从而明确了本研究的问题：让儿童的数学认识发生，建立"教－学"意识的联结。

二、研究目的、意义与文献综述

（一）研究目的

第一，激活中小学数学教师之教的意识，让教师之教的行为既幸福又有效。

第二，激活中小学学生之学的意识，让学生之学的行为既快乐又深刻。

第三，建立中小学数学教育"教－学"意识的联结，让数学教师的教学行为从"机械重复的苦役"转变为"以意识激活意识"的神圣事业，让儿童的数学学习从被动接受、机械操练的状态转变为创造数学、发明数学的神奇之旅。

（二）研究意义

1. 理论意义

第一，探索中小学数学教育改革从"自然态度"转向"哲学态度"①的可能性路径。数学教育改革仅仅聚焦于纷繁混乱的"表象"是没有出路的，它应该沿着哲学反思的方向，沉思自己的本质，然后再如其所是地长成自己的模样。基础数学教育改革不能停留在方法、策略等未经省察的传统经验领域，而应该进入反思性的现象学哲学视域，沉思数学教育的本质。

第二，重新界定"教师之教的意识"的内涵。一方面，教师之教的意识包括对所教知识的内在意识构造，这需要运用现象学还原法，将客观数学知识暂时"悬搁"起来，打上无效的标记，回归明见的、直接给予的绝对起点，先验地重构数学观念之发生学的历程。另一方面，教师的"教"从来不是教师个人的事情，它总是在先地拥有"教－学"之基本结构，所以，教师之教的意识必然包括教师对学生数学认识发生发展之规律的领会和洞察。

第三，在"教师－知识－学生"三位一体的教育生活世界中，构建中小学数学教育发生学模型，实现以教师之教的意识有效激活学生之学的意识，并真正建立"教－学"意识的联结，促进学生数学经验的持续改进与生长。

2. 实践意义

第一，建构单元教学整体设计发生学模型，为中小学数学教师的专业发展提供切实有效的参考。

---

① 胡塞尔曾经总结说：关于"认识何以可能"的问题，存在着两种态度，一种是"自然态度"，另一种是"哲学态度"。自然态度认为认识深不可测，而认识的可能性显而易见；哲学态度则认为，认识——特别是近现代自然科学——虽已结出累累硕果，但认识的可能性却迷雾重重。

第二，建构数学课堂对话发生学模型，为提高学生数学学习效果提供有效的策略和方法。

第三，为中小学数学教育领域内的"双减"政策之落地提供可能性路径。

总之，本研究力图祛除遮蔽，恢复基础数学教育之本真状态：儿童的数学认识有自己的"内在生长点"，数学教育就是要协助儿童的数学观念像种子一样如其所是地长成参天大树；数学教育不是追逐某个外在的目标，而是要引导儿童建立自己的数学认知内在动力机制，并在与世界的良性互动中，持续改进自己的数学经验；儿童的数学认知发展离不开教师，教师的意义就是协助儿童数学经验的改进与生长能够如其所是地发生。

（三）文献综述

儿童意识发生何以可能？以自然态度观之，一般并不会遇到这个问题，而以哲学态度反思之，则必然会与这个大难题"迎面相撞"！这是认识论哲学的一个大问题，即："我"想认识摆在"我"面前的一个杯子，进而获得关于这个杯子的知识。问题在于，"我"是认知主体，而"杯子"是与"我"相对的被认知的客体，作为认知主体的"我"如何才能超越主体自身而有把握地切中那个"客体"呢？显然，这并非仅仅是一个涉及哲学玄思的问题，而是普遍存的认识论难题。在教育领域，教师、学生、知识，彼此之间都会涉及这个虽然隐而不显但却必然存在的问题。对于数学教师而言：我怎么知道我所了解的数学知识就是数学知识之本身呢？我怎么知道我所了解的儿童就是儿童之本真状态呢？我怎么知道我试图教给儿童的知识就是他们脑海中生成的知识本身呢？我的意识源自哪里，它又是怎样发展变化的？学生的意识源自哪里，会怎样发展变化？"我的意识"与"儿童的意识"，作为两个既相互独立又彼此相关的对象，在数学课堂上到底具有怎样奇特的关系？……

1. 胡塞尔现象学在中小学数学教育中的应用

儿童的数学认知活动必定有其对象，这个对象显然就是"数学"，然而，数学到底是什么呢？

　　长久以来，数学都被视为绝对可靠的真理，即便有"三次数学危机"和非欧几何的出现，人类总是可以凭借自己强大的理性力量化解危机，而且，修缮调整之后的"数学大厦"往往显得更加稳固、更加辉煌灿烂。在数学教育历史上，不管是伟大如柏拉图、康德，还是普通的中小学数学教师，都会拥有如上类似的"数学观"。然而，汪树林说："尽管教师对自我的数学观未必有清醒意识，但数学观作为一种'隐蔽观念'却时刻用'看不见的手'牵引着教师的数学教学。如果一位教师秉持工具主义或绝对主义的数学观，那他就会有意无意地把儿童的头脑作为贮存知识的仓库，不断地往儿童的头脑里增加定理的数目，让儿童无条件地接受'数学真理'。而如果一位教师秉持可误主义数学观，承认数学知识的不确定性，那么，他就会引领儿童去探究数学知识的来龙去脉，让儿童经历公理化、形式化、数学化的过程。数学教学就会因此而展现智慧的光彩，儿童就能体验到理智成长的愉悦！"[①]

　　然而，我们该如何理解"可误主义数学观"呢？弗莱斯塔说："哥德尔认为，我们对数学对象有某种类似于知觉的东西，这并不意味着，数学可以达到确定性。知觉和本质直观都不是不可错的证据来源。它们总是涉及关于对象各个方面的预期，这些预期尚未被探索，有可能最终是错误的。胡塞尔也承认，即使在数学和逻辑中，错误也总是可能的。"[②]

　　数学是"可误的"，是可以出错的。不过，仅仅否定性的"可误""数学和逻辑中，错误也总是可能的"等说法，并不能真正揭示数学的本质什么。胡塞尔说："为了获得比较可靠的知识，显然需要进一步还原，在自明的直观所给予的东西中区别出某种东西，这种东西的存在是绝对可靠的、无可置疑的。在这个意义上，只有一种自明的、具有必然性真理的东西才能满足更为确定的知识的需要。"胡塞尔的方法真的能够揭示数学之本质吗？普通数学老师能够运用胡塞尔的方法抵达数学之本质吗？

---

① 　汪树林：《通向"儿童数学"的途中——"儿童数学"的现象学意蕴》，《江苏教育研究》2011年第7期。

② 　达格芬·弗莱斯塔、李琳、刘靖贤：《数学中的证据：哥德尔与胡塞尔》，《哲学分析》2019年第4期。

汪老师接着说："由此在数学教学中，教师要努力彰显数学中的'思想''方法''文化''精神'，发挥数学学科的'思'之功能，启迪儿童'运思'，让儿童的'数学之思'得以唤醒、显发、弘扬、敞亮……让数学课堂成为儿童的数学'思维场'！"①显然，问题来了，因为这里汪老师想要努力彰显的数学之"思想""方法""文化""精神"等，恰恰都是胡塞尔"现象学还原"应该"悬搁"的东西，或者说，都是胡塞尔所极力批判的"自然态度"之产物！所以，当他接着说："探寻数学知识的'本原'意味着对儿童而言，要考虑什么是某个数学问题最为根本的、本质的、基本的认知要素或构成。其来源有二：一是教师在备课过程中精心设计的反映学科本性的问题，二是在课堂教学活动中由学生所提出的涉及数学内容实质的问题。前者要求教师把学科本质问题'教学法化'；后者则意味着教师要善于在充满不确定性的课堂中，从数学知识的生发处、生长处、生成处捕捉到学生某个朴素的数学想法并加以发展。"②从中，我们也就不难发现更为明显的问题：如果数学教师还根本没有搞清楚"学科本质"，甚至是已经严重偏离了轨道，他该如何在备课过程中设计反映学科本质的问题呢？如果数学教师还不能揭示"数学之本质"，或者早已放弃此种努力，他又怎能找到"数学知识的生发处、生长处、生成处"呢？他又怎能更进一步在数学之最本源处"捕捉到学生某个朴素的数学想法并加以发展"呢？而且，这一切发生且只能发生在"充满不确定性的课堂中"！

不过，汪老师此文的价值在于以下两点：第一，将思维的触角伸向基础教育数学课程改革的深水区，直面"数学本质"这一少有人思及的大难题；第二，敏锐地捕捉到"数学本质"与胡塞尔现象学之间的隐秘关系。这里也许有一条若隐若现、不为人知的小径。

1906年，胡塞尔在日记中写道："我一直经受着强烈的缺乏明晰性和不断徘徊的怀疑的折磨……只有一种需要吸引着我：我必须赢得明晰性，否则我

---

① ② 　汪树林：《通向"儿童数学"的途中——"儿童数学"的现象学意蕴》，《江苏教育研究》2011年第7期。

便不能生存；除非我相信我能获得明晰性，否则我便不能承受生命。"①是的，他迫切渴望建立一门纯粹的、本质的，可以为一切心理学、逻辑学和实证科学奠定坚实基础的第一哲学，虽然明知前途多艰，但他毅然踏入了这个基于认识论之形而上学的充满无穷争执的游戏场！他对康德至少存在以下两点不满：第一，不满意康德对"现象"和"物自体"的二元划分。"物自体"是传统形而上学的遗留物，缺乏必要的自明性。第二，认为康德的"设准"（十二范畴以及空间、时间形式）简直就是"独断"，毫无自明性可言。Mirja Hartimo 说："在《形式逻辑和先验逻辑》中，意识的激进性是通过先验现象学，即在先验逻辑中实现的。先验逻辑研究形式逻辑和数学的构成方式：它考察形式科学中的前提和最终的证据。它没有为分析添加任何超越性的东西，但它试图澄清所持有的前提和在精确科学中寻找的证据类型。这种先验考查可能会揭示概念上的混乱，澄清和净化之后的证据类型最终被视为新的规范。胡塞尔试图澄清数学实践中的规范，他没有先验地断言数学家应该采用哪些规范。"②显然，胡塞尔在这个时期关注的还是为一切形式科学寻找逻辑在先的前提和基础。

在《欧洲科学的危机与超越论的现象学》③（后文简称《危机》）一书中，胡塞尔试图通过反思性回溯，揭示出欧洲科学的"原初意义"，从而恢复人类最本原的理性精神，并借此拯救欧洲科学和欧洲社会之危机。

在《危机》的附录《几何学的起源》中，胡塞尔运用现象学还原法，追溯到前几何学的"原初生活世界"，揭示几何学得以诞生的"原初意义和原初自明性"，以及在此基础上，通过"逻辑自明性"，在意识活动中构造生成几何学系统。胡塞尔说："预先给定的生活世界的存在意义是主观的构成物，是正在经历着的生活的、前科学的生活的成就。世界的意义和世界的存在的有效性，就是在这种生活中建立起来的，而且总是那个特定的世界对于当时

---

①　胡塞尔：《现象学的观念》，倪梁康译，人民出版社，2007。

②　Mirja Hartimo, "Husserl's Transcendentalization of Mathematical Naturalism," *Journal of Transcendental Philosophy*, no.3(2020).

③　胡塞尔：《欧洲科学的危机与超越论的现象学》，王炳文译，商务印书馆，2001。

的经历者现实有效。至于'客观上真的'世界，科学的世界，它是更高层次上的构成物，是建立在前科学的经验和思想活动之上的，更确切地说，是建立在经验和思想活动的有效性的成就之上的。只有彻底追溯这种主观性，而且是追溯以一切前科学的和科学的方式最终实现一切世界的有效性及其内容的主观性，并且追溯理性成就是什么，是怎样的，只有这样，才能使客观真理成为可以理解的，才能达到世界的最终的存在意义。"①在此，胡塞尔界定了原初意义和原初自明性的性质：第一，它存在于前科学的生活世界里；第二，它是存在于生活世界中的意识主体的"主观的构成物"；第三，它是现代"客观上真的"世界——科学世界的地基，或者说，现代科学世界"是建立在前科学的经验和思想活动之上的"，其真理性与有效性"是建立在经验和思想活动的有效性的成就之上的"；第四，只有追溯至前科学的生活世界，将原初意义和原初自明性彻底揭示出来，现代科学之客观真理才是"可以理解的"，人类才能真正领悟和理解世界以及自身"最终的存在意义"。

然而，这样的"追溯"何以可能呢？胡塞尔接着说："在如几何学这样的科学的最终巨大的增长当中，关于重新激活的可能性的要求和能力的情况如何呢？当每一个研究者在这个建筑物中他所在的部分工作时，那些在这里不可能通观的工作间隙和休息时间的情况如何呢？当他开始继续工作时，他一定要首先熟悉这个基础的整个巨大的链条，直到最初的前提，并且将整个整体现实地重新激活吗？很显然，在这种情况下，像某物的现代几何学这样的科学就根本不可能。然而以下情况是由每个阶段的成果的本质而发生的，即成果的理念的存在意义不但是一种事实上较后的意义，而且由于意义是建立在意义之上的，较早的意义就在有效性方面将某种东西传给较后的意义，它甚至以某种方式进入较后的意义。因此，在精神建筑物之中，没有任何构造成分是独立的，因此也没有任何构造成分能够直接地被激活。"②在此，胡塞尔看似"悲观"地承认："根本不可能"回到"最初的前提"！不过，他的本

---

① 胡塞尔：《欧洲科学的危机与超越论的现象学》，王炳文译，商务印书馆，2001，第87页。

② 同上书，第440页。

意是说，如果我们只是以一种自然态度沉浸在"如几何学这样的科学的最终巨大的增长当中"，我们当然无法揭示遮蔽已久的原初意义和原初自明性。所以他相信，"在精神建筑物之中"——唯有以哲学态度才有可能进入的世界，"意义"不仅"是建立在意义之上的"，而且，较早的意义可以"传给"，甚至是"以某种方式进入较后的意义"……这一切都表明，在意识之流的变更中，具有"同一性"的意义——原初意义和原初自明性——并没有彻底消失，而只是处于人为的遮蔽和隐藏之中，既然如此，它当然就应该具有"重新显现"的可能性。

显然，这种"先验现象学发生学"为今日数学课程改革思考"数学是什么"的难题提供了一条艰难却有效的进路。不过，Alfons Grieder 说："此外，胡塞尔后来的几何哲学是由一个异常具有穿透力的问题所引导的，这也许是它最突出的特征。胡塞尔没有简单假设几何理想的存在，而是试图理解和澄清它们的起源。然而，麻烦来自他所赞同的双重论点，即（a）几何学的第一个理想是人类的发明，并且（b）原则上，这些发明可以在生活世界大地测量学和形态学的基础上实现，而无需任何先前的观念的协助。"①这个提醒非常重要，因为胡塞尔的本意是要追溯欧氏几何的"本源"，而欧氏几何已经是一种形式化的几何学体系。在几何学的基础教育中，儿童在12岁以前学习的几何并不是形式化的欧氏几何，而是物理性的、操作性的测量几何，那么，儿童在学习这种测量几何时的实践生活与胡塞尔所说的"原初生活世界"之间是一种什么关系呢？这个问题对于本研究而言，显然不能轻易放过。

2. 皮亚杰的儿童心理学在中小学数学教育中的应用

江春莲说："数学教育由'英才教育'转向'普及教育'照顾了大多数学生的发展，但对于英才的培养、后进生的提高仍不可忽视。多级水平的课程和考试便适应了这一要求，学生的发展水平、兴趣和发展速度各不相同，我们应在让孩子明确自己与别人的差距的同时，也看到自己的进步，从一个较低的水平级上升到一个较高的水平级，这是应该肯定的，适当的鼓励有利于

---

① Alfons Grieder, "Husserl and the Origin of Geometry," *Journal of the British Society for Phenomenology*, no.3(1989).

树立学生的自信心，这种自信又成为新的奋进的动力，这种动力和鼓励促进了学习进步的良性循环上升。"①显然，从"精英教育"转向"大众教育"时，我们必须重新思及孔子的教育智慧，即：有教无类与因材施教。随着我国基础教育课程改革的推进，"儿童中心"，或者说"了解儿童认知发展规律"，早已成为基本共识。不过，如何了解呢？仍然仅仅凭借生活常识和经验吗？

李友莉说："《义务教育数学课程标准（2011年版）》中强调，要面向全体学生，适应学生的个性发展，让不同的学生在数学方面得到不同的发展。然而，数学学习困难、厌倦数学是很多小学生普遍存在的现象。本文基于皮亚杰认知发展理论，将课程目标与认知能力作比较后得出，两者的差距集中在'最近发展区'，个体需要通过外来参与者的帮助消除这个差距。有鉴于此，我们可以鼓励儿童自发性学习；以游戏活动为载体，创造情景化的课程；开展小组合作学习方式；增强同一性训练和变式训练等启示，旨在对小学数学教学提供一些可行性的建议，从而提高教学效率。"②在这里，李友莉准确地找到了认知建构主义的两位创始人——皮亚杰与维果茨基，这是非常难能可贵的。然而，不无遗憾的是，她对二者的观点存在一些误解。例如，在她看来，课程目标应该来自客观的课程标准，儿童认知发展水平的判断依据则来自皮亚杰某本书中的描述，而这恰恰是皮亚杰所批评的传统教育观点。皮亚杰的理论全部来自他的临床诊断和相关分析——我们唯有真正走近儿童，彻底放下自己的偏见，在最鲜活的与各年龄阶段儿童的对话与访谈中，才有可能领会皮亚杰的理论。

在《儿童心理学》③中，皮亚杰分别用位移群、单向函数、群集、四元群去描述和刻画儿童认知结构发展的四个阶段。当然，他并非要在数理逻辑模型和儿童内在认知结构之间画等号，而只是试图寻找合适的数学模型去准确、科学地把握以前无从把握的混沌一片的儿童思维发展现象。经典（早期）皮

---

① 江春莲:《英国中小学数学教育改革述评》,《比较教育研究》1996年第4期。
② 李友莉:《皮亚杰认知发展理论对小学数学教学的启示》,《现代教育科学》2019年第2期。
③ J.皮亚杰、B.英海尔德:《儿童心理学》,吴福元译,商务印书馆,1980。

亚杰理论一经面世，很快就在欧洲大陆（后来逐步波及美国和世界各地）引起极大反响，并被誉为"伟大天才的杰作"；但是，他也始终面临着两个最重要的批评：一是认识阶段的划分过于机械——这一划分是研究者事后的归纳，而并非儿童思维活动过程的真实状况的显现；二是依靠"真值表"进行真假判断的外延型数理逻辑模型是否可以准确刻画儿童内在认知结构的动态发生发展过程。皮亚杰当然可以无视任何人的批评，但是，以上两个问题与其说是来自他人的批评，不如说是他自己时刻都在经受着的心灵拷问。这直接导致了皮亚杰晚年的"转向"。

晚年皮亚杰放弃了早期的数理逻辑和阶段结构论，而代之以"意义逻辑"和"态射 - 范畴论"。这种调整和改变源于他始终保持着与数学、自然科学，特别是欧洲大陆哲学的持续互动。正如 Gary Kose 和 Gary Fireman 说的："皮亚杰新理论所表现出来的后现代理性概念和知识发展的有趣之处在于它没有任何'后现代主义'，我们的意思是它绝不涉及对理性的拒绝。相反，他独特的后现代趣味颠覆了传统的现代理性概念，并提供了一种方法来制定一个关于'什么是合理的'新概念：尝试超越自己的观点来理解。这是一种有关理性和知识的新观念，有趣的是，这种新观念与大陆哲学传统中的思想家（例如梅洛 - 庞蒂、哈贝马斯和福柯）努力阐明的理性概念非常相似。我们相信，这样的理性概念是在皮亚杰的视野范围内的。"[1]正是因为皮亚杰终其一生都在不断调整完善他的发生认识论系统，所以，对于试图在教育教学实践中应用其理论的研究者和一线教师而言，都会不可避免地遭遇到重重困难。

美国人柯普兰在《儿童怎样学习数学》[2]一书中，依据皮亚杰儿童认知发展理论，具体分析了儿童在基础教育阶段涉及的几乎所有重要数学概念的建构生成过程，例如：分类与次序、数、数的四则运算、十进制与位值制、时间与空间、测量、概率、逻辑、射影几何等；他针对每个概念，详尽描述了

① 　Gary Kose, Gary Fireman, "Postmodern readings of Piaget's genetic epistemology," *Journal of Theoretical and Philosophical Psychology*, no.1(2000).

② 　R.W. 柯普兰：《儿童怎样学习数学——皮亚杰研究的教育含义》，李其维、康清镳译，上海教育出版社，1985。

对不同年龄儿童的诊断过程，进而对此概念的发生发展历程进行发生学分析，最后，进一步解释了以上诊断活动与分析的教学含义。该书的优点和缺点都在于它过于严格地遵循了皮亚杰的研究范式，所以，它一方面有利于推广皮亚杰的经典认知发展理论，但是另一方面，由于皮亚杰的兴趣在于"揭示儿童内在的认知发展规律"，所以，他在强调"学习从属于发展"时，会让人误解他在无意中"忽视"了教育的价值和意义。这就使得柯普兰专门提出的"教学含义"很难真正落实到教学实践中。

另一位美国人罗莎琳德·查尔斯沃斯在《3~8岁儿童的数学经验》①一书中，不仅运用了大量的实例解释说明皮亚杰的儿童认知发展阶段理论，而且同步比较分析了皮亚杰和维果茨基的心理发展理论，这使得本书所提出的数学教学之实践意义具有更强的针对性。维果茨基在他最著名的杰作《思维与语言》②一书中，字里行间无不流露出"发生学"的倾向，这也是后人将他与皮亚杰合称为发生学或建构主义创始人的根本原因。在维果茨基短暂而又辉煌的研究生涯中，他与当时流行的各派心理学都进行了对话，但是，他内心深处最重要的对话者无疑只有一位——皮亚杰，他几乎是满怀崇敬地对皮亚杰进行了略带"偏见"的质疑和批评，并由此建立了自己的具有辩证唯物主义倾向的发生学心理学。正因为如此，他针对皮亚杰"学习从属于发展"的观点，独创了"最近发展区"理论，并结合教育实践提出了看似完全相反的观点，即：学习引领发展。今日看来，两人的观点并非"二元对立"，而实属"一体两面"：前者强调了儿童的"中心地位"——教学之前，务必了解儿童脑海中的已有经验和已有认知发展水平；后者强调了教育应有的"价值和意义"——协助儿童获得更好的发展。

在我国，左任侠、李其维等人早已对皮亚杰的理论进行过系统的介绍和研究，但时至今日，在基础数学教育领域，相关研究仍然处于不温不火的状态，背后的原因也许是非常复杂的，但是根本处，可能与不能很好地处理心

---

① 罗莎琳德·查尔斯沃斯：《3~8岁儿童的数学经验》，潘月娟译，人民教育出版社，2007。

② 列夫·维果茨基：《思维与语言》，李维译，北京大学出版社，2010。

理学与哲学的关系密切相关。纵观皮亚杰的一生，他并不是典型的"康德主义者"，不过，皮亚杰的康德色彩仍然属于较重较浓的那一类：在由经验论和唯理论为两个端点所构成的康德认识论的"线段"上，皮亚杰当然没有站在绝对的中点上，他偏向于唯理论——这种倾向与康德几乎是一致的。但是，这并不等于说，皮亚杰是一个康德哲学的一般传承者，相反，他站在康德哲学最边缘的"模糊地带"重新开辟了一个崭新的领域。皮亚杰对康德哲学的"设准"——空间形式、时间形式与十二范畴都是先验的、天赋的——产生了疑问：理性范畴是天赋的吗？它们是始终不变的，还是可以持续生长的？在皮亚杰看来，把先天范畴看作是确定的形式，并一劳永逸地对心灵和事物施加影响，这一假设是令人生疑的。如此一来，皮亚杰就从康德的认识论哲学踏入了认知心理学。当然，皮亚杰的思想并不是典型的科学心理学，正如他自己宣称的，他是"发生认识论"者，它是介于认识论哲学和科学心理学之间的新兴学科，他终生感兴趣的仍然是"认识主体"，只不过他毕生都在试图打破康德"强加"在认知主体头上的先验性的神秘光环，从而把认知主体拉进实践性的、内外交互的个体发生学的新领地。

也就是说，如果我们不了解皮亚杰的哲学背景，我们就不太可能真正理解他的"个体发生学"；如果我们生搬硬套，结果肯定会非常尴尬：当我们应用皮亚杰的"临床诊断法"去观察儿童时，我们"看到"的儿童与皮亚杰描述的儿童完全不同——其实，儿童的表现只不过是现象，我们能否透过现象看到儿童认知发展规律的本质，并不取决于儿童的表现，根本处，它取决于我们自己脑海中的观念——在先拥有的哲学观念。正如 Gary Kose 和 Gary Fireman 说的："皮亚杰首先讨论了传统认识论哲学与自然科学之间存在的危机。根据皮亚杰的说法，前者是纯粹幺思的牺牲品，很少考虑证据；后者在不考虑观察之伦理责任的情况下，朝着日益专业化的方向发展。皮亚杰对这场危机的反应是提供一种'新科学'来追踪科学与哲学所提供的特定案例中的知识发展问题。在《发生认识论导论》这部开创性的作品中，皮亚杰试图用一种新的、革命性的学科来取代哲学与科学之间非常传统的区别。在这里，科学和哲学成为案例研究，以寻求更完整的理解和真实的真理。"①这表明，唯有拥有认识论哲学背景，才有可能走进皮亚杰的发生认识论。不过，在我们的研究中，即便具备了一定的认识论哲学背景，却仍然可能无法有效运用皮亚杰的方法去真正了解儿童，这到底是何原因呢？

钱捷说："显然，发生现象学要能够事实地具备这一方法论特征，它还需要比胡塞尔所设想的更加具体和系统。正是发生现象学的这一内在需求，将我们引向了皮亚杰的工作。"②虽然，在胡塞尔看来，发生现象学其实是具有本体论意义的"第一哲学"，不过，当我们试图运用它回答"数学是什么"的时候，它显然也具有钱捷所说的"方法论"的特征。钱捷接着说："在前面论及的发生现象学的所有那些具有构成性意义的方面，皮亚杰的工作提供了一种几乎是完美的平行性。首先，那种前科学的或前几何学的空间结构在皮亚杰的发生认识论中已经被系统地加以刻画。其次，皮亚杰的理论揭示了那些结构之所以区别于几何学和一般数学结构，是因为所谓智力的'双重构造'还未能达到形象方面与形式方面完全分离的水平。最后，发生现象学所应该关注的造成前科学理想性到科学理想性过渡的理想化活动，也正是皮亚杰的发生认识论的系统研究对象。"③这是一个非常有趣的想法，不过，钱捷有可能混淆了胡塞尔与皮亚杰研究范畴的深层区别：无论如何，胡塞尔的发生学是"先验意识之发生"，而皮亚杰的发生学则是偏向经验的"心理图式或结构之发生"，二人的研究也许具有逻辑上的"蕴含关系"，但不是并列的"完美的平行性"。

钱捷进一步解释说："于是，要建立一种系统的和具有构成性的发生现象学，胡塞尔和皮亚杰的工作恰好形成一种互补。我们已经看见，胡塞尔的发生现象学憧憬虽然有他一生不懈的现象学研究作为其深刻的哲学根基，但毕竟缺乏一种系统的构成性，不仅对于'起源'，对于前科学的种种结构只有零星的论断，而且对于关键的理想化活动的机制也未能给予基本的确定。相

---

① Gary Kose, Gary Fireman, "Postmodern readings of Piaget's genetic epistemology," *Journal of Theoretical and Philosophical Psychology*, no.1(2000).

②③ 钱捷：《〈几何学的起源〉和发生现象学》，载《"现象学与伦理"国际学术研讨会暨第十届中国现象学年会会议论文集》，2004。

反，皮亚杰的发生认识论虽然在个体意识的前科学形态以及科学形态的个体意识的构成和发展机制方面获得了系统的结论，但由于它始终缺乏一个深刻的哲学或认识论基础而未能充分地展现其哲学价值。因此不难设想，在发生现象学的纲领之下，胡塞尔与皮亚杰理论的结合将有可能使两者的理论意义都得到最大限度的发挥，最终实现胡塞尔晚年的现象学憧憬。"[1]在此，钱捷看到了胡塞尔与皮亚杰的工作具有一种"互补性"，这个观点对于本研究具有非常重要的启发意义，不过，他对于"互补性"之原因的解释值得商榷。一方面，在本体论哲学的层面，胡塞尔的先验发生学是自足自洽的，它并不欠缺什么，或者说，我们几乎很难洞察到它可能存在的欠缺。另一方面，如果说皮亚杰的发生认识论"未能充分地展现其哲学价值"，其根本原因并不是"它始终缺乏一个深刻的哲学或认识论基础"，恰恰相反，原因可能正是因为我们不能深刻领会皮亚杰理论的哲学背景，而仅仅将其视作一种方法论层面的东西，从而大大降低，甚至完全不能在我们的教育实践中显现皮亚杰理论的真正价值！从某种程度上讲，正是因为胡塞尔和皮亚杰拥有共同的哲学背景——康德哲学以及整个西方认识论哲学传统，才使得有机沟通二者之理论具有了某种可能性。

3. 脑科学与中小学数学教育的关系

为了研究儿童认知发展的科学规律，皮亚杰已经竭尽全力试图取消前人的独断，但是，他的研究仍然存在着令人不易觉察的前提，例如：悬置胚胎的生长发育规律；将"注视、吮吸、抓握"视作婴儿"先天性的本能"，而不再对其进行回溯式追问；将"认知图式或结构"视作与外部刺激有关但却存在于大脑内部的东西，而放弃继续追问——大脑既然是一个显而易见的占据空间的物件，那么，"认知图式"到底存在于大脑内部的哪个具体的物理性的位置呢？"认知活动"与大脑的神经元连接等生物性机能到底有何关系呢？……由于技术发展的原因，这些问题在皮亚杰的早期研究阶段还无法具体展开，但是时至今日，却已成为必须认真对待的"新问题"。

---

[1]　钱捷：《〈几何学的起源〉和发生现象学》，载《"现象学与伦理"国际学术研讨会暨第十届中国现象学年会会议论文集》，2004。

美国人戴维·A.苏泽在《人脑如何学数学》[①]一书中讨论了以下问题：人脑如何应对抽象数学概念，脑成像研究揭示的计算障碍的本质是什么，教师如何将脑科学与数学的研究结果应用于基础数学教育领域，等等；并提出了从学前到高中的数学课程规划，如下图所示：

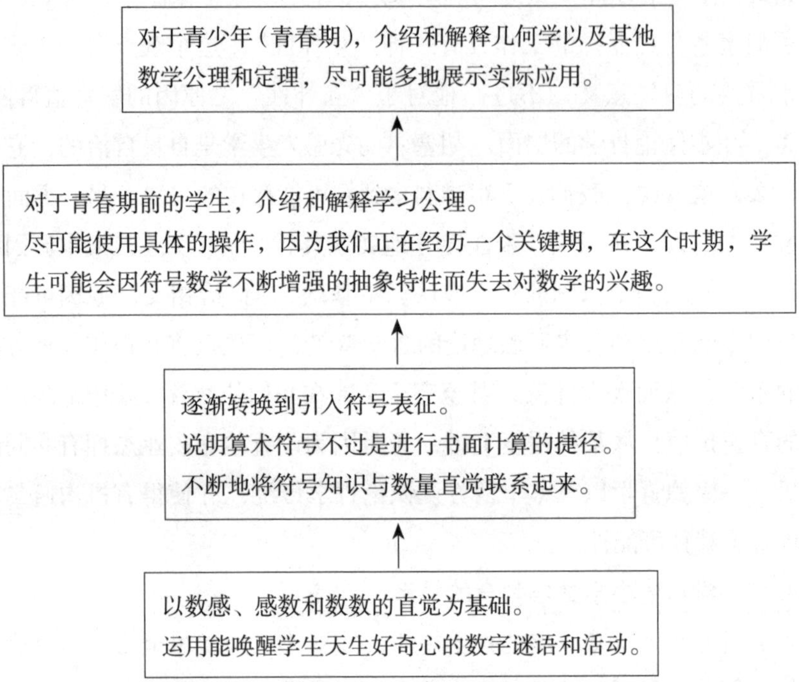

对于青少年（青春期），介绍和解释几何学以及其他数学公理和定理，尽可能多地展示实际应用。

对于青春期前的学生，介绍和解释学习公理。
尽可能使用具体的操作，因为我们正在经历一个关键期，在这个时期，学生可能会因符号数学不断增强的抽象特性而失去对数学的兴趣。

逐渐转换到引入符号表征。
说明算术符号不过是进行书面计算的捷径。
不断地将符号知识与数量直觉联系起来。

以数感、感数和数数的直觉为基础。
运用能唤醒学生天生好奇心的数字谜语和活动。

图0-1　从学前到高中的数学教学注意事项流程[②]

在我国，"脑科学与教育"属于新兴研究领域。周新林在《脑科学为数学教育提供依据》[③]中说："数学'生活化'即情境化，是在具体的生活情境中解决数学问题，与推理、言语理解及情境记忆等都有密切的关系，其脑机制与额叶、颞叶、海马等区域有关。……脑成像研究进一步发现，应用题的推理

① 戴维·A.苏泽：《人脑如何学数学》，赵晖等译，上海教育出版社，2016。
② 同上书，第182页。
③ 周新林：《脑科学为数学教育提供依据》，《教育家》2018年第8期。

加工成分激活了顶叶，对题目中言语的理解激活了颞叶和额叶。另外在处理新情境中的数学问题时，会涉及从情景记忆中提取有用的线索信息，其脑机制和内侧颞叶、海马等脑区相关。"在此基础上，他提出了如下"三元数学教育模型"：

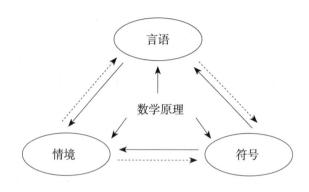

图0-2　三元数学教育模型[①]

结合这个模型，周新林进一步解释说："数学教育目标的界定不是从情境到符号，而是从言语、符号到情境及其转换的多重目标；对应的评价也要从情境、言语和符号三个维度考虑。"他的意思是说，从脑科学的角度讲，不仅传统的"从符号到符号"的数学学习方式应该摒弃，而且，也不能简单地改变为"从情境到言语与符号"，而应该是三位一体、相互转换，且融会贯通的。

近些年，类似的研究如同雨后春笋，大有井喷之势，不过，我们也不难发现，从国外到国内，脑科学与数学的研究表明，它们多半不过是为皮亚杰的认知心理学提供了一个注脚。人类大脑过于神奇，充满了太多的未解之谜，相对而言，脑科学不过是刚刚蹒跚起步。也就是说，根据当前脑成像技术所提供的"证据"，我们很难判断：儿童的大脑运行机制到底是"先天如此"，还是后天环境与经验所致，或者是先天与后天持续互动的结果？这对于教育实践而言至关重要：我们是需要调整教育方式与策略，以适应儿童大脑的先

———————————

① 周新林：《脑科学为数学教育提供依据》，《教育家》2018年第8期。

天运行机制呢，还是需要革新和创造新的教育方式，以更好地激发儿童大脑之潜在的、未知的可能性？显然，在大脑之奥秘被彻底揭示以前，教育之革新和创造仍然离不开我们对于人之为人的独特性进行永无止境的哲学思考与洞察。总之，大脑与意识发生发展的问题，奥妙无穷，有太多的未解之谜，我们需要保持敏感、持续关注。

4. 杜威教育哲学与基础教育改革的关系

在课堂教学中，儿童的意识何以发生？或者说，"教－学"意识之联结何以可能呢？虽然胡塞尔在《危机》中提出了生活世界理论，但是，这个问题必须从先验生活世界进入师生在场的教育实践生活，才能最终加以解决。在此，宣称"哲学是教育学的一般原理"的杜威，其实用主义教育哲学可以给予我们以启发。

杜威在批判西方传统形而上学的基础上，建立了实用主义哲学思想，并将其直接运用到教育改革之中。他继承了卢梭的自然主义教育观，认为在儿童身上潜藏着四种本能：语言和社交的本能、研究和探索的本能、制作的本能、艺术的本能。儿童正是基于这些本能与环境互动，改造和形成经验。所以，当他说"教育即经验的改造和重组"时，他其实是将"经验"设定为儿童在进入教育情境时已经在先拥有之物，教育就是促进儿童的已有经验从简单到复杂、从低级到高级的改造和重组，这其实也同时解释了"教育即生长"——生长就是经验的生长，教育就是为了儿童生命的生长和转变。当杜威说"教育无目的"时，他其实是反对教育只顾追求"外在目的"的做法，而特别强调教育之"内在目的"；当他说"教育即生活"时，他只是反对只让儿童解决与他们的生活毫不相干的僵化虚假问题，而提倡问题应该源自儿童真实的生活；当他说"学校即社会"时，他只是反对将学校视为孤岛和围城，而强调建立一种学校、社区和社会密切协作的新型教育形态。在《民主主义与教育》一书中，他认为美国当时的政治社会还远未达到他理想中的真正的民主生活形态，因此，他强调学校教育要践行民主生活，以确保儿童将来有能力改良社会，并过上真正的民主生活。显然，对于我国当下的教育改革来说，杜威仍然是"一座鲜活的思想宝库"。

不过，我们需要高度警惕的是将杜威教育哲学思想极端片面化，甚至歪曲化的所谓应用。例如，任玥姗说："杜威的实用主义教育思想集中体现于他的'教育即自然发展'理论……（这）与'教学切片诊断'①的操作原理有诸多共通共融之处，对于我们理解课堂教学切片的深刻内涵具有重要意义。因此，我们认为，必须从杜威实用主义思想入手，揭开实用主义视野下课堂教学切片的意蕴，进而探寻其独特的价值和意义。"②这种做法不过是为自己的研究"戴一顶理论的帽子"，哪里还是杜威的"实用主义"呢？差不多算是"极端利己的功利主义"了！我们应该回归哲学视野，在领会杜威思想的基础上，接受他的启发，并创造性地展开自己的研究之路。

陈亚军说："（从詹姆斯到杜威）实用主义首先是一种生存论哲学。它的方法是直接描述，它的出发点是前反思的彻底经验，它的思维方式是反二元论的。"③这显然也是现象学的追求。"事实上，胡塞尔也的确承认受到过詹姆斯的直接影响，他的意识流观点、意识'晕'理论直接来自詹姆斯。正是在研读了詹姆斯的著述之后，胡塞尔放弃了撰写描述心理学的念头。可以说，现象学与实用主义从一开始便属于同一哲学阵营，詹姆斯和现象学之间的亲密程度远超过他与马赫（实证主义者）之间的相互欣赏。"

不过，相比詹姆斯，杜威显然更为亲近海德格尔，陈亚军说："杜威和海德格尔则更加彻底地放弃了内在分析的思路，而将实用主义和现象学引向了生存论。杜威和海德格尔都继承并发扬了詹姆斯、胡塞尔所开创的直接描述法，都坚持'回到实事本身'的基本主张，但对于什么是'实事'，他们的

---

① 何为课堂教学切片诊断？"切片"一词本意是指用特制的刀具把生物体的组织或矿物切成薄片，用来在显微镜下观察和研究。"课堂教学切片"的概念正是受到生物学中"切片"概念的启发而来，它以录像观察和现场人工观察为载体，选取课堂教学中典型的教学行为片段，通过定性的分析和总结，以视频这一直观而又生动的方式展现出优秀教学设计的发生过程、操作步骤及典型效果，进而促进教师专业技能提升、高效课堂教学的实现及开展校本特色研究。（引自任玥姗、魏宏聚：《课堂教学切片诊断的原理：实用主义哲学的解读》，《现代中小学教育》2020年第9期）

② 任玥姗、魏宏聚：《课堂教学切片诊断的原理：实用主义哲学的解读》，《现代中小学教育》2020年第9期。

③ 陈亚军：《实用主义的现象学意蕴》，《学术月刊》2020年第1期。

理解与早期詹姆斯、胡塞尔有所不同。杜威眼里的实事是前反思的经验，它与生活、历史、实践不可分离，是一种人与世界的交互作用，一种与周遭环境的打交道。"[1]这样，我们就不难理解杜威基于实用主义的教育哲学主张了，如：教育即生活、教育即生长、教育即经验的改造。

当然，陈亚军接着说："这种亲缘关系并不意味着实用主义与现象学之间没有差别，相反，实用主义与现象学的差别是不应被忽视的，有些差别还是至关重要的。比如，当胡塞尔要用'本质'拯救传统哲学的危机时，詹姆斯对此却完全不感兴趣。他对流变、差异、过渡、具体更加敏感。当胡塞尔要为知识寻找一个牢固根基时，詹姆斯却在提倡信仰的意志，瓦解理性所追求的确定性。这是两种哲学的分水岭，胡塞尔用他的现象学继续着西方理性主义的叙事，而詹姆斯却更加彻底地告别了传统哲学的大写目标：确定性的寻求。"[2]这种"分水岭"也直接导致了杜威与海德格尔之间的差异：二人"都主张生存实践对知识的优先性，动词对名词的优先性，知道如何对知道什么的优先性。但杜威彻底去除了神圣与世俗、超越与经验的二元分离，而海德格尔则始终未能摆脱神的维度的束缚"[3]。

在此，杜威与胡塞尔和海德格尔的相似性，可以帮助我们厘清：如何从"先验的生活世界"顺利地过渡到"经验的教育生活世界"，特别地，对于领会教育生活世界的本质结构和特征，尤为重要。而实用主义与现象学的分水岭，也可以帮助我们深入反思：杜威的教育实践改革为何会以"失败"而告终。

1896年，杜威依据自己的教育哲学思想创办了芝加哥大学实验学校；然而，在1903年，杜威的学校就被芝加哥大学校长哈珀以改革过于激进为由，要求停止改革实验。杜威遂于1904年愤而辞职，轰轰烈烈的改革也宣告夭亡！除去客观原因不谈，单从杜威个人教育哲学思想的角度分析，到底是什么原因导致了这种结局呢？

首先，杜威的教育改革也许缺乏人之为人的价值引领和追求。杜威的经验论认为：对个人有价值或者有好处的经验便是"有效的经验"，"有效即真理"。

---

① ② ③　陈亚军：《实用主义的现象学意蕴》，《学术月刊》2020年第1期。

所以，杜威在办学实践中，坚定地贯彻反对传统形而上学的态度，这也许使得他的教育哲学缺少了一种必要的形而上的价值判断和价值引领。生而为人，当我们在世界上存在时，解决具体问题的方法和策略肯定是必不可少的。不过，比方法和策略更重要的是，我们为什么要思考和解决这些问题呢？我们自身生命的价值和意义到底是什么呢？也就是说，人总是具有思考形而上学问题的冲动、意愿和兴趣，这是"人之为人"居先的存在论之基本结构和属性，是根本无法忽视和消除的。杜威的实用主义经验论对于存在之本质的领会，也许存在着某种不足。

其次，杜威过于简化直接经验与间接经验之间的关系。当经验主义哲学进入教育领域，或者至少从狭义的角度讲，进入认识论领域时，杜威所说的"经验"就不得不被分解为直接经验与间接经验，或者主观经验与客观经验。在杜威看来，儿童能够基于自己的直接经验，通过游戏、操作、探究性活动不断地改变和重组自己的经验，从而将间接或客观经验逐步转化成自己的主观经验，这种看法当然是有道理的。然而，真实的情况也许是，直接经验与间接经验之间的关系可能要比杜威的说法复杂得多。当儿童利用自己的直接经验去重组和生成新经验时，以语言为表征的传统习俗、历史文化等非常广博的间接经验，都会以习焉不察或无意识的方式进入并直接影响着儿童的认知活动与存在状态；同时，当儿童试图将某个间接经验或者说知识转化成自己的直接经验时，在真正有效的教学活动中，儿童的生命总是对此间接经验拥有居先的领会，而并非一无所知；也就是说，直接经验与间接经验的转化，并不是一种简单的线性过程；在教育实践活动中，二者具有更加复杂的变化规律。

最后，"五步教学法"①也存在着显而易见的问题。主要表现在以下两点：第一，"五步法"的第一步是"设置有疑问的情境"，但是问题是，教师如何预判儿童已有的经验发展水平呢？如何判断儿童能否对此情境产生疑问呢？如果儿童不能对此情境提出疑问，教师能否通过某种方法提升儿童已有的经

---

①　杜威的"五步教学法"：第一步，提供令人疑惑的问题情境；第二步，提出问题；第三步，猜想；第四步，依据各种猜想进行推演；第五步，做实验，证实或驳斥猜想。

验发展水平，从而使儿童有能力对此情境提出疑问，而不是简单地判定此教学设计的失败呢？第二，对于低段儿童而言，直观教学原则显然是重要的，但是随着学段的升高，面对海量的抽象化的科学知识，如何有效提升教学的效率和质量并确保学科知识的系统化呢？如何在操作活动与抽象思辨之间取得合理的平衡呢？如何在确定性知识的获得与动态生成的经验之间取得合理平衡呢？……显然，这些问题仅仅用经验主义是无法解释的，但是，教育实践却无法绕过、必须面对。

总之，在杜威的教育实践改革中，除操作活动、经验改造、儿童中心等充满了实用主义意味的哲学化词语以外，我们既不能从学科知识的层面看到教师的专业性，也不能从科学了解儿童已有经验和认知规律的角度看到教师的专业性，因此，其改革之失败也就在所难免了。正如 Cunha 所说："约翰·杜威的《民主主义与教育》并没有描述现有社会中的教育，而是传达了曼海姆所创造的乌托邦：乌托邦思想旨在鼓动改变现实的行动，旨在实现一个更美好的世界未来。……20 世纪的教育史表明，这位佛蒙特州哲学家的乌托邦并没有实现，而当今世界的形势也有力地证明了这种实现在新世纪不会发生。"[1]看上去，这是在为我们上面的判断提供证据！然而，真的如此吗？杜威思想真的已经彻底"失效"了吗？ Biesta G. 说："如果我们想了解杜威思想在教育更新中的作用，我们不应该去寻找未扭曲和未受污染的杜威思想和实践的存在。接受活动需要现有的传统、思想和实践以及来自'外部'的输入之间的相互作用——这意味着变化将是常态，而连续性则是例外。交互总是带来关于情境的问题，因为接受思想和实践的具体环境，对这些思想和实践被接受、消化、翻译、转化并最终变成新事物的方式具有决定性的影响。……尽管杜威并没有对教育实践产生任何切实的影响，但是，他对杰出教育家的思想产生了明显的影响，至少，这就是我们从荷兰教育改革发展中所看到的事实。"[2]

---

[1] Cunha M.V.da, "We, John Dewey's audience of today," *Journal of Curriculum Studies*, no.1（2015）.

[2] Biesta G., Miedema S., "Context and Interaction. How to Assess Dewey's Influence on Educational Reform in Europe?" *Studies in Philosophy & Education*, no.1（2000）.

这些观点对于我们的研究至关重要：当我们试图在数学教育改革中实现根本性的转向——从自然态度转向哲学态度时，我们既要领会杜威给予我们的思想启发，也需要辨析杜威"伟大的失败"——先验现象学离开真实的教育生活世界必"空"，而数学教育实践改革离开先验哲学必"盲"。

三、研究设计

（一）理论模型

在此基础上，我们可以构建中小学数学教育"教－学"意识联结的理论模型：

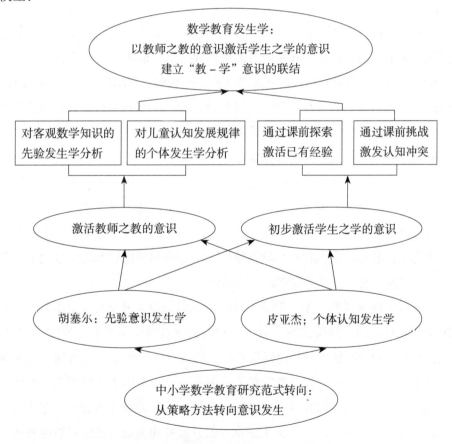

图0-3　中小学数学教育"教－学"意识联结的理论模型

首先，从自然态度转向哲学态度。反思自然态度对基础数学教育改革的异化，以哲学态度反思并揭示当下基础数学教育改革深陷困境的本质原因。

其次，激活教师之教的意识。运用先验意识发生学，以直观自明的原初意义和原初自明性为起点，以逻辑自明性为内在思维工具，对客观存在的基础数学知识系统进行先验意识发生学分析，从而在数学知识的层面抵达"教之先对教的拥有"；同时，运用个体认知发生学，对儿童认知发生发展规律进行发生学分析，在教的对象的层面抵达"教之先对教的拥有"。

再次，初步激活学生之学的意识。教师之教的行为必然涉及学生之学的意识；在教与学的视域中，教师当然可以通过感性直观，直接地、明见性地引发学生之学的意识和行为；从意识活动的构成性机制而言，这个过程既含有被动的被给予性，同时也含有意向性所本有的对某物之意向的主动性；不过，这里的被动性和主动性显然都是先验意识分析的结果。然而，作为学习主体的儿童，当他们进入真实的活泼泼的课堂学习情境时，没有任何人可以对儿童的已有经验进行彻底的现象学还原——悬搁、"加括号"、添加无效的标记；换句话说，当儿童遇到学习任务时，他们总是首先启动自己的已有经验——除非被最糟糕的成长环境扼杀了这种天性，否则，探索和尝试都是儿童最为强大的学习武器，这是儿童在经验视域中本有的主动性。因此，我们需要考虑：如何设计合理的挑战性问题或数学课程，以激活儿童脑海中的已有经验，同时激发儿童的认知冲突，从而为正式的课堂教学做好内在的认知上的充分准备。当然，截至目前，只能算是初步激活学生之学的意识；在这个过程中，教师具有比较明显的主导性，而如果想要彻底激活学生之学的意识，那就需要进一步思考课堂教学的问题了。

最后，建立"教－学"的意识联结。此时的数学课堂是一个超越先验和经验二元对立的、活泼泼的、真实显现的数学教育生活世界。在此视域中，教的意识已经被激活的教师仍然拥有居先的主导性，但是，他此时更应该体现的是协助或无形中的推动者的角色；基于独立思考的主体性和基于移情的先验交互主体性仍然拥有居先的地位，但是，它们此时应该让位于基于对话和意识流动的主体间性；先验生活世界的开放性和无限可能性仍然拥有居先的地位，但是，它此时应该让位于活泼泼的、意识深刻而又自由地发生着的、当下显现的基础数学教育生活世界——这是儿童的数学认识得以发生、真正建立了"教－学"意识联结的数学教育发生学的世界。

（二）概念界定

1. 数学概念、数学意识、数学观念与数学经验

数学概念（或数学知识）：一般是外在的、客观的，具有确定的内涵与外延，它一般特指数学教材中的知识点。

数学意识：与先验现象学发生学有关，它是意识主体的数学意识构造或生成活动，其逻辑在先的起点是"直观"——其他一切常识与经验都需要"加括号"，在通过直观直接给予的原初意义和原初自明性的持续推动下，通过逻辑自明性，原初观念得到持续的立义和充实，从而生成数学观念系统。

数学观念：与认知心理学有关，它意指儿童在自己大脑中的建构生成物，具有可持续的生长性。在本研究中，前文所讲的数学意识活动也会构造意识对象，在不引起歧义的情况下，也可以把数学意识对象视作数学观念。

数学经验：与杜威的实用主义哲学和教育学相关，特指儿童在学校数学教育生活中的数学经验的改造与生长。杜威的"经验"是在反对传承形而上学主客二元对立的基础上形成的，与胡塞尔的"意识"有着某种隐秘的关联，但是区别也是显而易见的：前者是"经验的"，而后者则是"先验的"。本研究在从先验意识发生学逐步过渡到数学教育实践的过程中，自然也会从数学意识逐步过渡到数学经验，而且中途也会与数学观念发生关联。

2. 教师之教的意识（本研究限定于数学教师）

首先，从意向性的角度而言，教师之教的意识既是对"某物"——学生与知识——的意识，也是教师作为具有权能的意识主体的意识。其次，从必要的分析的角度言之，数学教师之教的意识包括：（1）教师之教的目的意识。既意指广义的以热爱为核心的教育目的和信念，也意指数学教师作为理性价值之承担者的目的。（2）教师之教的数学意识。通过对基础数学客观知识系统进行先验发生学分析，激活教师之教的数学意识。（3）教师之教的学生意识。通过对学生认知发生发展规律的洞察和领会，激活教师之教的学生意识。如此界定的教师之教的意识具有逻辑在先的特殊地位，既是有效激活学生之学的意识的前提和基础，也是"教－学"意识得以真正联结的前提和基础。

3. 学生之学的意识

"学的意识"就是学生的意向性构造活动，它具有双面性：一方面是"明见性地被给予"。这既是学生意识活动的基本属性，也同时与教师之教的行为密切相关；好的教的行为，对于学生而言，就可以实现"明见性地被给予"的效果；不好的教的行为，就是机械的灌输，明见性被遮蔽和隐匿。另一方面是"明见性地直接给予"。学生的意识活动具有权能性（一种能动性的趋向和能量），是意识发生的内在动力机制，它与学生原有的意识发展状态、兴趣和内在动机等因素密切相关。

4. "教－学"意识的联结

教师之"教"的根本目的是学生之"学"，是协助儿童更科学更有效地学习，所以，如何以本真的教师之教的意识激活本真的学生之学的意识，有效建立"教－学"意识的联结，是本研究的最终目标。

（三）研究对象

第一，教师之教的行为。观察传统中小学数学教师之教的行为，分析教师之教陷入困境的原因；思考改变教师之教的行为的内因，探索激活教师之教的意识的方法和途径。

第二，学生之学的行为。观察传统数学教育中学生之学的行为，分析学生之学陷入困境的原因；思考改变学生之学的行为的内因，探索激活学生之学的意识的方法和途径。

第三，教的行为与学的行为之间的互动关系，探索建立中小学数学"教－学"意识联结的有效路径。

（四）研究思路

本研究的思路如下图所示：

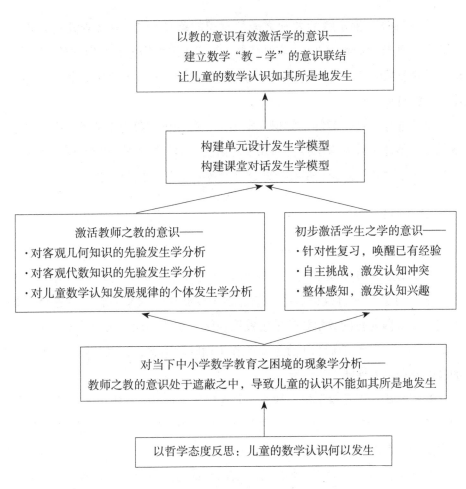

图0-4　研究思路示意图

　　本研究的核心问题是：儿童的数学认识何以发生？研究内容共包括四部分：

　　第一部分：深入阅读中西哲学、发生认识论、认知心理学、教育学等领域的经典书籍和文献资料，思考"认识何以可能""儿童认识发生何以可能"等问题，奠定本研究的理论基础。

　　第二部分：借助胡塞尔《几何学的起源》之启发，从数学观念"原初意义和原初自明性"，以及"逻辑自明性"两个角度，深入分析当下基础数学教育面临的困境，探索突破困境的可能性路径。

第三部分：揭示激活教师之教的意识的路径。（1）对客观几何知识的先验发生现象学分析；（2）对客观代数（算术）知识的先验发生现象学分析；（3）对儿童数学认知发生发展规律的发生学分析。在此基础上，初步激活学生之学的意识。

第四部分：在"教师－知识－学生"三位一体的教育生活世界中，通过单元教学整体设计发生学分析和课堂对话发生学分析，实现以教师之教的意识激活学生之学的意识，最终有效建立"教－学"意识的联结。

（五）研究方法

1. 文献法：通过阅读和查阅各类资料，明确研究问题，梳理研究思路。

2. 访谈法：在实验学校，从幼儿园到九年级，分别选择2~3名正常儿童作为访谈对象，通过改进后的皮亚杰临床诊断法，收集资料，并系统分析不同年龄阶段儿童的数学认知发生发展规律。访谈不同学段的数学教师代表（10人左右），了解他们当下在教育工作中面临的困惑，以及伴随着实验推进的教的意识之发展状态。

3. 观察法：以实验学校为基地，观察数学教研组的经典共读、课程改革、课程研发、课堂教学设计、日常教学研讨、学生数学学习过程性评价等丰富且真实的教育教学实践活动，逐步推进研究进程。

4. 文本分析法：分析教师的课堂实录和课后反思，了解教师专业素养的发展状态；分析不同年级学生的"数学小论文"，了解学生数学意识发生的进展。

第一章 中小学数学教育改革需要聚焦"教－学"意识的联结

在传统中小学数学教育领域，教师要么从经验总结的角度研究学生可以认识（或理解）哪些数学知识，或者从标准制定的角度研究学生应该认识哪些数学知识，或者从方法论的角度研究学生如何更加有效地认识（或掌握）数学知识……诸如此类的问题显然都有其研究的价值和意义。不过，中小学数学教师一般会忽视对"数学认识"本身发问，即：儿童的数学认识何以可能？胡塞尔曾经总结说：关于"认识何以可能"的问题，存在着两种态度，一种是自然态度，另一种是哲学态度。自然态度认为认识深不可测，而认识的可能性显而易见；哲学态度则认为，认识（特别是近现代自然科学）虽已结出累累硕果，但认识的可能性却迷雾重重。

本研究尝试从自然态度转向哲学态度。首先，沿着胡塞尔先验哲学的路径，思及并穿越先验意识发生学；其次，再沿着皮亚杰与维果茨基的认知心理学（包括脑科学）的路径，思及并穿越个体认知发生学；最后，从数学教育实践的层面，尝试构建基于课堂对话的、以"教－学"意识联结为表征的数学教育发生学。

第一节 追问教师之教的数学意识

在自然态度中，人们当然也会思考数学教育的目的与内容，只不过，这里的"目的"往往是外在于主体的目的，"内容"往往也是客观的内容。以现象学哲学态度思之，在中小学数学教师作为意识主体所牵起的意识领域中，教师之教的数学意识既包括意识主体贯穿意识发生活动之始终的权能——主体的能动性，也包括意识主体在意识发生活动中的意识构造物——数学观念。显然，如果教师之教的数学意识处于遮蔽之中，那么，自然态度思及的目的和内容就有可能使得中小学数学教育陷入追逐外在目标的危机之中；反之，如果教师之教的数学意识得以如其所是地激活，自然态度中的目的和内容也可以发挥其应有的价值和意义。

一、中小学数学教育现状

现在，我们秉持"回到事情本身"的现象学原则，大致扫描一下我国中小学数学教育的现状。

首先，在知觉直观的层面，当我们提及中小学数学教育时，我们总是会直接意识到形形色色的诸对象，如：各种几何图形、由符号构成的算式、教科书、练习册、考卷、分数与排名……所有这些形形色色的东西都构成了我们当下对于数学教育的经验；这些经验不过是一些感性杂多，然而，透过它们，我们也总能看到数学教育在感性层面的同一性特征——在一个具体的情境中，我们可以直观自明地获知它就是数学教育，而非其他。

其次，从范畴直观的角度，当我们提及中小学数学教育时，我们总是会直接意识到形形色色的诸范畴或诸判断，如：这是一个正方形，这是一道四则混合运算，这是一个一元二次方程或者一元二次不等式，这是一个圆柱或者圆台，这是数学期中考试的现场，这是一张数学考试的排名表……诸如此类的范畴"乱花迷眼"。然而，透过这些形形色色的范畴，我们也总能看到数学教育在范畴层面的同一性特征——在一个特定的数学教育场域中，我们可以直观自明地获知，正在呈现的样态就是数学教育，而不是语文或者科学教育，更不是职业数学家的研究室或者制造某种数学器具的加工厂。

在知觉直观与范畴直观的基础上，我们可以通过想象变更的方法获得诸如"点""直线""平面""圆"等数学对象的本质；我们也可以通过实证的方法判断一个范畴的真假；我们还可以通过推理论证的方法，建立不同范畴之间的联系以及判断这个联系的真假。例如，设范畴 A 为"∠1 与∠2 是对顶角"，范畴 B 为"∠1=∠2"，通过欧氏几何的推理论证，我们可以知道这两个范畴之间具有一个逻辑上为真的联系。

诸如此类的自然态度中的数学教育现象，每一天都在发生着，我们对此早已习以为常、见怪不怪。然而，正如胡塞尔在《危机》中所说，这些原本笼罩着神圣的理性光辉且威力无边的形式逻辑方法，却一步一步走向了"唯我独尊"的科学实用主义，进而滑入极端的技术主义与功利主义。我国中小学数学教育也在这个过程中不知不觉地变更为：通过运算得到唯一正确的结果，或者通过推理论证得到普遍有效的命题；接着，学习者能否获得正确结果与有效命题，则会通过一张标准化试卷加以判断；然后，这个判断结果会与分数画等号，分数进而与升学画等号，升学进而与求职画等号，职业进而与"五子登科"或者"功名利禄"画等号……

对于当下的中小学数学教育而言，它长久以来已经被自然态度裹挟得有些变形，沦落为机械操练、题海战术、考试升学、追名逐利的代名词，甚至成为极端功利主义的帮凶；教师与学生不得不在本能与情感的层次上茫茫然不知所归，属于人的高贵与尊严被深深地遮蔽与隐匿，中小学数学教育深陷危机之中！不过，我们在此无意于严厉批评或谴责现状，而是试图以自然态度既有的"成果与事实"为引导性条件，开辟出本质的现象学道路。

换句话说，自然态度下的中小学数学教育现状，虽然对于现象学具有指引性的效用，但是，它并不是现象学以"回到事情本身"为原则所要抵达的那个事情本身，而是需要"加括号"、暂时悬搁起来的经验或意见世界——这也正是横向的现象学还原，即：悬搁日常的经验世界（或意见世界），进入"本真的意识世界"。这个过程也同步实现了从自然态度向哲学态度的转向。

二、中小学数学教育改革的可能性

在"本真的意识世界"中，我们借助哲学态度可以进一步洞察到意识活动的基本结构，即：意识总是对某物的意识。在教育实践中，教师作为"教"的主体，其意识活动总是指向以下诸要素，如：数学知识（课程）、学生、教学目的、教学计划、教学方法、教学评估等。这些要素基本构成了我们希望通过教师之教的意识想要初步言说的东西。不过，意识活动构造生成的观念，完全不同于日常意见世界中的、流俗意义上的真理。例如：有关正方形的真理性观念，它既不存在于一个形如正方形的绝对客观的对象之中，也不存在于绝对封闭的我们自己的大脑或者心灵之中，而是存在于一个由"意向活动（noesis）"与"意向对象（noema）"共同构成的、开放的构造性结构之中。在这个结构中，正方形可以如其所是地向我们显现其存在的真理，而我们也可以如其所是地通过正方形向我们显现的种种样态，生成正方形的同一性本质。前者说明了"我"是真理的"受动者"，而后者又表明了"我"是真理的"施动者"。特别地，我们总是能够比正方形向我们显现的经验看到更多，而不是更少，这也表明了"我"是真理的"施动者"。作为独特的意识主体的"我"，正是在这样的意向性活动中与其他天地万物区别开来，成为独一无二的具有权能的"我"。所以，当我们揭示意识活动的基本结构时，除了指明"意识总是对某物的意识"，还须补上一句：意识总是"我"的意识。

当然，这里的"我"并不是莱布尼茨意义上的"单子"，或者极端"唯我论"中的"我"，而是作为意识活动居先的构成性的"我"。显然，"我"的构成性直接体现在意识活动之构成物——观念——的构成性或发生性中。如此一来，我们就必得继续追问：在先验的原初生活世界中，"原初观念"是如何自明地诞生的？在"意识流"——绵延不绝的意识活动中，每一个观念具有怎样的发生学机制？这个追问的过程意味着纵向的现象学还原。在横向的还原和纵向的还原的基础上，考察一个观念的发生学机制的学问，就是本研究所意指的"先验发生学"。

显然，现象学哲学态度也会彻底改变我们的提问方式。例如，我们现在会追问：代数运算中的算理何以可能——而不仅仅是"算理是什么"以及"利用算理如何解题"；逻辑推理何以可能——而不仅仅是"应用逻辑推理证明某个命题"；数学基本事实的自明性来自哪里，或者说，构成数学基本事实的逻辑在先的条件和基础是什么——而不仅仅是要求学生将"无道理可讲"的定义、公理等基本事实死记硬背下来；学生如何基于自己的认知起点，在自己的意识活动中让每一个数学观念得以精彩诞生——而不是忽视自己的兴趣、动机、已有经验和权能（主观能动性），只知道被动地理解和应用客观的数学知识。特别地，在真实的教育实践活动中，虽然学生的意识活动具有独立性，但是，教师的科学引导与协助显然也具有不可替代的作用，那么，我们自然需要进一步追问：教师如何基于自己的经验起点让每一个数学观念得以在自己的意识活动中精彩地诞生——而不仅仅是对象化地理解教科书中客观存在的数学知识；教师如何在先地、系统化地理解0~12岁的学习者的认知发生发展规律——而不仅仅是十年如一日地、试错性地积累经验；教师如何以自己的数学意识活动有效激活学生的数学意识活动——而不仅仅是如同往杯子中倒水一样，将一堆琐碎的信息或僵化的教条直接灌输给学生……

是的，世界仿佛还是那个世界，却又仿佛是另一个完全不同的世界，经由哲学态度引导的先验发生学分析，中小学数学与数学教育的本质也许就会如如显现：一个数学公式的简洁，一个几何图形的优美，一道几何证明题在逻辑上的丝丝入扣，一个数学观念的精彩诞生，一群师生围绕一个数学问题如切如磋、如琢如磨……这一切也许都可以直观自明地直接给予我们。

三、激活教师之教的数学意识

自然态度中的教育实践，教师之教的意识是素朴的、无意识的、未经反思的。例如：我为什么要当老师？——起初可能是受到家庭环境或者某位老师的影响，也可能仅仅是为了谋得一份较为稳定的工作与生活；后来可能是为了评职称，或者赢得某个荣誉称号。我凭借什么当老师？——起初可能仅仅因为能够依据教学参考书中的标准答案解决教材中的问题；后来也许是凭借自己在岁月中日积月累的经验，或者所教学生取得了不错的考试成绩与升学率，或者仅仅是因为拥有"高级教师"的名号。学生怎样才能学得更好？——起点处，不惜一切代价选择优秀学生；过程中，一方面机械训练加题海战术，一方面持续不断地用考试分数或者排名"激励"学生的斗志。如何评价教与学的效果？——分数与升学率是唯一标准，"胡萝卜与大棒"是唯二手段。如何面对一轮又一轮的教育改革？——奉行"环境决定论"，在惯性思维中机械重复，让所有看似雷霆万钧的改革举措都无一例外地击中软绵绵的"棉花糖"！……显然，真正需要改变的，既不是某一个群体——不管是教师、家长还是教育行政人员，也不是某一个学段——不管是义务教育、高中还是大学，也不是某一个学科领域——不管是母语、英语还是数学、人文与科学，更不是某种方法与策略——不管是跑班选修还是技术革新与翻转课堂……

教育需要一种"哥白尼式的转向"——从自然态度转向哲学态度，深入反思：教什么？"教什么"必然会回溯至"为什么教"，通过对这两个问题的沉思，可以首先激活教师之教的数学意识（由"教什么"显然也会思及"怎么教"，这个问题将在下一节专门论述）。也就是说，教师之教的数学意识包括教师之教的目的意识和教师之教的内容意识。

（一）为什么教——教师之教的目的意识

意识到"为什么教"的问题，构成了教师之教的目的意识。在当下自然态度中的中小学数学教育领域，"目的"已经异化为外向的"逐物"，所以，我们暂且将其悬搁起来，回溯至原初教育生活世界，从最著名的"孔子－颜回"的教学关系中一窥端倪。《论语·述而》："叶公问孔子于子路，子路不对。子曰：'女奚不曰，其为人也，发愤忘食，乐以忘忧，不知老之将至云尔。'"夫子对"道"的热爱扑面而来、跃然纸上！《论语·子罕》："颜渊喟然叹曰：'仰之弥高，钻之弥坚，瞻之在前，忽焉在后。夫子循循然善诱人，博我以文，约我以礼，欲罢不能，既竭吾才，如有所立卓尔。虽欲从之，末由也已。'"是啊，夫子不仅自己乐道，而且激发弟子颜渊对道的热爱，令他进入"神魂颠倒"的神秘状态！事实上，我们从整部《论语》中不难看出，教师之教的目的意识的核心就是"热爱"，而且，此"热爱"具有三个典型特征：第一，热爱的对象是"道"，而非"术"，更不是感官层面的享乐与沉溺，所以，此"热爱"完全不同于一般饮食男女之"热爱"。第二，教师之热爱可以影响甚至是直接"传染"给学生。宁虹老师也曾用"热爱"对教师信念加以界定，他说："我热爱我的学生，我热爱我所任教的学科，我热爱这个以我所爱教我所爱的教师职业。"第三，"热爱"不仅仅是"传染"，更是在师生"问对"中自然生长。朱晓宏老师说："在孔子与弟子的师生'问对'叙事中，由弟子们提问的情况居多；孔子一般不把现成的结论直接告诉学生，而且，他还善于从弟子的回答中得到启发。如'起予者商也'。在此，陈先生尤其提醒我们关注孔子重视弟子提问的内在前提，即孔子对自己无知保持清醒自觉，并且对不知为知的现象异常反感，如'知之为知之，不知为不知，是知也'（《论语·为政》）便是明证。"[①]其实，经由"问对"之所以能够生长出"热爱"，关键就在于师生双方对于大道最为纯粹的追问与向往。

"热爱"并不仅仅是一种热烈的情感，而是一种基于情感的强大的"爱的能力"，所以，我们必得进一步追问：教师如何在自己的意识活动中持续发展"爱的能力"？在《危机》中，胡塞尔运用先验现象学还原，回溯到还没有主题化的、无前提与无预设的前科学的原初生活世界，通过揭示意识发生的原初意义和原初自明性，从而真正恢复人类作为"理性价值"之承担者的责任和使命，进而有效化解欧洲科学与欧洲社会之危机。显然，对于中小学数学教师而言，胡塞尔所说的"理性价值"就是一种本真的"爱的能力"。

真正的热爱必须有理性的加持，否则，热爱就有可能异化为飘忽不定、易于耗散的情绪性能量；而真正的理性也必须有情感的加持，否则，理性就有可能异化为狭义的、缺乏生机的客观之形式。情感与理性合一的"热爱"，才是最为本真的教师之教的目的意识。

（二）教什么——教师之教的内容意识

日常教育经验显示，中小学数学教材已经给出了一套客观的、外在的知识系统。只不过，如果教育的目的仅仅是把这套既定的知识系统传授给儿

---

① 朱晓宏：《"师说别解"与"师道实话"：为教师"正名"——陈桂生先生的教师研究视域与实践关怀》，《教师发展研究》2023年第1期。

童，那么，这显然就是未经反思的自然态度之教育样态：仅仅关注儿童学会的——能在考试中正确复现的——数学知识的数量，而从不反思儿童是如何学会的！相比"轴心时代"东西方文明几乎同时出现的、由孔子和苏格拉底分别开创的伟大的教育形态，自然态度之教育实践已经堕落为知识的"搬运码头"，教师堕落为"搬运工人"，而儿童则堕落为"临时性仓库"——为了考试而临时性地堆放一些碎片化的知识或信息，考试一旦结束，仓库则会马上清空。

在此，我们仍然需要一种哲学态度的转向：将教材中的客观知识系统——包括自己已有的经验和成见——统统悬搁起来，暂时加上"无效"的标记，以直观的、直接给予的自明性为起点，对基础教育客观知识系统进行先验发生学分析，内在地重构数学观念系统，形成对数学知识的清晰的意识，从而在学科知识或观念的层面，抵达"教之先对教的拥有"。

对学科知识进行先验发生学分析，是抵达"教之先对教的拥有"的应然之路，这是由教育实践的特殊性所决定的。在课堂教学中，教师理应以教师之教的意识有效激活学生之学的意识，学科知识不过是潜在的桥梁和纽带；假如教师和学生共同关注的仅仅是确定的客观知识，以及对知识的机械装载和搬运，而没有充满生机的意识的流动，或者根本就不知意识流动为何物，这样的课堂教学无疑是令人窒息的！也就是说，虽然按照解释学的观点，我们对知识的理解总是基于自己的"前有前见"（已有经验），但是，作为教师，如果这里的"前有前见"不过是基于自身过往经历的无意识活动形成的经验，那么，教师就不太可能以内在的、清晰且鲜活的教的意识有效激活学生之学的意识！反之，如果教师的"前有前见"是经过有意识的、现象学的反思而形成的"前有前见"，那么，对于教师而言，学科知识就不再是教材或教参中的"客观存在之物"，而是内化于教师意识之中的、活泼泼的观念构造之物。在此基础上，教师总是能够设计出"好问题"——好问题不是简单易答的问题，更不是只有唯一标准答案的问题，而是能够有效激活学生探索和思考意愿的问题。正是"好问题"，而不是客观知识，真正构成了连接教师之教的意识与学生之学的意识的桥梁，其相互关系如下图所示：

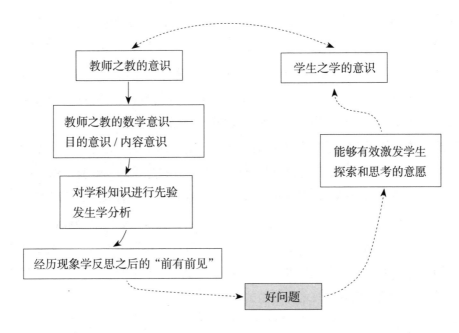

图1-1　"好问题"是建立"教－学"意识联结的桥梁

　　显而易见，教师如果以实然的"前有前见"进入课堂，课堂将有可能变为自由散漫的"自然丛林"，或者机械重复的"工厂流水线"，甚至是令人窒息的"监狱"；教师如果以实然的"前有前见"参与数学教育改革，就有可能"东风吹来往西倒，西风吹来往东倒"，最终丧失自我、随波逐流！所以，上图所揭示的"应然之路"，虽不易求得，但因其根本，故值得一试。不过，在上图中，许多线条，特别是联结教师之教的意识与学生之学的意识的线条还是虚线，这是因为还有另外一些重要的问题未曾讨论，例如："好问题"与学生的意识发展状态，或者说，与学生的兴趣动机以及认知发展水平之间是何关系呢？这些重要的问题，都将在后续章节进一步加以论述。

第二节　追问教师之教的学生意识

　　在中小学数学教育实践中，教师与学生首先表现为两个独立的意识主体。

那么，教师如何从自己的意识活动中"超越"出来，与学生形成"共在"关系呢？通常，这种"超越"首先意味着"怎么教"，而"怎么教"必然回溯至"怎么学"，"怎么学"又会进一步回溯至"儿童脑海中的已有经验是什么"，以及"儿童的认知和全息性的生命发展具有怎样的规律"等问题。这表明：要想构建良好的"教育共在"关系，教师需要从先验发生学中"走出来"，走进热气腾腾的真实的教育生活世界之中。当然，这里的"走进"并不是直接走进"经验杂多"，试图通过直接体验，形成日积月累的"经验之谈"——这样的"经验"受环境或外因的限制，很难具有普遍的有效性；而应该以现象学哲学态度"回到事情本身"：教师作为意识主体，从"意识到教学方法"回溯至"意识到学生"，进而对儿童生命特别是认知发生发展规律拥有居先的领会。如此一来，教师才能真正从教育对象——学生的层面，激活教师之教的学生意识，抵达"教之先对教的拥有"。

一、从认知心理学的角度激活教师之教的学生意识

先验发生学是哲学态度的产物，而认知心理学则属于自然态度的产物。前者建立在将后者"加括号"、添加无效标记的基础上。这恰好提示我们，一旦先验发生学拥有了逻辑在先的地位，那么，套在认知心理学外面的"括号"也就可以逐步打开，进而显现其独特的意义和价值。

(一)"教学基于发展"与"教学引领发展"的综合

当卢梭提出"儿童中心"时，他只是在教育观念上实现了一次"哥白尼式的转向"——从"知识中心"转向了"儿童中心"，然而，其价值并不在于教育实践中的应用，或者说，其观点很难在当时的教育实践中得到实际应用。当美国的进步主义者——特别是杜威——提出"儿童中心"时，他们的依据多半是一种基于生活经验的"理想主义"，或者是试图反对传统形而上学而提出的一种实用主义的哲学解决方案——哲学思考无疑对教育实践具有逻辑在先的启发和引领作用，然而，如果将其视作实证科学的"真理"直接运用于教育实践，结果多半并不理想。但是，皮亚杰却在他的名著《儿童心理学》

中第一次向世人科学地展示了不同阶段儿童的认知发展水平和规律，并且用大量案例科学地证实了他的理论。在认知心理学领域中，这是一项影响深远的伟大成就。

当然，理论虽然可以帮助我们客观而普遍地了解不同阶段儿童的认知发展水平与规律，但是，面对每一个具体的儿童，他们又是各不相同的，所以，皮亚杰同步提供了"临床法"——作为老师，我们可以像医生一样，通过临床诊断的方式，在正式教学之前，具体且有针对性地了解每一个儿童独特的、当下具体的认知发展水平。一切教学活动必须建立在清晰且准确地了解儿童已有认知发展水平的基础之上。唯有如此，因材施教才有可能；唯有如此，"儿童中心"——从卢梭到杜威的梦想——才有可能在教育实践活动中真实地呈现出来；唯有如此，"教－学"之意识联结，才有了真正的着力点。这正是"教学基于发展"的主要内涵。

不过，如果仅仅片面强调"教学基于发展"，那就有可能让教学失去方向，或者在无意中忽视教育教学的价值和意义。所以，维果茨基提出"教学要引领发展"，突出强调了教学对于促进儿童内在认知水平发展的价值和意义。然而，如果我们只是按照一张既定的课表或者成人制订的教学计划，试图最大限度地发挥教学的作用，那么，我们就有可能忽视对儿童内在认知发展水平的尊重；幸运的是，维果茨基同时提出了"最近发展区"理论——也就是儿童基于自己已有观念的发展水平、通过有效教学可能抵达的最高水平。这样一来，教学对儿童认知发展的作用，被科学地限定在"最近发展区"之中，那些无视儿童的外铄性教育之危害性，就能得到有效避免。

因此，当我们将皮亚杰"教学基于发展"的观点与维果茨基"教学引领发展"的观点有机结合起来，就可以做到：一方面，尊重儿童已有认知发展水平和规律，确保儿童的主体性地位；另一方面，通过教学协助儿童获得更好的发展，确保儿童潜在的发展可能性如其所是地显现。

（二）聚焦内在观念的建构与生长

其实，当我们把皮亚杰和维果茨基的认知心理学视作了解儿童"认知发生发展之规律"的工具时，我们就很容易陷入纯粹方法与策略的窠臼，从而异化了它们的价值和意义。所以，我们有必要借助皮亚杰和维果茨基开创的道路，对"概念"和"观念"进行适当的辨析与澄清。

"概念"通常具有以下的特征：外在的、客观的、确定的、机械的、不可更改的……从某种程度上讲，"概念"应该具有这些特征，否则，如果一个概念不具有客观性，那么从科学的角度来讲，它就不够完美。更加严重的是，如果它不具有客观性，那么每一个人的理解都会不一样，这有可能导致人与人之间不能就这个概念进行有效的沟通和交流。然而，也正是因为"概念"具有这些特征，所以它总是显得有些机械，甚至僵化。不过，这仅仅是从传统经验论的角度言说的"概念"。以认知发生学心理学的视角观之，与"概念"相对的是"观念"，它具有如下特征：内在的，主观的，不确定的，鲜活的，可生长的……当我们把"概念"理解为教材中外在的、客观的知识点时，那么，教师和儿童脑海当中的、通过学习建构生成的那个东西就叫作"观念"。观念是内在的、主观的，也是不确定的、开放的，因为它一直在生长变化。一个儿童每天都在发展和变化，他脑海当中的观念系统，每一学期，每一学年，甚至是每一天也都在发展和变化，所以，观念和观念系统肯定具有不确定性，它就像一个生物学意义上的种子，是鲜活的、可生长的、活泼泼的。正是因为观念具有生长性，所以任何一个当下建构生成的观念都仅仅是一个"临时性共识"，而不是静态的"概念"，更不是"永恒真理"；作为"共识"，观念当然具有某种程度上的确定性和客观性，不过，这种确定性和客观性是临时的、相对的，而生长性和开放性是观念更为本质的属性。

当然，"概念"和"观念"也不是绝对的二元对立的关系。一个儿童要建构生成一个观念，他不能无中生有，此时，教材中的那些概念、知识、公式、定理、定义都可以对儿童起到一个"刺激"的作用，相当于促进植物生长的阳光雨露的作用，我们将其用好了，它就可以促进儿童脑海中的观念持续地发展和变化。而当儿童将自己脑海中的观念外推，尝试在现实生活中进行应用的时候，这些观念就不再是绝对主观的、不确定的，而必须具有某种程度上的确定性和客观性，否则他就无法有效应用，更不能与他人对话交流。所以，观念在外推和应用的过程中，也就具有了某些"概念"的特征。"概念－观念"是一个双向互动式的生长和转化的过程。

　　需要特别强调的是，认知发生心理学的"已有结论"并非"绝对真理"（皮亚杰本人终生都在调整完善自己的理论体系），其最重要的价值是：试图科学把握儿童认知发展规律的渴望与追求！在人类教育发展史上，这种渴望与追求从来没有像今天这样强烈，这是皮亚杰开创的一个新领域、新维度，它应该是教师之教的方法意识的有机的、必不可少的组成部分。正是基于这样的视角，教师之教的方法意识在本质处其实就是教师之教的学生意识。正如没有没有人的教育，在思及教学方法时，我们也应该意识到：没有没有人的方法。

二、从脑科学的角度激活教师之教的学生意识

　　脑科学与先验现象学的关系类似于皮亚杰认知心理学与先验现象学的关系，这里不再赘述。

（一）大脑的结构及其功能

　　现行研究表明，人类大脑结构如下图所示：

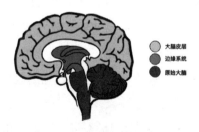

图1-2　人类大脑的基本结构

　　这是脑科学家们从大脑进化的角度建立的"三重脑模型"。最底部的深色部分是"爬行动物脑"，通常也被称作"原始脑"或"本能脑"。爬行动物脑在进化中是最早出现的，它控制着动物的攻击、领地意识，以及呼吸、心跳、血液循环等跟生存活动密切相关的行为，这些行为起源于爬行动物。

　　最顶部的浅色部分是"新哺乳动物脑"，通常称作"大脑皮层"或"理性

脑"。哺乳动物出现了高度发达的大脑皮层，并随着神经系统的进化而进化。人类的大脑皮层更是发生了新的飞跃，有了抽象思维能力，成为意识活动的物质基础。大脑皮层上面密密麻麻地分布着大约140亿个神经细胞，在这些神经细胞的周围还有1000多亿个胶质细胞。

夹在新哺乳动物脑和爬行动物脑之间的部分是"大脑边缘系统"，通常也称作"情感脑"。情感脑主要包括海马体、杏仁核、下丘脑和垂体等。海马体位于颞叶深处，是最重要的记忆脑组织；杏仁核是情绪处理中心，参与情绪的产生以及表达，例如，焦虑、抑郁，尤其是恐惧，还参与情绪记忆的形成和保存；下丘脑与脑下垂体组成一个完整的神经内分泌功能系统，控制和调节着多种激素的释放。

（二）情感脑与理性脑之间的转化关系

情感脑是大脑的"看门狗"，来自外部的一切刺激和源自内部的欲望、动机和兴趣，都要首先汇聚到情感脑。在所有的情绪中，恐惧占据了绝对的中心位置，因为恐惧关乎着动物的生死存亡：看见天敌或遇到危险时，如果动物没有任何应激反应——既不逃跑也不战斗，反而无所事事地凑近危险源，等待它的就只有死亡。换句话说，没有"恐惧基因"的哺乳动物，在演化中早已被自然淘汰了；那些幸存者一旦遇到天敌，情绪反应触及下丘脑，下丘脑通过调节内分泌激素的产生和释放，进而调节植物神经系统，在本能或无意识的情况下调节血压、呼吸、心跳、消化、瞳孔反应等，从而迅速汇聚能量逃跑或者战斗。

不过，对于诸如狮子、老虎、乌鸦等高等哺乳动物或者聪明的鸟类，它们的幼崽已经演化出特别的"儿童期"：在父母（或者妈妈）精心的呵护中，它们可以在没有恐惧的氛围中，通过模仿或自由探索性游戏，后天习得必要的生存技能。而对于人类的幼崽来说，他们的儿童期更为漫长，这使得他们的生命拥有了独一无二的"可塑性"，具有其他一切哺乳动物所不具备的发展的可能性。在此期间，儿童的情感脑——边缘系统——差不多在12岁时，就已经发育成熟；而理性脑——主要是额叶——却要等到24岁左右，才能发育成熟。二者的关系如下图所示：

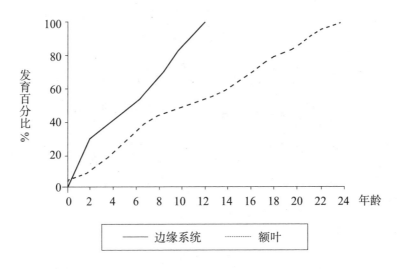

图1-3　人类大脑的边缘系统与额叶的发展曲线[①]

　　这种关系表明，对于人类而言，情感脑的功能更为基础：首先，它能够像其他一切哺乳动物一样产生恐惧情绪，从而引发基于本能脑的生存本能性反应；其次，能够像其他高等哺乳动物和聪明的鸟类一样，通过模仿和自由探索性游戏，掌握必要的生存技能；最后，也是最为特别的一点，人类儿童在游戏活动中，如果可以得到父母与老师的鼓励与欣赏、启发与引导，那么，他们不仅可以养成良好的生活习惯和掌握某些基本的生存技能，还可以将源自外部的刺激转化为兴趣和惊异感——而不是恐惧情绪，激发进一步探索的欲望和行为，促进理性脑——理性思维能力的快速发展。与此同时，理性思维活动的成功与成就，又会反向在情感脑中激发内在的愉悦、自信、成就感与自豪感，从而使儿童积极主动地投入更为复杂的理性思维活动。这样，就会在儿童的情感脑与理性脑之间形成一种"良性生长螺旋"，其关系如下图所示：

———————————

① 戴维·A.苏泽：《人脑如何学数学》，赵晖译，上海教育出版社，2016，第86页。

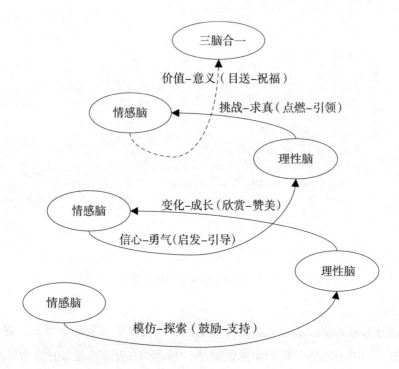

图1-4　情感脑与理性脑之间的"良性生长螺旋"

在这个"良性生长螺旋"中，小括号内部的文字是父母或老师的态度与行为，括号外部的文字是儿童自己的态度与行为。在螺旋式生长过程中，本能脑看似消失不见，其实，它不过是以无意识或本能的状态，确保儿童生命在生物性的层面与环境进行良性互动。而在"人之为人"的独特性层面，儿童经历螺旋式生长的旅程："模仿 – 探索（鼓励 – 支持）"→"变化 – 成长（欣赏 – 赞美）"→"信心 – 勇气（启发 – 引导）"→"挑战 – 求真（点燃 – 引领）"……逐步发展成为"三脑合一"的大写的人。

不过，如果儿童遭遇到不良的家庭和学校教育，上面的"良性生长螺旋"就可能异化为"恶性生长螺旋"，其异化过程如下图所示：

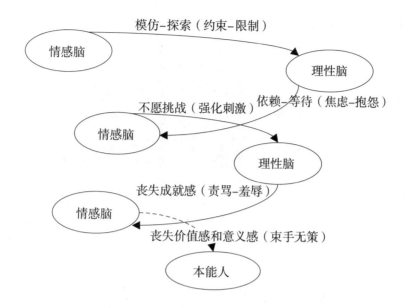

图1-5　情感脑与理性脑之间的"恶性生长螺旋"

在这个"恶性生长螺旋"中，小括号内部的文字仍然是父母或老师的态度与行为，外部的文字是儿童自己的态度和行为。在"恶性螺旋"中，儿童的大脑经过了一个异化的逆向发展旅程："模仿－探索（约束－限制）"→"依赖－等待（焦虑－抱怨）"→"不愿挑战（强化刺激）"→"丧失成就感（责骂－羞辱）"→"丧失价值感和意义感（束手无策）"……儿童就这样逐步异化为被爬行动物脑所控制的"本能人"。

教育就是要引导儿童的大脑实现"良性生长螺旋"，尽力避免"恶性生长螺旋"的出现。

（三）儿童大脑的发展可能性

一个婴儿呱呱坠地时，他的大脑容量其实已经与成人相差无几了，但是，从认知和思维发展的角度讲，婴儿显然与成人差异巨大，以至于可以将其视为两个"完全不同的物种"！这表明，从物种演化的角度讲，神经元的数量是关键因素；而从人之为人的角度讲，儿童与成人之所以如此不同，并不在于神经元的数量，而在于神经元之间的连接方式。下图显示了不同年龄阶段儿童神经元连接情况的差异（图片源自网络）：

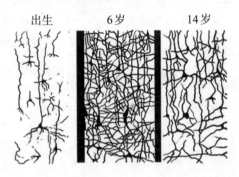

图1-6　不同年龄阶段儿童的神经元连接数量

　　婴儿刚刚出生时，神经元之间的连接还比较少，就好比是一片旷野，人迹罕至，只有几条若隐若现的荒野小径而已。6岁时，经过自由自在，甚至是"无法无天"的模仿与探索性游戏，新建的神经元连接疯狂生长，数量多到吓人！不过，这同时也意味着，当儿童面对一个稍显复杂的问题时，他们还不能做出快速有效的反应，与成人相比，他们显然还不是问题解决高手，但是，他们的优势是"不走寻常路"，是无限的可能性与想象力，这恰恰是成人严重缺乏的能力。我们仍然可以用旷野作比：现在阡陌纵横，路网密布，任意两点之间的通达，都有"无限多"的选择；只不过，小径两旁野草丛生，通行效率可能并不高。14岁时，由于经过较长的、有目的、有计划的学校教育，常用的连接得以留下，并变得稳固和粗壮，而不常用的连接，则遵照"效率至上原则"，消失不见了。所以，总体观之，连接的数量反而变少了，但儿童解决常规问题的能力和效率却显著提高了。这就好比，前面的旷野变成了高速发展的经济技术开发区，有用的道路变成了高效的主干路网，而不常用的荒野小径则彻底消失不见了。

　　这里的启示有二：第一，相对于其他的高等哺乳动物和聪明的鸟类，人类婴儿的大脑具有更为强大的"可塑性"，最终的"成品"与儿童期的教育高度相关；也就是说，儿童优秀卓越的大脑是"教育的结果"，并非"天然如此"。所以，如何理解和领悟教育的本质，就显得尤为重要了。对于发生学教育而言，就是为了协助儿童更好地生长，而不是代替或者胁迫儿童去生长！

第二，神经元连接的稳固，固然可以提高解决常规问题的有效性，但是，它也可能因为自动化的无意识运作，从而形成路径依赖，进而减弱甚至丧失创造性地解决问题的可能性。这就好比是一条宽阔笔直的柏油马路，沿着某个方向的通行效率的确提高了，但却失去了阡陌纵横的自由自在和无限可能性！通过教育形成神经元之间的连接，从某种程度上讲，是一个"成器"的过程，而孔子在两千五百年前就强调"君子不器"。在飞速发展的未来时代，孩子们将要遭遇的问题会更具综合性与复杂性，这需要他们有更具开放性和创造性的大脑！对于发生学教育而言，强调儿童基于自身已有经验的发明和创造，关注内在观念的建构与生成，外显的知识与概念不过是"临时性共识"，而不是绝对的永恒真理。也就是说，教育的目的不是为了片面地追求神经元连接的稳定与高效，而是要同步追求它的开放性与创造性；教育的目的不是为了获取更多的静态知识，而是借助自身经验与已有知识的良性互动，发展创造性思维，培养创造性能力！

最后，需要特别指出的是：脑科学虽然近年来获得了飞速发展，但是，人类大脑的神奇与奥秘远未得到真正清晰的揭示；不过，今日教育绝不能奉行"鸵鸟政策"，无视脑科学的洞见，而应该与其积极互动，将其纳入教师之教的学生意识之中。

从皮亚杰到维果茨基，再到脑科学，这一路的辛苦穿越，表面上看是在聚焦"怎么教"的问题，是为了有效激活教师之教的方法意识；但是在根本处，它指向的却是儿童作为人之为人的"人性"本身。人性问题过于复杂，作为教师，我们既不能对其过于悲观，也不能过于乐观。人性本善？还是人性本恶？还是人性无善无恶？还是人性可善可恶？若以"人性善"为出发点，教育何为？若以"人性恶"为出发点，教育又该何为？必死之生命有何价值与意义？儿童生命巨大的可能性与发展性对教育到底意味着什么？宛若太阳一般映照人类历史天空的孔子、苏格拉底、耶稣、佛陀，对于我们普通人的生命存在有何启示？……面对这些根本性的人性或生命难题，我们也许还需要梳理中西哲学对"人性问题"的洞见，反思我们有关"人性问题"的前有前见前理解，对复杂的人之为人——特别是儿童（也包括教师）——特有的"人性问题"拥有新的领会，从而为教师之教的意识奠定生命哲学之根基。

三、教师之教的意识具有逻辑在先性

通过先验发生学分析，我们经由"教师之教的数学意识"抵达"教之先对教的拥有"；通过个体发生学分析，我们经由"教师之教的学生意识"——也就是从儿童认知发生发展规律的角度——抵达"教之先对教的拥有"。至此，我们相信：教师之教的意识已经处于初步激活的状态。

显然，相对于鲜活的教育实践而言，教师之教的意识具有逻辑居先性；也就是说，教的意识决定了教的行为、学的意识与学的行为；当然，这里的"决定"一词并不意味着否定学生作为学习主体的价值和意义，而是强调在基础教育领域，"教－学"关系的独特性。不过，教的意识并不是传统理性范畴内的确定不变的概念，它与学生之学的意识之间的关系如下图所示：

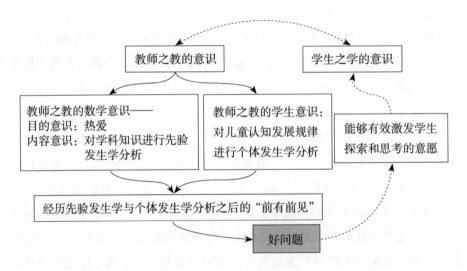

图1-7 教师之教的意识在"教－学"意识联结中具有逻辑在先的地位

也就是说，教师之教的意识是有效激活学生之学的意识的前提和基础，也是教育得以真正发生的前提和基础，忽视了这一点，教师之教的意识就有可能是教师在无意识中形成的有关教学的"前有前见"，这种未经反思的"前有前见"不仅无法提出"好问题"，更无法有效应对教学过程中各式各样的

突发性问题。不过，我们仍然需要继续追问：虽然经历现象学反思之后的教的意识原则上可以提出"好问题"，但是，"好问题"一定能够有效激活学生之学的意识吗？事实上，"好问题"是开放的，学生的思维活动也是开放的，这双重的开放性必然导致：学生思维之差异性以传统教学无法想象的式样被揭示出来，教学过程中生成性的各式各样的新问题也会汹涌而至。此情此景，教师又该如何面对呢？是截断众流，将教学迅速矫正到寻找唯一标准答案的传统之途吗？是任由开放性将教学活动引向漫无目的的远方吗？还是在开放性与确定性之间寻找最为恰切的动态平衡？……无论如何，当教师之教的意识被激活之后，"教－学"意识联结的目标也就有了希望；而且，在"教－学"意识联结活动中，教师之教的意识也必定会进一步变得丰富与深刻。换句话说，教师之教的意识以教师的教育信念为源初的起点，其后必然会经历两个阶段的发展：第一个阶段是通过现象学的还原与反思，进行先验的立义和充盈，最后，以能否提出"好问题"为判断的依据和标准，而非其他；第二个阶段是围绕"好问题"，在与学生之学的意识的良性互动中，进一步得到立义和充实，最后，以能否真正激活学生之学的意识为判断的依据和标准，而绝非其他！当然，这两个阶段并不是决然分开的，在真实的教育实践活动中，二者可能是以循环往复、纵向超越的形态得以展开。

第三节 基于"教－学"意识联结的数学教育发生学

教师之"教"的根本目的是学生之"学"，是协助儿童更科学更有效地学习，所以，如何以本真的教师之教的意识激活本真的学生之学的意识，有效建立"教－学"意识的联结，是本研究的重要目标。显而易见，教的意识与学的意识之间具有无法回避的超越性，它涉及两个意识主体之间的关系，如何打破这个超越性的壁垒呢？胡塞尔的"移情"和"交互主体性"虽然都是先验的理论和原则，但是，它对于我们居先地洞察和领会"教－学"之意识联结具有重要的参考价值。然而，如果将"教－学"意识的联结仅仅限于先验的设定，显然也是非常荒谬的，它必须进入当下的、活泼泼的实践领域——教育生活世界。

一、学龄儿童的已有经验与教师的先验反思经验之间的关系

在先验现象学中，通过直观给予的自明性，意识主体可以获得意识的"实项内容"（质料）；然后在纯粹意识领域中，通过能动的意识立义活动，获得相应的观念生成物，这个过程就是意识主体的"先验立义"活动。作为成人的教师，可以通过现象学还原——悬搁已有的经验或意见世界，在先验反思中进行先验立义活动，这种活动不仅可以有效激活教师之教的数学意识，而且也可以初步激活教师之教的学生意识。

但是，一个准备接受教育的儿童，不太可能是一个胡塞尔意义上的经过现象学还原之后的"纯粹先验意识主体"。即便是一个刚刚诞生的婴儿，他也总是具有抓握、吮吸、注视等本能，他总是以自己的身体和动作去体验这个世界，他最初关于世界的知识总是经验的，而不是先验构造的。当一名六岁的学龄儿童第一次进入学校时，他也不可能像经历了现象学还原之后的一个"纯思之我"，他总是带着自己或丰富或贫乏的经验一起走进校门，并且总是基于这些经验去体验、解释、理解、判断新的学校生活，教育总是在这些活泼泼的经验中如其所是地发生着。

在学前阶段，儿童可以依据自己的已有经验去自由地模仿和探索世界，进一步丰富和深化自己的经验。然而，儿童一旦步入有目的、有计划的学校教育阶段，他们的自由就变成了"有条件的自由"，他们的模仿与探索就变成了在教师干预或影响下的模仿与探索。现在的问题是：学龄儿童的已有经验能够被彻底悬搁吗？儿童的学习可能是彻底的无前提、无预设、无方向的先验立义活动吗？答案显然是否定的，而且，这种否定性具有显而易见的直接给予的自明性。

恰恰相反，学龄儿童的已有经验不仅无法悬搁，事实上，它也根本不需要悬搁，因为它是儿童学习活动中最为宝贵的思维资源与武器。作为独立的意识主体，学龄儿童总是利用自己的已有经验去积极地探索和解释他们遭遇到的新问题——除非他们的天性被不良环境所压抑或者扼杀，只不过，相比

学前阶段，他们的世界变得更为广阔了，他们遭遇到的问题也变得更为复杂了，所以，他们不可避免地会遭遇到更大的认知冲突。此时此刻，就该专业教师现身了：引导儿童辨析真正的问题是什么，弄清儿童已有经验的局限性在哪里，如何调整已有经验就可以有效解决新问题，运用生成的新经验重新审视自己的生活世界，哪些隐蔽的问题可以清晰地浮现出来，并能得到很好的解释……显然，这里的现身就意味着"教–学"意识联结的重要时刻——唯有当它真正得以显现，后续的"教–学"过程才能成为一个广义的解释性活动，一个当下在场的、有真实经验的活动。

所以说，要想实现"教–学"意识的联结，就必须从先验立义进入"经验解释"。一方面，教师的先验立义是经验解释逻辑在先的前提和基础，没有居先的先验立义，经验解释就可能变为特殊情境中的经验总结，不具有普遍的有效性和深邃的洞察力。另一方面，教师通过先验立义居先地构建和形成教师之教的意识，一旦与儿童相遇，进入真实的教育生活世界，先验立义之"义"可以在当下发生的、活泼泼的经验解释活动中得到持续的充实和生长。也就是说，经验解释因为拥有了先验立义这个居先的源头，从此变为永恒的活水；而先验立义之"义"由于与经验解释的贯通，也彻底打破了先验与经验之间的天堑，从此绵延不绝、永恒生长。在此基础上的"教–学"意识联结，才有可能使得儿童的意识发生与生长，一方面真正具有了杜威所倡导的"教育即经验之改造与生长"的本质特征，另一方面也有效避免了杜威教育改革在某种程度上受人诟病的低效和盲目。

二、教育生活世界是建立"教–学"意识联结的构成性背景

（一）三位一体的教育生活世界

"生活世界"是胡塞尔先验现象学发生学的一个核心概念，它与真实的教育实践场域看上去有着明显的不同。不过，这里的不同并不是二元对立、非此即彼的，恰恰相反，生活世界以其独特的非主题化、非二元对立，具有潜在的开放性和可能性、一切意义之源头等特征，成为意识发生的构成性背景。

依此径路思及教育实践活动，我们不妨将"教育生活世界"视为"教－学"意识联结的构成性背景。

在一个特定的教育生活世界中，不管其向我们显现了多少感性杂多，也不管不同的人通过其呈现的多种样态看出了怎样的同一性，有一个三位一体的基本结构总是具有不言而喻的自明性。这个基本结构由教师、学生、知识（包含一切广义的学习对象）共同构成，它们的关系如下图所示：

图1-8　三位一体的教育生活世界

在传统认识论领域，这是一个多重二元对立的世界，而且在某种特别的意义上，教师被赋予了绝对的主体地位。但是，一个显而易见的事实是：一旦教师的主体性越过了某个界限——虽然我们还没有办法确定一个客观的量化标准去准确地测量出这个界限，学生的发展并不会沿着主体——教师（或父母）——的规划目标前行，严重的，学生的生命甚至会以触目的、异化的形态向世界显现自己的主体性！

教师与知识之间也常常会表现出一种悖论：当教师以绝对的主体地位去俯视知识时，知识就会异化为一堆碎片化的信息或教条，语言则会堕落为一种纯粹的闲谈工具，从而使得知识的意义世界处于更深的遮蔽和隐匿之中。也就是说，教师本来是想以主人的身份进入知识世界，但是，他过于炫目且异化的主体性恰恰阻碍了自己进入知识世界的大门；反过来，当知识的意义世界不能向教师敞开时，教师的主体性其实就不得不陷入暗沉沉的黑夜之中了！

而在扭曲的"教师－学生"和"教师－知识"之关系结构中，学生与知识的关系也注定会被破坏。学生需要学习的知识一般由教师或其他权威界定和提供，而教师或权威因为不懂儿童身心发展的科学规律，所捍卫的无非是一些源自传统或者庸常世界的流俗与偏见，以致本该成为滋养儿童生命健康发展不可或缺的知识沦落为机械枯燥、面目可憎的怪物。

在三重扭曲关系相互加持下，教育场域逐步异化为生命的沙漠，甚至是禁区！灌输与反灌输，控制与反控制，捍卫流俗偏见与破坏颠覆一切传统禁忌……当这一切成为常态时，分数与升学率、胡萝卜与大棒等外在的目标和手段会以"变态"的方式逐步得到强化，本应通过"教－学"意识联结得以唤醒和点燃的生命内在动力机制，以及内在的价值感、意义感和人之为人的高贵与尊严，都无不处于深深的遮蔽和隐匿之中，教育陷于极端精致利己的功利主义深渊！每当此时，改革总是相伴而生。但是，为何冠以"特色"之名的教育改革风起云涌，而教育的病症却未见丝毫起色呢？现象学还原论启发我们：回到事情本身。是的，教育改革理应首先悬搁流俗和偏见，回溯至"教－学"意识得以发生的本源、本质之处，也许才能裂开一道罅隙、觅得一缕光明。

（二）教育生活世界在存在论意义上的若干特征

源自胡塞尔"生活世界"理论的"教育生活世界"，在逐步主题化的过程中，首先表现出某种类似于早期海德格尔意义上的"因缘世界"的特征：考虑到教师在基础教育中不可或缺的作用和地位，教育生活世界应该是一个首先由教师作为"此在"而牵起的因缘世界。

存在论意义上的"因缘世界"不是"主－客"二元对立的世界，更不是由主体控制客体的权力世界，甚至也不是布伯意义上的带有宗教神秘性的"我－你"世界；因缘世界中的此在尊重传统，但它并不将传统视为保守解释学意义上的传统———一种静态的、确定的、不可改变也无需改变的东西，而是将传统视为具有时间性的传统，其持存是在时间中不断生成变化的持存，而生成变化是在时间中持存绵延的生成变化。同时，我们也清醒地意识到，当我们强调这个因缘世界是由教师牵起时，一定会遭到批判解释学的反对———批判解释学高度戒备权力、权威、意识形态，以及一切外在强力对人类本真存在的侵蚀，他们的洞察无疑是有重要价值的。不过，人生而为人，就不可避免地具有社会性——这并不是传统形而上学意义上的超验性的玄思或独断，而是存在主义之所以能够被我们领会的必要前提——一切社会性组织如果不想被"丛林法则"所控制，甚至不想沦为卢梭意义上的"自然状态"，那它就必得学会聆听智者或权威的声音！我们当然可以说婴幼儿牵起了他们自己的因缘世界，不过，婴幼儿如果想要获得更为本真的存在，由更具智慧的父母牵起"父母－婴幼儿"的因缘世界显然更具合理性和科学性。这也就是说，当我们强调由教师牵起了"教师－知识－学生"构成的因缘世界时，并不是在无意中试图遮蔽学生与知识的本真存在，而是试图揭示"教－学"意识得以真正发生之因缘世界所具有的特殊性，这种特殊性主要表现在以下三个方面：

第一，儿童（学生）的本真存在性是一种可能性，而且是在时间中持存与发展变化的可能性。在传统教育中，人们混淆了现实性、必然性和可能性三者之间的异同。我们需要说明的是：首先，儿童生命的本真可能性完全不同于通常意义上的现实性。一个生命的现实性一般都是当下呈现的，有时候也会包含对过去的某种回忆，或者对未来的某些想象。只不过，对于一个仅仅看重儿童生命之现实性的人来说，不管是过去还是未来，都仅仅是一些感性杂多，并不构成对儿童生命的本真领会。其次，儿童生命的本真可能性是一种潜在的生命倾向，与必然性相比，它更像是一种或然性的存在。在正常状态下，一个儿童总是会在身高体重上具有生长性，这正如一粒种子总会在春天萌芽，不过，这看上去是一种生物学意义上的可能性，本质上是一种生物学意义上的必然性——因为从遗传基因和生命本能的角度讲，它们通常都会在未来必然发生。当然，在人类文明中，还存在着另外一种必然性，例如 $2+3$ 必然等于 5，一组对顶角必然相等，这是一种逻辑必然性，其必然性由形式逻辑法则所决定。很显然，当我们谈及儿童生命独特的可能性时，我们所意指的并不等同于以上论及的必然性。最后，在特别的教育因缘世界中，儿童生命的可能性意味着本真存在性，而且，在不同的年龄阶段，这种本真存在性具有非常不同的特征，它也许与儿童独特的生命特质——超强的模仿能力和不可遏制的探索未知世界的欲望——相关，也许与教育因缘世界中的教师、父母或者其他陪伴者的实践智慧相关。但是，我们并不能给它一个清晰明确的定义，也无法依据一个确定的客观的标准去定量刻画它。我们唯一可以确定的是：它绝对真实存在，并应该引起教育者足够的重视。

第二，知识的本真存在性由教师和儿童的存在性共同决定。在更广义的历史性中，知识拥有其独立的意义世界。在晚年海德格尔看来，真正经典文本的诞生时刻，是作者之真理性存在的显现时刻；然而，作品一旦诞生，作者（或制作者）也就退场了，作品从此拥有了独立自足的意义世界；当读者与作品遭遇时，与其说是读者让处于遮蔽中的作品重现其真理性，不如说是作品自己向读者呈现出它的真理性。这当然是非常智慧的洞见。不过，我们仍然要同时强调教育生活世界的特殊性：在"教师－知识"的关系中，与其说是知识（或文本、作品）自己向教师呈现其真理性，不如说是教师有效地攫取了知识的真理性——这种攫取本质上就是教师与知识的视域融合。因为知识从知识的角度讲，总是向着世界敞开自己的视域，所以，在特定的教育生活世界中，能否形成有效的视域融合，教师总是具有某种程度上独特的主动性。这种感觉有点类似阳明心学。据说，阳明与朋友同游南镇，友人指着岩中花树问道："天下无心外之物，如此花树在深山中自开自落，于我心亦何相关？"阳明回答说："你未看此花时，此花与汝同归于寂；你来看此花时，此花颜色一时明白过来，便知此花不在你心外。"依宋明理学的源流，阳明眼中的"心"与"花"显然并不完全等同于海德格尔眼中的因缘世界中的存在者，但是，"你来看此花时"之"看"的主动性，就是我想指出的教师与知识视域融合时教师之主动性。以此为基础，我们才可以说，"教师－知识"的视域融合构成了"教师－知识－学生"视域融合居先的可能性。

第三，教师作为教育生活世界的牵起者，意味着什么？显然，这里的"牵起"首先意味着责任、使命和信念，或者说，意味着自身作为此在的本真性存在。此在的本真存在并不是一个"独立的点"，它总是意味着对传统的承续和对未来的筹划。海德格尔强调此在的"向死而生"，也就是强调此在的未来性；而作为学生的伽达默尔则更强调此在基于传统的过去性；不过，师徒二人都是在聆听胡塞尔现象学之时间性洞见的基础上，进一步揭示此在之"过去－当下－未来"的存在论基础。在特定的教育生活世界中，虽然教师、学生、知识都具有相同结构的时间性，但是，教师作为教育生活世界的牵起者，这里的"牵起"显然意味着一种特殊的教育责任和使命。

如此规定的特殊的教育生活世界，是有效建立"教－学"意识联结的构成性背景。

三、基于意识发生重新理解语言、对话和问题之间的关系

教育生活世界的独特性决定了"教－学"意识联结必须基于对话才有可能真正实现。前文已经提及，在胡塞尔的生活世界中，先验意识主体之观念要想超越内在的主观性，抵达共在的客观性，就需借助移情和交互主体性，这种先验现象学的洞察构成了教育生活世界中的对话得以发生的前提和基础。在教育生活世界中，真实发生的对话无处不在，然而，我们该如何逻辑在先地领会这种对话的基本属性呢？

（一）语言在意识发生的对话中的居先性

一般意义上，除人以外的万物虽然在世界之中，但是，它们并不存在性地拥有世界。在现象学解释学的视域中，诗歌、戏剧、历史、雕塑、绘画、音乐、数学、科学等都"拥有"存在论意义上的意义世界，而且，这里的"拥有"都是通过语言，或者说在语言中得以实现的。这就是说，"语言"并不仅仅是此在当下说出的"语词"，语言总是在先地进入了此在的因缘世界，参与了此在的意义显现和生成。我们甚至可以说，语言如同空气和养料，此在"饮食"语言、"呼吸"语言，同时道说语言。不过，不同领域内的语言具有显著的差异，例如，数学就是一门极为特殊的语言，它是对原初的"思维－语言"的抽象，甚至是对抽象的抽象。所以，在日常生活中，数学语言往往是沉寂的，它并不积极主动地借助我们道说它自身，而我们也并不必须借助数学语言道说自己。所以，在数学教育生活世界中，有关数学的"文字－图形－符号"语言就需要在一个有机的系统中灵活地相互转换，才有可能在具体的数学教育生活世界中呈现出有意义的对话，而这种有意义的对话正是数学"教－学"意识得以真正发生的前提和基础。

（二）语言可以借助对话成为一种意识发生的游戏

在胡塞尔的先验现象学发生学领域，原初意义需要借助口头语言和书面文字语言才能够得以客观化和传承；同时，当原初意义隐而不显时，我们可以借助反思性的回溯，重新揭示原初意义的自明性，从而以这种本质的理性精神化解自然态度下的科学之危机。胡塞尔的运思对于我们今天的基础数学教育改革具有无与伦比的意义，后文将会专门论述。这里需要提及的是：胡塞尔对于"原初意义－理性"的执着追求，无疑是西方传统形而上学精神的直接体现。即便原初意义真正存在，那么，它在借助口头语言和书面文字语言的历史传承中，真的能够确保其最为纯正的同一性吗？在语言和基于语言的对话中，到底隐藏着怎样的奥秘呢？也许仅仅通过先验理性之哲思，并不能真正通达这个神秘的领域。

在伽达默尔看来，现象学解释学的对话就是一场视域融合的语言游戏，其中虽然存在着以意义推动的"超越－纳取"之循环，但是这里的"意义"主要与"效果历史"有关。也就是说，主要与此在的传统，或者是基于传统的前有前见前经验前理解有关，从中我们可以看出伽达默尔偏保守主义的倾向。一般来说，伽达默尔的解释学是对海德格尔解释学的继承，不过，海德格尔在对此在的时间性的分析中，"过去的含蕴"和"未来的筹划"对此在的在世存在是同等重要的；而且，由于海德格尔对此在的"向死性"有着深刻且独特的领会，使得此在在对未来的筹划中演变成令人惊异的"向死而生"——当此在"聆听内在良知的召唤"去歌唱着走向死亡时，去向着自己的本真可能性而存在时，此在之存在的意义就如其所是地绽放出来了。

然而，这里的"良知"是什么？正如海德格尔自己所反对的：不能纯粹从形而上学的意义上去超验地玄思良知。那么，何以形成对良知的领会？良知与传统有何关系？良知与语言有何关系？良知与习俗禁忌有何关系？既然此在根本不可能真正经历自己的死亡，他又怎么可能本真地领会自己的向死性？他又怎么可能在向死而生的筹划中本真地聆听自己的良知？……所有这些问题，解释学当然都可以用"语言游戏"一言以蔽之，但是，如果我们不能或不愿满足于此，那么，我们至少有一只脚已经踏进了认识论的领域。

老子在《道德经》的开篇就揭示了语言游戏的某些奥秘："道可道，非常道；名可名，非常名。"是的，"道"如此玄妙，以至于一旦试图用语言言说它，就必定会偏离大道本身。但是，不管是中国的先秦诸子，还是古希腊和古希伯来的先贤，以及海德格尔与伽达默尔师徒，无一不在殚精竭虑地用词语言说，他们心底一定有一个声音：虽然"道可道，非常道"，但作为独特的在世的此在，"还得道"！这中间既含有解释学意义上的语言游戏的秘密，也应该有认识论意义上的追求真理的渴望与努力！

需要特别指出的是，伽达默尔的解释学循环具有明显的辩证法的特征。这个特征虽然看上去与黑格尔有关，但是由于他并不认同黑格尔的先验主体性玄思，所以，他的辩证法其实更加接近苏格拉底的"对话辩证法"。苏格拉底总是试图通过"问－答"结构推动对话的深入展开，他看似要为诸如美德、正义、勇敢等伦理学主题寻找一个"确定的定义"，但是，他其实更加看重对话过程中对话参与者之理性思维能力的持续发展，而对问题的答案和对话的结果完全秉持一种开放的态度。与苏格拉底相比，孔子的教学过程并不是对话式的，而是接近于布道。不过，《论语》中虽然一百多次提到"仁"——儒家最重要最核心的观念，但是，夫子却从未试图给"仁"提供一个"确定的定义"，他总是根据不同的情境、不同的对象随机给予诱导和启发，从而让"仁"这个核心主题始终拥有一种开放性和生成性。所以，仅就结果而言，夫子与苏格拉底显然具有异曲同工之妙；而且，二者都具有"语言游戏"之特点（对比儒家，道家显然具有更为明显的"语言游戏"倾向，不过，道家的"语言游戏"是通过"沉思"而显现的，而不是通过"对话"展开的）。

由此观之，对话辩证法显然更容易促成结果之开放性和生成性。不过，结果之开放性和生成性并不必然依赖于对话辩证法。如果把"绝对的对话"和"绝对的布道"视为两个极端点，在连接两个点的线段上，苏格拉底显然偏向对话，而夫子则偏向布道，但是，二人皆是值得我们学习和效仿的中庸之道。

（三）在认识论视域中，对话需要借助问题的推动

在皮亚杰的发生认识论视域中，"同化－顺应"的认知循环是基于认知主体的"已有经验"而得以展开的。这里的"经验"与儿童脑海中的"认知结构""认知图式"几乎是同义语，与解释学中的"前有前见"也有高度的相似性。在特定的教育场景，特别是基础教育的课堂教学中，课堂对话总是由问题推动的。问题可以是教师基于对学生的了解和既定教学目标而预先设计的，也可能是学生在有效参与课堂对话的过程中，不断与自己的已有经验碰撞，从而产生的可以将课堂对话推向深入的新问题。在某些更加特别的课堂中，教师与学生以"伟大事物"为中心——正如在古老的图腾中，先民们围绕一堆明亮的篝火载歌载舞，问题推动着理解，理解催生着新问题，我们只能"看到"美妙而又深邃的思维在生生不息地流动，而根本无法辨别谁是提问者、谁是答问者。然而生命在场，意义丰盈，一切皆妙不可言！在这种时刻，以追求清晰性和确定性为目标的认识论对话已经悄然转变成带有几分神秘色彩的哲学解释学对话。

在基础数学教育生活世界中，对话是一种最根本的存在方式。从存在论的角度讲，它需要聆听解释学哲学对语言和对话的洞见。从认识论的角度讲，它也需要聆听发生认识论关于对话的洞见。不过，相对于认识论而言，存在论更为根本。所以，今天的数学教育改革如果过度强调认识论意义上的对话，就有可能使教育陷于方法论和功利主义的泥沼。然而，如果过于强调解释学意义上的对话或语言游戏，就有可能使数学教育陷于神秘主义的迷雾之中。而从拥有哲学视野的方法论的角度讲，今天的教育改革既需要学习孔子的"因材施教"，也需要学习苏格拉底的"对话辩证法"。

（四）教育生活世界中的对话是三位一体的有机系统

在特定的教育情境中，教师、学生、知识（学习内容）是三个不可或缺的基本要素。由这三个要素形成的对话至少包括三个方面：师生之自我对话、师生之间的对话、师生与知识的对话，其三位一体的关系如下图所示：

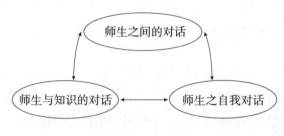

图1-9　教育情境中三位一体的对话模式

1.师生之自我对话：在与他者的对话场域中，同步实现自我对话，而不是"笛卡尔式的沉思"

"自我对话"就是"自我反思"，反思的目的就是为了避免源自感官的感性杂多对生命的遮蔽和异化，所以，我们要经常通过"心官"向内审视我们的心灵，以祛除经验杂多的干扰，从而抵达最纯粹、最可靠的真理。

在中国道家思想中，更是将这种反思引向极致。老子在《道德经》第十二章说："五色令人目盲；五音令人耳聋；五味令人口爽；驰骋畋猎，令人心发狂；难得之货，令人行妨。是以圣人为腹不为目，故去彼取此。"那么，"去彼取此"的人会变成啥样呢？老子说是"圣人"，而庄子在《齐物论》中有更为形象的描述："形如槁木，心如死灰。"如此，便可"坐忘"以成"真人"。以善于沉思而著称的笛卡尔大概就是这样的"真人"吧！无疑，从纯粹的哲学趣味来说，"真人"的境界显然是很高的。

然而，教育生活世界应该是灵动的、鲜活的、活色生香的！如果将师生之自我对话——特别是低龄儿童之自我对话等同于笛卡尔式的沉思，其结果是不堪想象的！在皮亚杰的认识论循环中，"同化－顺应"是同步发生的；在伽达默尔的解释学循环中，"超越－纳取"也是同步发生的。这一切都表明：不管是认识论视域中的认知主体，还是哲学解释学视域中的此在，在真实的发生学教育生活世界中，它们与知识的对话、与他者的对话、与自我的对话，总是三位一体、同步发生的。

不过，由于教师在教育生活世界中的身份极为特殊，除了上面提到的在三位一体的对话中同步实现自我反思，教师的确需要适当进行笛卡尔式的沉思。教师的使命就是协助儿童更好地生长，问题是：如果教师的生命长期处于停滞和僵化的无生长、无变化的状态，他又怎能引导儿童不断超越自身，从而成为更好的自己呢？！所以，这里的"沉思"其实就是教师"逼迫"自己在暂时的孤独中悬置外在的纷扰，直面并叩问自己的灵魂：生命何为？怎样才能"向死而生"？唯有通过持续不断的沉思，才能层层祛除遮蔽，让自己属人的生命在存在论的意义上如其所是地显现出来。

2. 师生与知识的对话

学生与知识之间的对话是学生自主激活学的意识的必要路径。对于婴幼儿来说，他们可以在游戏活动中，通过自由模仿与探索获得快乐健康的发展。随着儿童主体意识的逐步苏醒，他们既需要自由自在地模仿与探索，更需要在有经验的成人的协助下有目的、有计划地学习与成长。而有目的、有计划的学习就必然涉及"教－学"意识的联结。在此之前，儿童需要率先自主地激活学的意识——与知识的对话就恰好体现了这种率先性。对于基础数学教育而言，把教材直接当作这里的知识显然并不是一个好的选择，因为教材中充满了"早已拆掉脚手架"的例题和标准答案，看懂例题并模仿着解答配套习题，显然并不是一种很好的数学学习方式。

依据伽达默尔解释学的洞见，我们不是通过语言抵达理解，而是我们的语言本身就直接呈现了我们对世界和自身的理解。所以，"学生与知识对话"中的"知识"，从广义上来讲，即指一切人类经典书籍、艺术、历史和习俗禁忌等，从狭义上来讲，即指学校教育中配备的教材文本和配合课内学习的课外阅读书籍。现在的问题是：如何把教材变为课程呢？也就是如何实现新课程改革所倡导的"用教材教，而不是教教材"呢？虽然至今没有形成一套一劳永逸的解决方案，但是，它却是有效激活学生之学的意识的前提和基础。

怀特海在《教育的目的》一书中强调教育应该符合"浪漫—精确—综合"的节奏，并分别从纵向和横向两个维度论述了基础教育课程设置也应该遵循这个节奏。按照怀特海自己的说法，他的"浪漫—精确—综合"之循环结构并非独创，而是借鉴了黑格尔的"正－反－合"之辩证法；黑格尔的辩证法主要讨论的是绝对历史精神的发展规律，属于传统形而上学范围内的先验历史哲学；而怀特海却将其借鉴过来用于刻画教育实践中个体的认知发展规律，这是一个很棒的创见！

前文已经提及，在皮亚杰的个体发生学"同化－顺应"之认知螺旋（循环）中，他仅仅将认知主体的认知对象视为一个外在刺激，这个论断虽然强化和凸显了认知主体在认知活动中的地位，但是从另一个角度讲，也忽视或降低了知识在认知活动中的价值和意义（虽然就皮亚杰整体学术生涯观之，他并无此意）。而事实上，儿童的认知活动并不是始于"精确的局部"，而总是始于"浪漫的整体"。从纵向的时间维度来讲，我们也可以说儿童的认知活动总是始于儿童已有的认知经验——这显然与伽达默尔强调的"理解总是首先表现为前理解"是高度契合的；而从横向的当下时间节点来讲，如果儿童缺乏对认知对象的整体浪漫感知，那么，通过动作游戏、文本阅读以及丰富多样的参与性活动，以丰富儿童的认知经验，至少从方法论的角度讲，也是具有重要的价值和意义的。如果再进一步将认知活动带进更为广博的解释学视域，我们就会发现，此在（认知主体）与知识的视域融合本该就是解释学循环的应有之义！

由此观之，"浪漫—精确—综合"本该是儿童内在认识活动的发生学机制，不过，在存在论解释学的视域中，儿童的认知发展是一个此在与知识视域融合的循环过程。在认识论哲学和认识论心理学视域中，儿童的认知发展是一个内外交互的动态平衡。所以，如果将儿童内在的认知发生机制投射到教育生活世界中，我们将会对课程设置以及儿童通过与此课程的对话而自主地率先激活学的意识拥有全新的发生学领会。

3. 师生之间的对话

真正的"对话"并非茶余饭后的闲谈，它具有哲学本体论意义上的价值。然而在基础教育领域，它至今远未得到真正的阐释和说明。胡塞尔的"对话"是先验的；海德格尔的"对话"仅限于人与广义的艺术品之间的关系——试图通过揭示这种关系进而解释此在之存在的本质或本真状态；相对而言，伽达默尔的"对话"虽然意指人与知识（文学、艺术、历史等）之间的视域融合，但这种解释学显然与教育生活世界中的师生对话具有更为紧密的关系。以伽达默尔解释学的视角观之，师生对话其实就是师生之间的视域融合，而不是教师以主宰者的身份对学生单向度地捏塑、管控、规训和灌输！不过，由于教育场域的特殊性，儿童生命的无限可能性总是以待充盈的形态"迎面向我们走来的"，所以，在师生视域融合的过程中，教师无疑处于更为主导的地位，特别是越低段的儿童越是如此。而随着学生年龄和学识的增长，两个（或多个）独立意识主体之间的"对话－视域融合"，显然要比"人－知识"之间的视域融合更富生机与活力，同时也具有更大的开放性与可能性。

教师与知识或文本之间的对话属于前文已经论述过的教之先对教的拥有，这里就不再赘述。总之，基于以上对对话的先行领会，"教－学"之意识联结的可能性就会逐步显现出来。

四、通过课堂对话，有效建立"教－学"意识的联结

意识发生是一种意向性的构造活动，它具有双面性：一面是"自明性地被给予"，另一面是"自明性地直接给予"。在教育生活世界中，自明性地被给予与教师之教的行为密切相关。好的教的行为，对于学生而言，就可以实现自明性地被给予的效果；不好的教的行为，就会异化成机械的灌输，自明性被遮蔽和隐匿。自明性地直接给予与学生之学的行为动机密切相关。学生的意识活动具有权能——一种能动性的趋向和能量，是意识发生的内在动力机制，它与学生原有的意识发展状态、兴趣和内在动机等因素密切相关。

现在，我们终于走到一个新的起点上。如果教师已经激活了自己教的意识，而学生也初步激活了自己学的意识，那么，我们相信：通过苏格拉底式的对话——对话辩证法，就能够以教师之教的意识彻底激活学生之学的意识，从而真正建立"教－学"意识的联结，其关系如下图所示：

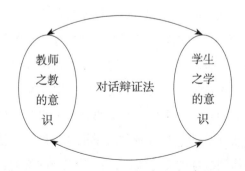

图1-10　通过对话辩证法建立"教－学"意识的联结

（一）对话辩证法

"对话辩证法"是伽达默尔在《真理与方法》中提到的苏格拉底的教学法。在伽达默尔看来，对话辩证法是最适合哲学解释学的方法。其中的原因也许有如下两点：第一，"超越－纳取"的解释学循环本身就具有辩证法的性质；只不过，当时影响很大的黑格尔辩证法关注的是先验历史精神的变化规律，而伽达默尔在反对传统形而上学的基础上，试图构建超越主客二分的存在论意义上的解释学，所以，他追根溯源至西方文明的源头之一——古希腊文明，从苏格拉底那里如获至宝。第二，"超越－纳取"之解释学循环是通过视域融合实现的，而在存在论意义上的因缘世界中，基于因缘关系的两个视域又该如何实现融合呢？两个此在基于自己的前有前见前理解敞开自己的视域，同时向着对方的意义世界筹划并超越自身，最终在纳取中完成视域融合，并同步转变生成新的前有前见。在苏格拉底的教育场域中，作为教师的苏格拉底与作为学生的谈话对象，二者的地位看上去并不完全等同于伽达默尔解释学中两个相互敞开视域的此在，但其关系在本质上具有某种一致性。所以，在真实的教育生活世界中，如果我们坚信教育的本质就是师生一起探索和领悟真理——而不是获取琐碎的信息和僵化的教条，那么，对话辩证法几乎就成了不二选择。

1. 对话辩证法是一个立体的螺旋结构

需要指出的是，对话辩证法不同于康德在纯粹理性批判中所界定的、只能产生虚妄和幻象的消极意义上的辩证法，也不同于黑格尔言说先验意识或先验历史精神之变化规律的辩证法，更不同于唯物主义辩证法。唯物主义辩证法以"矛盾的对立统一"为核心；"对立"就是矛盾双方的"斗争性"，"统一"就是矛盾双方的"同一性"。当唯物主义辩证法强调斗争性时，它仅仅是在客观事实层面上对常见经验的归纳与总结；如果将客观自然状态中的斗争性延伸至"阶级斗争性"，其对人类发展所带来的消极性，甚至是潜在的危险性，显然是不言而喻的。当唯物主义辩证法强调同一性时，它仅仅是在自然层面上言说事物消极性的变化规律，缺乏积极的价值或意义判断。而对于对话辩证法来说，不管是"师－生"还是"生－生"结构中，强调的是双方基于自身的前有前见前理解的积极对话与生成。前有前见前理解是存在论意义上此在之居先的本质属性，是此在与此在之间的对话得以发生的前提与基础——居先性的条件和资源，这完全不同于唯物主义辩证法之矛盾双方的对立性和斗争性。同时，当对话通过辩证法得以顺利展开时，双方总是在基于自身的前有前见前理解向着对方——另一个意义视域——筹划自身，通过对话，不断调整和完善自己的前有前见前理解，并同步生成新的前有前见前理解。这是一个积极的、活泼泼的生命成长与发展的过程，对话不再是一个平面结构，而是增加了一个纵向的维度，成为立体的、螺旋上升的、仅属于人之为人的创造性结构。

2. 教师之教的意识是对话辩证法逻辑在先的条件

当我们强调在教育生活世界中，唯有通过对话辩证法才有可能真正建立"教 – 学"意识联结时，我们其实预设了一个重要的前提，即唯有像苏格拉底一样的老师，才有可能让源自苏格拉底的对话辩证法如其所是地发生。这就是说，基于先验现象学反思的、教师之教的意识的激活作用并不是可有可无的；相反，一旦忽视了这种现象学的反思，仅仅从教师与学生具有平等的主体性的角度实施对话辩证法，就有可能使对话陷入无可无不可的、相对主义的危险之境！

不过，逻辑上的居先性并不等同于实践经验中的时间在先性，这正如阳明先生的"知行合一"说，在"知是行之始，行是知之成"中，"始"之起始与"成"之结果，强调的就是"知"相对于"行"的逻辑居先性。而在真实的、止于至善的道德生活实践中，则是"知行合一"的，"知"与"行"须臾不可分离。所以，一方面，教师之教的意识相对于对话辩证法而言，具有自明的逻辑居先性；另一方面，在存在论意义上的教育生活世界中，教师之教的意识与对话辩证法也显然是密不可分的，因为真正的苏格拉底式的对话辩证法，其实已经意味着"教 – 学"意识的双向激活与深度联结。

（二）问题是对话辩证法的助推器

1. 问题是对话辩证法得以实现的前提和基础

前文已经论述，在真实的教育生活世界中，"教师 – 知识（课程）– 学生"

构成了三位一体的存在关系。这里面含有"教师－知识""学生－知识""教师－学生"三个既相互关联又相互独立的对话结构（这里没有涉及师生之自我对话）。

在"教师－知识"对话结构中，教师是否真正理解一个知识或文本，表现为教师能否提出合适的问题。而合适问题的标准是：（1）问题总是基于"超越－纳取"之解释学循环，也就是基于教师转变与生长之后的新的前有前见前理解而提出的；（2）问题契合学习者的认知发展水平，有助于学习者通过思考和对话，理解性地抵达知识或文本的意义世界。

在"教师－学生"对话结构中，能否真正实现对话辩证法，关键仍然是合适的问题。这里合适问题的标准则是：（1）学习者能否基于自己的前有前见前理解对此问题开启有效的探索和思考；（2）学习者能否在形成自己新的前理解的过程中，产生认知冲突——也就是新问题，从而为进入"教师－学生"及"学生－学生"有效的对话场域做好充分准备。

显然，这里论述的"合适的问题"与前文已经提及的、建立在先验发生学基础上的"好问题"是有区别的。本质上讲，"好问题"具有某种程度上的先验性，其诞生于教师与学生正式相遇之前。不过，它并非与学生毫无关系，因为现象学的反思至少涵盖了对学科知识的先验发生学分析，以及对儿童生命和认知发展水平的个体发生学分析，所以，它自然具有某种程度上的普遍性和有效性，完全可以作为学生首次进行自主探索或挑战的学习任务，或者作为教师首次对学生进行"临床诊断"的导引性话题，从而在初步激活学生之学的意识方面发挥其不可替代的作用。"合适的问题"是相对于教育生活世界而言的，它是在教师与学生互动的过程中诞生的，具有"好问题"所无法比拟的开放性和生成性。为了更为清晰地表明二者的区别与联系，我们在此不妨将先验性的"好问题"重新命名为"初级好问题"，将这里所说的"合适的问题"重新命名为"高级好问题"。一方面，后者是对前者的进一步立义和充实；另一方面，二者共同构成了我们想要讨论的问题本身。而如此界定的问题正是对话辩证法得以实现的前提和基础。

在教育生活世界中，意识发生一般还会涉及理解、解释和应用等诸概念，它们看似与问题无关，其实不然。因为理解总是基于问题的理解，解释总是基于问题的解释，应用也总是基于问题的应用。没有问题，理解、解释、应用等意识发生活动都将不太可能真正发生。

2. 问题是对话辩证法的助推器

在"教师－学生"结构中，之所以使用了双引号和短横线，就是表明教师与学生不是一种二元对立的关系，而是一个有机的统一体。在这个统一体中，对话辩证法表现为：围绕一个"高级好问题"，教师的前理解或者这个问题本身就代表"正"，学生基于问题自主形成的前理解就是"反"；通过对话、交流、思辨、碰撞，教师与学生——特别是学生——能够转变自己原有的前有前见前理解，生成新的前有前见前理解——新的临时性共识，这个新的临时性共识就是"合"。如果问题过难，不能引起学生的有效回应，或者，如果问题过易，学生的前理解已经抵达预定的学习目标，这两种情况显然都无法抵达"合"的状态，课堂对话也就变成了无效且残缺的"走过场"，而不是美好的教育生活世界应该显现的、"正－反－合"之辩证式的对话。

课堂对话是多元多维的，所以，除了"师－生"对话，"生－生"对话其实更为普遍。在"生－生"对话中，围绕"高级好问题"，当一个学生呈现自己的想法时，就是"正"；另一个学生基于自己的前有前见前理解，在聆听的基础上，提出不同的观点或意见，就是"反"；经过多轮碰撞、对话辨析，达成的临时性共识就是"合"。这就是"生－生"结构中的对话辩证法，其中蕴含着不同的学生之学的意识相互激活的美妙状态。以此视角观之，"差异是宝贵的教学资源""参差百态是为美"等，才可算是真正富有智慧和洞察力的、活的教育箴言。

特别地，站在学生的角度，还有一个"生－师"之对话结构，其与"师－生"之对话结构具有微妙的差异。围绕"高级好问题"，当学生呈现自己的前有前见前理解时，是为"正"；教师通过追问的方式表达质疑，是为"反"；经过多轮碰撞与对话，达成的共识就是"合"；这就是"生－师"结构中的对话辩证法。在最为理想的对话中，教师的前有前见也可能发生转变和生长，达成的更为高级的临时性共识不仅属于学生，而且也属于教师，此谓真正的教学相长。

(三)"教－学"意识联结的横向发生学结构

现在，我们终于可以大致勾勒出"教－学"意识联结的横向发生学结构图：(1)教师通过先验发生学分析和个体发生学分析，激活教师之教的意识，并同步设计出"初级好问题"；(2)学生围绕"初级好问题"自主探索和挑战，激活自己脑海中处于沉睡状态中的已有经验，同时，整体感知将要进行课堂学习的新任务，初步激活学的意识；(3)教师在学生完成挑战性任务的基础上，明确学生遭遇到的典型认知冲突，并梳理完善成"高级好问题"；(4)师生围绕"高级好问题"，通过对话辩证法，有效建立"教－学"意识的联结。它们的关系如下图所示：

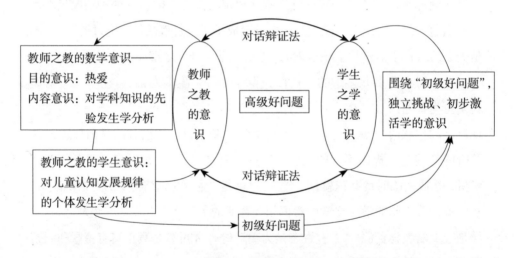

图1-11 "教－学"意识联结的横向发生学结构

(四)"教－学"意识联结的纵向发生学结构

在教育生活世界中，学生意识的发生显然并不是一次成形的，这就意味着，"教－学"意识的联结并非仅仅是一个横向的平面结构，而应该是一个纵向的立体发生学结构，如下图所示：

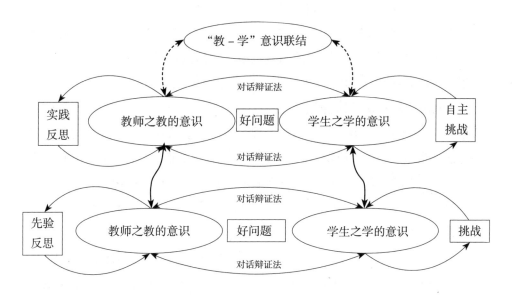

图1-12　"教－学"意识联结的纵向发生学结构

　　前文论述的"横向结构"构成了整个"立体结构"的"地基"；在持续的发展过程中，横向结构具有某种程度上的一致性，不过，由于它们（除地基之外）都处于教育生活世界之中，所以，在持续的生长变化过程中，它们会呈现出许多不同的特点。

　　首先，教师之教的意识之发展具有以下特征：第一，在最底层的地基处，它虽然也可以通过教育实习或模拟课堂等途径得到某种程度上的激活，但是，真实的教育生活世界具有自明的不可替代性，所以，在正式进入教师岗位之前，它的立义和充实应该首先基于现象学的先验反思而获得（当然也包括个体发生学分析），舍此"源头活水"而他求，无异于缘木求鱼。第二，在进入真实的教育生活世界之后，反思显然不再纯粹意指现象学的先验反思，而是一种综合的实践性反思。在有效建立"教－学"意识联结的教育过程中，教师之教的意识会在鲜活的教育生活世界中得到持续揭示和充实，而且，这个过程显然是永无止境的。不过，不管是学科知识，还是儿童生命成长的奥秘，对于有限性的教师个体而言，永远充满了未解之谜。这一事实表明，基于教育实践的经验性反思具有不可避免的局限性，先验现象学反思对于持续充实教师之教的意识，具有贯穿教育实践生活之始终的价值和意义。从某种程度上讲，忽视了现象学先验反思，经验性反思之物很容易异化为僵死的教条——不管是教学方法与策略的归纳总结，还是教科书中的公式、定理以及形形色色的观点与"真理"，当儿童鲜活的意识发生活动遇上这些"可怕的僵尸"，就仿佛是初春时节刚刚破土而出的嫩芽，不幸地遭遇到倒春寒的冰雪！所以，教师要想不让自己的意识被"僵尸"所填充或控制，就需要时常有意识地悬搁那些所谓的"成功经验"，以及一切客观的信息、知识与所谓的"真理"，进入先验现象学反思，以直观的、直接给予的自明性为起点，内在地重构观念与观念系统。唯有如此，才可确保教师之教的意识始终处于活泼泼的状态，并以此充沛的活力，点燃和激活学生之学的意识。

其次，学生之学的意识之发展具有以下特征：第一，在最底层的地基处，学生一般需要挑战教师预先设计的"初级好问题"，以达成初步激活学的意识的目的。第二，在师生双方共同进入教育生活世界之后，伴随着"教－学"意识联结的逐步深入，学生之学的意识将会得到持续的充实，学生将越来越倾向于独立自主地探索和挑战，在此过程中遭遇到的真正难题将顺其自然地成为"高级好问题"，并直接进入对话辩证法之中。

最后，"教－学"意识联结的最高级状态是：一切都将"消失"，而唯有意识在如其所是地流淌。没有师与生的分别，没有意识主体与意识对象的分别，没有思维与反思的分别，没有经验与先验的分别……唯有意识本身在场，经由思抵达诗，经由诗抵达思；不会因意识的深刻性而损伤生命体验的神秘性，也不会因为体验之神秘性而损伤意识的深刻性，最本真的教育生活世界将如如朗现！

五、基于"教－学"意识联结的数学教育发生学

基于以上分析，我们已经深刻地领会到：胡塞尔的先验意识发生学对于激活教师之教的意识具有逻辑在先的重要价值。但是，从"教师之教"到"学生之学"显然是一个教育领域中的"超越论难题"。特别地，当下发生的、活泼泼的教育现场，无论如何并不是一个纯粹的先验生活世界。所以，要想

有效建立"教－学"意识的联结，教师对儿童生命和认知发生发展规律的领悟与洞察，就应当构成逻辑在先的前提。如此一来，我们就顺理成章地走进了皮亚杰、维果茨基和脑科学的领域。

皮亚杰深受康德认识论哲学的影响，但是他并不接受康德意义上的"先天认知结构"的设定，他试图追问"先天范畴"的本源和发生发展的历程，尝试在进化论生物学与康德认识论哲学之间的天堑上架起一座真正的桥梁。当然，皮亚杰和维果茨基的个体认知发生学与胡塞尔的先验意识发生学具有本质上的不同：前者是"经验的"，而后者是"先验的"。不过，当我们超越先验的意识构造领域，迈进经验的教育实践领域时，上述两种发生学就具有了天然的契合性：离开了胡塞尔的先验意识发生学，个体经验发生学就如同是无源之水、无本之木，从某种程度上讲，先验意识发生学构成了个体经验发生学居先的逻辑前提；反过来，离开了个体经验发生学，先验意识发生学就只能是先验现象学的哲学玄思，而无法有效转化为活泼泼的教育实践之最为丰富的营养。

对于本研究而言，通过先验发生学，我们可以从学科知识的角度抵达"教之先对教的拥有"，从而使得先验发生学成为个体发生学逻辑在先的前提和基础；通过个体发生学，我们可以从了解儿童认知发展规律的角度抵达"教之先对教的拥有"；从而使得先验发生学与个体发生学共同构成了数学教育发生学逻辑在先的前提和基础。这也同时使得数学课堂上真实发生的数学教育发生学具有了哲学反思的视角。它们的关系如下图所示：

图1-13　三种发生学的关系

现在，我们终于初步回答了"儿童的认识发生何以可能"的问题，这些思考并不仅仅针对基础数学教育领域，而是具有某种程度上的普遍性。接下来，我们将正式进入基础数学教育领域，分析当下数学教育改革面临的真正困境及成因，并在此基础上，进一步思考：如何激活数学教师之教的意识；如何激活学生之数学学习的意识；如何以数学教师之教的意识激活学生之学的意识，构建单元教学整体设计发生学模型与课堂对话发生学模型，并最终有效建立基础数学教育"教－学"意识的联结，促进"师－生"数学教学经验的持续改进和生长，构建充满生机的"教师－知识－学生"三位一体的教育生活世界。

第二章 中小学数学教育建立"教－学"意识联结的困境

通常，人们认为中小学数学教育遭遇的问题是：学习内容不仅繁难偏旧，而且脱离学生的实际生活；学习方法不仅片面强化灌输记忆，而且把机械重复和题海战术视作唯一有效路径；学习目标几乎成为悖论——一方面提倡重视学习者内在的学习体验，另一方面又只能依靠考试分数和升学率进行外在的量化评价……伴随着年复一年的改革，问题却仿佛越来越多。这到底是何原因呢？

第一节 重新理解数学——以欧氏几何为例

一般认为，欧氏几何学是孕育欧洲理性精神最为重要的源泉，而胡塞尔却认为：也许从《几何原本》诞生的那一刻起，危机就已悄然埋下。他在晚年最后一本著作《欧洲科学的危机与超越论的现象学》的正文中，以现象学哲学反思的视角揭示了欧洲科学的危机及其根源，然后在附录《几何学的起源》中，试图通过回溯欧氏几何学的起源，揭示欧氏几何学之危机的根源。在胡塞尔看来，几何学具有很强的示例性，只要把欧氏几何学的问题解决了，整个欧洲自然科学潜藏的危机，以及危机解决之路径也就大白于天下了。教育困境显然也是社会危机的一部分，所以，本研究也将以欧氏几何为例，从自然态度转向哲学态度，尝试探索几何学之自明性的诞生、遮蔽与重新显现的可能性，从而为改革今日中小学数学教育探索一条新路径。

一、理解欧氏几何学的新思路

在当下的基础教育中，欧氏几何呈现出来的逻辑如下图所示：

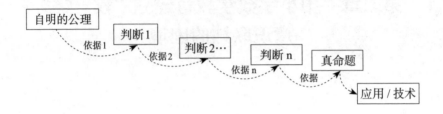

图2-1　欧氏几何的逻辑链条之一

以胡塞尔现象学的视角观之，这种构成欧氏几何大厦的内在逻辑显然是一种自然态度，其结果虽然会带来近现代数学、自然科学与应用性技术的空前繁荣与发展，但是也会导致工具理性主义的泛滥成灾，从而更进一步导致科学与社会的严重危机——人类不是利用技术和工具改善自身之存在，而是在习焉不察中被工具和技术所控制，成为技术和工具的奴隶。以至于海德格尔说，现代文明不过是一种"至死的光明"。那么，如果我们加上一种"反思态度"，将其调整为下图，结果又会如何呢？

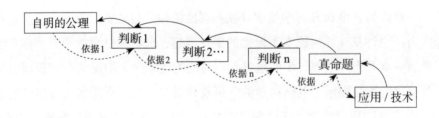

图2-2　欧氏几何的逻辑链条之二

通过这种反思，构成欧氏几何的形式逻辑系统是否具有矛盾、是否完备等问题都将得到有效解决，从而使得欧氏几何成为一个近乎完美的"公理化系统"，这其实也正是希尔伯特在《几何基础》中所完成的工作。但是，这个过程本质上仍然是一种自然态度之经验反思，因为它并不关心以下诸问题：构成欧氏几何的形式逻辑本身何以可能？形式逻辑存在的前提和基础是什么？意识主体之主体性在此过程中何以显现？……思考这些问题，自然态度之反思显然是无能为力的，它需要转向哲学态度之反思。

康德在《纯粹理性批判》一书中首先对上述问题做出了非常有价值的探索。他否认数学，特别是欧氏几何学的后天经验归纳与综合，而认为基于先天时空形式的感性直观才是构成欧氏几何学的起点，然后通过先天十二范畴进行先验综合判断，从而构造出具有普遍性和确定性的欧氏几何学。从认识论的角度讲，这显然是一种"哥白尼式的转向"：不是意识主体的思维活动是否符合客观经验，而是客观经验必须符合意识主体的先验逻辑法则。胡塞尔认同康德的转向，只不过，他认为康德的先天十二范畴与时空形式仍然是一种传统形而上学之独断，所以，他试图最彻底地超越自然态度，以哲学态度之先验反思，进入前几何学的原初生活世界，揭示欧氏几何学本质性的发生发展之历程。其大致思路如下图所示：

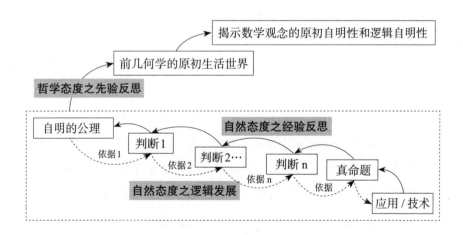

图2-3　胡塞尔的哲学态度之路

在上图中，虚线方框中的内容，都被胡塞尔加上了现象学的括号——悬搁起来，进而通过哲学态度之先验反思，毅然决然地踏进了先验意识王国。本研究认为，沿着胡塞尔的道路，我们有可能找到一条破解当下基础数学教育之困境的新路径。

二、欧氏几何学的原初自明性与逻辑自明性

在传统几何教育中，对于某人来说，公理是否具有自明性，一般与他自己的经验有关：如果他的经验比较欠缺，那么，他有可能被人打着自明性的旗号，实际上却是以灌输记忆的方式被动接受下来的；如果他的经验比较丰富，表面上看，此公理于他而言的确是自明的，然而，人们通常所说的经验，本质上不过是一些感性杂多，最多不过是"一朝被蛇咬，十年怕井绳"式的试错性经验，这些经验极易固化为僵死的教条，成为柏拉图在"洞穴"隐喻中所暗示的"灵魂的锁链"，它们并不具有普遍的有效性和真理性。所以，上述自明性之基础并不可靠。总之，不管经验多寡，公理的自明性都不过是一种虚假的自明。换句话说，如果我们仅仅停留在"经验王国"，这个难题也许永远无法获得真正的解决。所以，现象学要求我们把公理以及建立在公理基础上的几何学系统暂时悬搁起来，并且添加无效之标记，然后走进前几何学的原初生活世界，在几何学观念得以形成的源头处，思考它得以诞生的基点——原初意义和原初自明性。

诞生几何学原初观念的原初生活世界对我们来说并不是一个可以经验的世界，而是一个前文字的先验世界，它无法通过考古学的方式得到实证性揭示，而只能依靠现象学的先验还原法才有可能使之显现出来。也就是说，几何学的原初观念并不是藏在客观自然世界之中，被某个人在某个特定时刻特定地点偶然"发现"的，它是由先民们"创造发明"出来的。这一点无法考证，也不需要考证，它具有显而易见的自明性。至于最早的一批几何学家到底是古埃及人，还是古巴比伦人，这个问题并不重要，我们只要能够想象，曾经有那么一个（群）人最早创造发明了几何学观念就可以了。

现在，我们自然要追问：原初观念何以具有原初自明性呢？胡塞尔指出："作为预备阶段（最初的创造），在此之前必然存在一个最原始的意义构成，而且无疑是以这样一种方式，即它第一次出现在成功实施的自明性

中。"①也就是说，原初的几何学观念，作为第一个几何学家的创造发明，是以成功实现的自明性的形式显现的；在这个显现的过程中，几何学的原初意义诞生了，而且是在直接给予的直观中诞生的，所以它当然具有原初自明性。在此，我们不难发现，原初意义和原初自明性具有以下三个特征。第一，主体性。原初观念不是纯粹客观的，而是意识主体在权能或者说主观能动性的推动下构造生成的。第二，有效性。它与"我"——意识主体——的生活或存在密切相关，而且直接满足了"我"对美好生活的愿望与需求。第三，自明性。有效性是在直观中直接给予和显现的，是不证自明的，具有显而易见的自明性。总之，原初观念既是生活世界对意识主体的直观自明的给予，也是具有权能的意识主体积极主动的意识构造的产物，其原初意义和原初自明性就是伴随着这样的意向性构造活动而得以如其所是地显现出来。

那么，具有原初意义和原初自明性的原初观念又是如何构成几何学系统的呢？胡塞尔找到了"逻辑自明性"。在他看来："借助于这种活动，现在其他活动也便可能了——如根据对我们有效的判断自明地构成新的判断。这乃是逻辑思维及其纯粹逻辑自明性的特征。"②通过逻辑自明性，我们就可以在已有的有效判断的基础上，自明地构成新的判断。显然，逻辑自明性具有以下三个特点。第一，它不能单独存在，而必须以原初意义和原初自明性为其唯一的"源点"。换句话说，《几何原本》中的公理、公设与定义并不是几何学真正的"源点"，这些东西不过是客观的形式逻辑系统的起点，几何学真正的"源点"只能存在于原初生活世界之中。所以，逻辑自明性不是外在的、客观的形式逻辑法则所体现的可靠性与有效性，它是内在于意识主体之意识活动中的、直接给予的自明性。第二，其真正的价值和意义体现在"种子"——原初观念——长成"大树"的过程之中。如果缺失了原初观念之原初意义和原初自明性，也就意味着缺失了"种子"——没有种子，又何来参

---

① 雅克·德里达：《胡塞尔〈几何学的起源〉引论》，方向红译，南京大学出版社，2004，第178页。

② 胡塞尔：《欧洲科学的危机与超越论的现象学》，王炳文译，商务印书馆，2001，第441页。

天大树呢？反之，如果缺失了逻辑自明性，"种子"也无法真正长成"大树"！第三，所谓"大树"，并不是封闭的终点，在逻辑自明性的协助下，即便是高度形式化的几何学观念，也可以始终呈现出意识活动所特有的地平线——具有继续生长的开放性和可能性。

通过艰苦的先验哲学反思，我们现在终于明白：欧氏几何学的普遍真理性，并不在于它是一套基于客观形式逻辑法则的公理化系统，而是在于它是一种基于原初自明性和逻辑自明性的、鲜活的意识构造与生成活动。原初自明性虽然诞生于原初生活世界，但是，考察它的目的并不是为了像近现代自然科学一样去探索客观自然世界的样态与规律，而是通过揭示直接给予的直观自明性和与生存实践直接相关的有效性，将一切意识活动背后的那个须臾不可或缺的、具有权能的意识主体之主体性真正显现出来。逻辑自明性也不是为了强调客观形式逻辑法则的普遍有效性，而仍然是为了揭示形式逻辑法则之居先的、构成性的条件和基础——具有权能的意识主体。一切自明性，都是对"我"——意识主体——的自明；一切有效性，都是对"我"——意识主体——的有效。唯有如此，欧氏几何的本质才可以真正显现出来：不是公理化系统或客观形式逻辑法则之中蕴藏着理性精神，而是具有权能的意识主体在鲜活的意识构造活动中，让真正属于人的理性精神得到如其所是的显现和传承。

三、遮蔽，在不经意间悄然发生

截止到目前为止，构建几何学大厦的伟大工程看上去是如此顺利、完美。是的，按照几何学家们的愿望和设想，他们的创造性劳动显然应该具有一种持久的、确定不变的信念，即：所有由他们引入几何学演绎系统中的命题，都是被一次性地，但也是被一劳永逸地呈现的；它们不仅是确定地存在着的，而且也能永远同一地重复显现，并且能以显而易见的自明性运用于以后的理论目的和实践目的。然而，事实果真如此吗？

我们不妨大致回顾一下几何学的发展历程：原初生活世界—事物之形态直观自明地显现出来—特别优越的形态在生存实践中有效地进入少数先民的

意识活动—具有原初自明性的原初观念诞生了—原初观念的"肉身化"①—具有逻辑自明性的观念得以持续生长—普遍性的几何学系统得以建立。我们从中不难发现，在原初生活世界中，原初观念的原初意义和原初自明性是一体化显现的。然而在漫长的历史演变中，特别是在运用逻辑演绎方法构建"几何学大厦"的过程中，原初意义和原初自明性却在习焉不察中慢慢被遮蔽，而且每况愈下。这就好比是人类建造一座摩天大楼，当所有人都沉醉于高耸入云的震撼与奇迹时，难免会忽视，甚至是彻底遗忘了地基的存在。这的确是个大麻烦！

更为严重的是，当原初意义和原初自明性处于遮蔽之中时，逻辑自明性也就异化为一种纯粹形式化的方法论，人们只会以此方法与客观现成的概念和命题打交道。在此过程中，人们用随手画出的图形所具有的有限的直观性替代原初自明性，殊不知，原初意义和原初自明性总是一体的，而原初意义又总是关乎原初生活世界中与意识主体之存在密切相关的直接的有效性——这种直接的有效性既体现在意识主体直接被给予的自明性之中，也体现在具有权能的意识主体的自明性的意识构造活动之中。所以，在这种独特的直接的有效性之中，具有权能的意识主体成为几何学观念的创造者，以及唯有真正的创造者才能体现的最为独特的理性精神之承担者和传承者！而现在，人们看上去也在关注有效性，然而实际关注的不过是几何学在实践应用中的成功，这种成功本质上是自然态度的、顺流而下的、结果导向的，是由形式逻辑构成的客观几何学的成功。

而且，人类在对世界的考察中，会在无意中不断抽去在意识生活中才能拥有的、反思性的意识主体性，抽去一切在任何意义上表现为精神性的东西。很多时候，数学家与自然科学家会在不知不觉间沦落成在方法论层面具有某种有限的创造性的技术专家。被抽空了意义的数学和自然科学，在逻辑上不断地进行演绎和构造时，其体系自身是能够被传承下来的——这就好比是任何一项在实际应用中具有有效性的技术能够得到传承一样。而且，这种在实

① 胡塞尔认为，原初几何学观念可以通过先验移情、口头语言和文字语言实现其"肉身化"——普遍性与客观性。

践中极其广泛的实用性，会自然而然地变成推动和评价这些科学和技术的主要动机。然而，伴随着这种动机的自然运行和持续强化，原初意义和原初自明性却几乎已经彻底地消失了踪影。与此同时，当原初意义和原初自明性被彻底遮蔽时，逻辑自明性也就必然被遮蔽了——就如同一棵大树，如果树根腐烂了，大树又怎么可能独立存活呢？大树一旦死了，也就意味着创造大树的意识主体消失了；意识主体一旦消失不见了，存在于意识主体之意识构造活动中的真正的理性精神自然也就消亡了。

几何学的危机必然会导致几何学教育的危机。所以，面对今日中小学数学教育改革之困境，如果仅仅停留于方法策略层面的改良，或者仅仅局限于经验层面的反思改进，势必于事无补。如果我们能够转向现象学的哲学反思，也许可以找到一条虽然艰辛但却根本的路径。

第二节　教师之教的意识处于遮蔽之中

胡塞尔指出：任何意识总是对某物的意识。那么，对于独特的数学教师之"教的意识"来说，这里的"某物"显然既意指数学，又意指学生。从数学的角度讲，需要讨论教师之教的数学意识。从学生的角度讲，问题显然要复杂一些，这是因为：一方面，从"教的意识"的意识主体——教师的角度观之，学生可以直观自明地直接给予教师，而教师也可以通过现象学的"看"，把握多种印象背后的同一性；另一方面，从"教师－知识－学生"三位一体的教育生活世界的角度观之，学生是独特的"学的意识"的意识主体。以上因素决定了，我们既需要从学生认知发展规律的角度讨论教师之教的学生意识，也需要进一步单独讨论学生之学的意识。应该说，激活教师之教的数学意识与教师之教的学生意识，对于中小学数学教育来说具有不可替代的逻辑居先性。然而令人遗憾的是，在当前基础数学教育领域，这两种意识却都处于不同程度的遮蔽状态。其中的原因到底是什么呢？

一、教师之教的数学意识处于遮蔽之中

（一）数学教师难以揭示数学观念的原初自明性

如果将基础数学教育定位于每一步计算都必须以"算理"为依据，每一个命题或判断都需要进行严格的推理证明，这些要求其实既不高也不难，它们本就是中国基础数学教育的优势之所在。然而，要求删减烦琐的计算、降低几何推理证明的难度，指责逻辑推理导致青少年思维的僵化、缺乏适应未来时代所必需的创造性……诸如此类的声音，不绝于耳，这到底是何原因呢？

其实，单纯强调客观外在的形式逻辑推理和运算，以胡塞尔的视角观之，不过是自然态度使然，由此导致的教育危机——意识主体的隐匿与真正理性精神的沉沦——不可谓不深重。所以，我们必须转向——当我们以哲学态度重新审视我们的基础数学教育时，就会发现其中潜藏的严重问题：沿着逻辑推理的链条回溯，就会抵达这个逻辑链条的起点，也就是公理，或者说基本事实。那么，公理是否有必要继续逆向追溯呢？如果需要，我们是否有办法继续逆向回溯至真正的本源呢？

在当前的基础数学教育领域，存在着一个普遍的共识：公理是人们在长期生活实践中总结出来的基本事实，而且，经过世世代代长期反复的实践检验，它们的真实性和正确性早已得到普遍认可。它们之所以能够成为逻辑链条的起点，就是因为它们是不证自明的、显而易见的。

任何一个学科体系的建设都需要一个确定可靠的逻辑起点，否则，没有稳固的地基，何来高耸的大厦？！在胡塞尔的现象学中，他也把通过感性直观所直接给予的自明性视作意识发生的起点。所以，如果数学教科书中的公理或基本事实的确具备不证自明的自明性，那么，我们将其视作数学知识体系的逻辑起点，不仅无可非议，而且是非常必要的。然而，通观前文提到的普遍的共识，我们看到的只是：公理是人们在长期生活实践中总结出来的、经过世世代代长期反复的实践检验、真实性和正确性得到了大家的普遍认

可——我们无法确认这里的"人们""世世代代""大家"到底是欧几里得，还是尼罗河畔的某位几何学家。总之，他们肯定不是今日数学课堂里的某位老师，更不是每天都在辛苦学习数学的某个儿童！换句话说，我们声称的自明性，原来在习焉不察中被偷换成了"他人"的自明性，变成了客观外在的自明性！而在根本处，对于正在学习、思考或者进行意识活动的"我"来说，自明性必须是于"我"而言的自明啊！当自明性被当作橱窗里摆放的商品一样进行言说与贩卖时，又何来真正的自明呢？！

一个显而易见的事实是：如果基本事实对于教师而言不具有自明性，那么，意识主体——教师——的权能就是隐匿的，教师的意识活动就必然是被动的、沉寂的，甚至是死水一潭、毫无生机的！一旦如此，教师就几乎不可能从学科知识的角度有效激活教师之教的意识。试问：当教师之教的意识处于沉睡之中，又怎么可能有效激活学生之学的意识呢？！

批判是有现实意义的。然而，如果只是沉溺于无休无止的批判，那就有可能陷入阴冷的虚无主义，所以，我们必须进一步追问：这一切又是如何形成的呢？

首先，在从"原初数学观念"到"数学基本事实"的演变历程中，原初意义和原初自明性被遮蔽了。当人们说数学基本事实源于生活世界时，这里的"源于"是何意思？"生活世界"又是什么意思？难道是说，基本事实就隐藏在客观世界中的某个不为人知的角落，我们只需拿着显微镜或者放大镜或者洛阳铲，从岩石或者故纸堆中就可以刨出来吗？然而，即便是最简单的阿拉伯数字或者点、线、面，也没有任何证据表明，它们仅仅是人类最初的数学家或哲学家偶然发现的，而不是意识活动开天辟地的创造！

问题是，对于原初数学观念的诞生而言，"生活世界"又是什么意思呢？是指山川河流、森林草原吗？显然不是。现象学的世界并不是通常所说的纯粹物理学意义上的客观自然世界，而是人类生活一刻也无法离开的原初生活世界。在这个活泼泼的生活世界中，我们基于感性直观，自明地获得或被给予某些印象，而那些可以直接影响或改善我们生存生活的印象，就成了我们意识晕圈中的、拥有原初意义和原初自明性的意识构造物——从数学的角度讲，某些原初的意识构造物就是原初数学观念。当原初数学观念获得语言肉身化时，它就逐渐变成了我们今天所说的基本事实；而基本事实基于传承的需要所必然具有的客观性，会在无意中导致原本浑然一体的原初生活世界产生裂隙，并最终造成了主客二分的基本事实之客观化、概念化。它们的关系如下图所示：

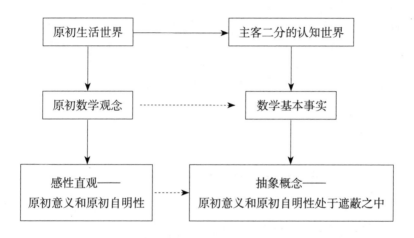

图2-4　从"原初数学观念"到"数学基本事实"的演变历程

其次是对数学教材内容的误读。例如，在人教版一年级数学教材（上册）中，第一单元的准备课是由"比多少""做一做""摆一摆""连一连"等一系列活动组成的，而第三单元《1~5的认识和加减法》则由"连一连""写一写""比多少""第几""分与和""加法""减法""0"等板块组成。编者的意图是显而易见的：遵循儿童的认知规律——由具象到抽象、由直观到计算（推理），用丰富的操作性活动激发儿童的学习兴趣，层层推进直至最终抵达教学目标。然而，当一线教师落实到课堂教学时，效果却并不理想：要么图省事而继续"穿新鞋走老路"，要么由于不清楚教材设计的背后意图和原理，从而使得各种操作性活动不过是表面上的热热闹闹，根本无法触及儿童的深层认知。例如：在引入阿拉伯数字时，仍然需要"写一写"——机械操练；在学习加减法运算时，每天的口算题卡仍然是必备法宝……其中的原因到底何在呢？当我们运用现象学的哲学态度回溯至原初生活世界时，不难想象作为基本事实的阿拉伯数字之原初意义和原初自明性的诞生与遮蔽，其过程如下图所示：

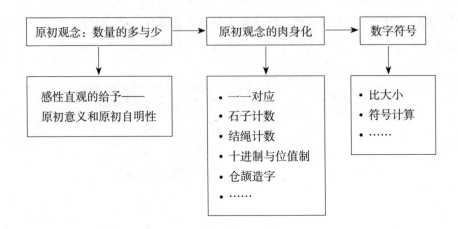

图2-5　从"数量"到"数字"的演变历程

对于原初先民来说，晚上围着火堆分配猎物时，3只兔子与5只兔子的不同——量的多与少——具有显而易见的自明性：关乎生存的意义被感性直观直接自明地给予。随后，在原初生活世界中，通过一一对应、小石子计数、结绳计数、十进制与位值制、仓颉造字（表示数量的甲骨文字）等一系列意识构造活动，使原初数量观念逐步"肉身化"，并最终出于书写和交流的方便而演化成纯粹形式化、客观化的数字符号——我们今天称其为基本事实。从中，我们不难发现：基于意识主体之权能的原初观念，以及与之相伴随的原初意义和原初自明性在意识发生活动中的奠基性地位和作用。

今天，对于5岁左右的儿童来说（特别是城市儿童），3颗糖与5颗糖的不同，3辆玩具车与5辆玩具车的不同，也许都是与他们的生存生活密切相关的，从而使得与之对应的数量观念也都具有某种程度上的原初意义和原初自明性。但是，现行教材中给出的"3只小猪与4根小棒"的"多与少"（如图2-6），则很有可能由于脱离儿童的真实生活情境，从而丧失了直观的直接给予的自明性。

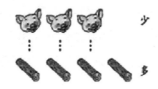

图2-6 多与少——3只小猪与4根小棒

对于6岁左右的儿童来说，他们的已有生活经验可以确保他们轻松判断上图中"小猪与小棒的多与少"，然而，由于这个"实际情境"与儿童的生存生活毫无关系，所以，他们的意识活动——判断——丧失了由原初意义和原初自明性所构成的内在动机，从而出现上文提及的表面上热热闹闹的无效学习现象。更为严重的是，这种无效感并不会促使教师转向现象学的哲学反思，而是打着提高效率的幌子直接回归机械操练的老路。而现行教材中的内容编排，有时也会无意之中暗合了一线教师的回归心理。例如，在学习数字符号时，教材提供的学习活动如下图所示：

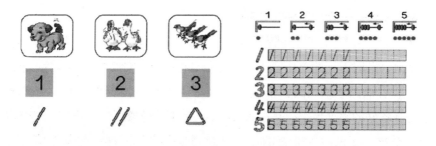

图2-7 数字符号的学习

小狗、小鸭、小鸟都是具体之物，它们的量的多少可以直观地直接给予儿童；小木棍与算珠属于实物性的特殊指示物，它们的量的多少也可以直观地直接给予儿童。然而，阿拉伯数字却是纯粹抽象化的符号，对于6岁左右的儿童来说，数字符号与具体物和特殊指示物之间存在着一条难以逾越的天堑，当教师试图通过心理学意义上的联想功能，引导儿童"跨越天堑"时，失败几乎是不可避免的。如此一来，一线教师几乎是被迫回归机械操练的老路。

以现象学的哲学态度观之，在图2-7所显示的学习过程中，一方面，教材内容远离儿童的真实生活，使得源自意识主体之活泼泼的生活世界的原初意义和原初自明性处于遮蔽之中，从而使得儿童的学习活动丧失了内在动机；另一方面，从"量的多少"到"数的大小"是一个原初观念肉身化的过程，教材编排有可能"误导"教师追求效率至上、一蹴而就，其结果必然导致无意义的机械操练。对比图2-5可知，原初观念的肉身化是一个漫长的过程，且必须始终以原初意义和原初自明性为内在动机，最后才能顺利生成数字符号及其运算观念。也就是说，仅仅依靠感知层面的联想功能是不可能达成学习目标的，而是要将学习过程变成一场可操作性的游戏活动：一方面，由于游戏活动符合此阶段儿童的认知发展水平，儿童就会调动自己的已有经验积极参与游戏活动；另一方面，伴随着丰富的操作性动作经验逐步内化为儿童的思维经验，儿童就会在自己的意识活动中构造生成新观念，从而顺其自然地实现学习目标。

基于以上分析，我们尝试在教材提供的学习活动的基础上，深化设计第一单元的教学过程：

第一阶段——仓颉造字的故事

从"一"到"十"，全部以讲故事的方式从甲骨文带入。每讲完一个数字故事之后，及时引导儿童用彩泥"创造"出相应的甲骨文数字和汉字；同时，用彩笔或者油画笔画出阿拉伯数字；最后，再画出相应个数的"小圆圈"。在事先准备好的硬纸板上，将甲骨文、汉字、阿拉伯数字、小圆圈一字排开，每行一个数。下课时，儿童的作品也就同步完成了，课后就可以用自己的"艺术作品"装饰教室或生活空间。

第二阶段——数字图形编织

在硬纸板圆盘上，先用棋子将圆2等分、3等分、4等分、5等分……一直到10等分；然后在放置棋子的位置装上大图钉，儿童绕着大图钉编织出神奇而又美丽的三角形、四边形、五角星、六角星、七角星、八角星、九角星和十角星。

进行特殊的偶数边形变换。比如，在圆盘上依次增加图钉，1，2，4，8，16，同步绕线，儿童就会看到从线段到正方形、再到正8边形、最后到正16

边形的变化过程；然后反过来，依次去掉图钉和绕线，16，8，4，2，1，儿童就能够体会到一个神奇的逆向变化过程。

第三阶段——队列计数游戏

操场游戏1：12个同学围坐一圈。按1、2、3循环报数，数"3"的同学向前跨出一步，就会构成一个正方形；按1、2、3、4循环报数，数"4"的同学向前跨出一步，就会构成一个三角形；如果按1、2、3、4、5循环报数，结果会如何呢？

操场游戏2：12个同学围坐一圈，沿着内圈先放好一根绳子。然后按1、2、3循环报数，数"3"的同学牵起绳子，就会构成一个更加清晰的正方形（可以显示正方形的边）；按1、2、3、4循环报数，数"4"的同学牵起绳子，就会构成三角形；如果按1、2、3、4、5循环报数，结果会如何呢？

12个同学，怎样才能构成一个六角星呢？（必须要2根绳子，构成2个三角形才可以。）然后，让六边形"旋转"起来！换成15个同学可以重复上述游戏。

第四阶段——节奏和韵律

在体操房或室内大厅的游戏1：（1）围成一个圆圈顺时针绕行，聆听大家的脚步声，慢慢踩出相同的节奏；（2）根据老师给出的快慢手势，走出快慢节奏；（3）根据老师给出的轻重手势，走出轻重节奏，学会用脚尖和脚后跟走路。前面的游戏，都可以伴随着计数，而且，每数10个数就要求停顿一下；开始从小往大数，然后可以从60开始往小数。

游戏2：围成一圈顺时针绕行，左脚重、右脚轻，然后变换，体会两种不同的旋律。

围坐成一个圆圈（10人）：以 A 为起点，一直连续数到30，然后问儿童"你数过哪几个数字"？然后人数增加到11人，或者12人……体会其中的数字规律。

游戏3：10人站成一排，从1数到10，然后数10的同学迅速移动到队首，并数1，依次类推，直到最开始的队首儿童数到10；追问每个儿童曾经数过的数字的顺序。（也可以将人数增加到11人或者12人）

第五阶段——棋子拆分游戏

操作活动：将若干颗（刚开始可以少一点）围棋子分成两堆，看看有多少种可能。刚开始的时候，不必要求儿童穷尽所有的可能情况，但是，可以鼓励儿童挑战更多的可能性。

将上述过程画出来，制作"数字树"或"数字盘"，并配合算式讲述一个有趣的故事，然后交流分享。最初，也许儿童已经知道怎样书写"+""–""="，但是，他们其实并不真正理解这些形式符号的意义，所以，我们可以在游戏过程中，帮助儿童体会：将两堆棋子"合起来"的动作可以用"+"表示，从一堆棋子中"拿走"一部分棋子的动作可以用"–"表示，而动作与动作结果之间的"关系"则可以用"="表示。下图为儿童制作的数字树：

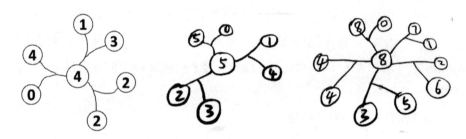

图2-8　数字拆分（1）

在同一棵数字树里，不必穷尽所有的加法算式和减法算式，而且，一个算式既可以按习惯顺着写，如2+3=5，也可以反过来写，如5=2+3。只要儿童能够结合具体的游戏活动对自己的算式进行比较清晰的解释即可。

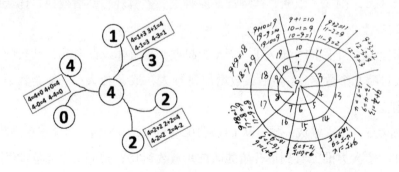

图2-9　数字拆分（2）

　　一堆棋子，既可以分成两堆，当然也可以分成三堆、四堆、五堆、六堆……然后，可以引导儿童制作有趣的三角形数字盘、四边形数字盘、五边形（或五角星）数字盘等。

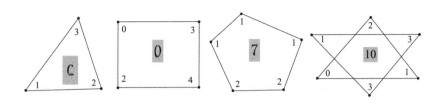

图2-10　数字拆分（3）

　　对于特殊的双数，还可以引导儿童结合棋子拆分游戏，将其制作成如下图所示的数字树；如果不是双数，也可以先将其拆分成两个相邻的数字，然后再对其中的一个双数持续拆分。

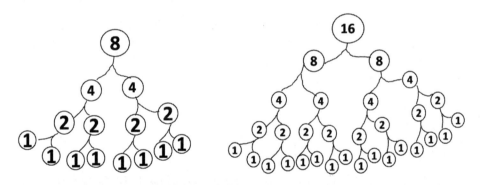

图2-11　数字拆分（4）

第六阶段——数轴游戏

游戏活动1：基数与序数

游戏材料：围棋子若干，硬纸板一张，画笔。

游戏步骤：（1）请儿童在硬纸板上从左往右按顺序写上数字0~9；（2）在每个数字上面摆上相应数量的围棋子；（3）通过对话，协助儿童理解基数与序数之间的关系。

游戏活动2：小兔接力赛

游戏材料：硬纸板一张，画笔。

游戏步骤：（1）请儿童在硬纸板上画一条长长的细线，然后在最左侧标记数字"0"，作为出发点；（2）引入小白兔跑步的游戏，同步在细线上标记数字1~9；（3）引入小白兔和小灰兔进行接力赛跑的游戏，进行数字拆分。

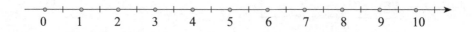

在这个游戏中，小兔每跑一步就意味着增加一个"基数单位1"，而每跑一步之后到达一个新位置（点），这个新位置对应的点正好体现了相应的数字的序数性质。假设小白兔现在正好处于数字3的位置，这说明：它一共跨过了"3个"基数单位，从图形中就表现为跨过了"三段相等的路程"；而且，它一定是跨过了"第三步"之后才正好抵达这个点的。假设接力赛的起点和终点分别是数字0和9对应的点，那么，小白兔跑过的"步数"合上小灰兔跑过的"步数"正好等于9。在游戏过程中，我们可以询问：小白兔现在跑了几步？小灰兔还需要跑几步？这一次的接力赛可以用怎样的算式表示？……

第七阶段——跳格子游戏

在操场上画一条长长的线，标注起点和刻度，然后进行跳格子游戏和接力赛游戏，并用合适的语言描述游戏过程和结果。

回到教室之后，可以在作业纸上再次演示在操场进行的游戏（引入"数据线"——最初的数轴），并用合适的算式表示游戏的过程和结果。

给出算式，如5+3，请儿童在数轴上通过跳格子得到计算结果。

给出算式，如9-4，请儿童在数轴上通过跳格子得到计算结果。

第八阶段——简单混合运算

1.结合具体生活情境，理解基数就是集合中物体的个数，所以，加法就是两个集合的合并；理解减法就是一个集合的拆分，或者是比较一个集合的物体个数比另一个集合的物体个数多多少或者少多少。

2.根据具体的故事情节得到算式和结果。

3. 给出算式，可以创作故事解释其意思。

4. 给出10以内加减混合算式，可以创作故事解释其意思，并能结合实际理解不同计算程序的合理性。

5. 在数轴上探索多种方法进行加减混合运算。

在这样的课程设置中，首先，儿童通过用甲骨文讲故事、用彩泥制作数字、用丝线编制数字多边形等游戏活动，活泼泼地感受和体验每一个数字的生命。其次，儿童通过棋子拆分游戏和在数据线上跳格子的游戏，一方面体会每一个数字的基数特征和序数特征；另一方面，通过积累丰富的动作经验，进而给自己的操作性动作进行"命名"，带出最初的运算符号。例如：把两堆棋子合并起来的动作命名为"+"，或者，把在数据线往右跳一格的动作命名为"+1"；把从一堆棋子中拿走一部分的棋子的动作命名为"−"，或者，把在数据线往左跳一格的动作命名为"−1"；而"="无非就是对动作操作之前与之后表现出一样情形的命名。最后，儿童通过给每一个加减法（包括混合运算）算式编制一个故事的方式，让算式本身也仿佛具有了生命，更重要的是，这些游戏化的数学活动与儿童的生命（活）息息相关。这就是我们所理解的原初意义和原初自明性在教学中——特别是在学前和小学起始阶段——的体现。

在当前中小学数学教育领域，特别是学前与小学低段，由于不能还原和揭示数学基本事实的原初意义和原初自明性，教师之教的数学意识（当然也包括父母之教的数学意识）基本处于遮蔽状态，这必然导致学生之学的意识也会处于遮蔽之中。

（二）数学教师难以揭示数学观念的逻辑自明性

在基础教育界，对逻辑推理是有共识的：从"已知"到"结论"，中间每一步都需要有确定可靠的"依据"。这种教育最后培养出来的理工科人才，看似严谨缜密，实则线性僵化，与大家熟知的比尔·盖茨、马斯克、乔布斯——更不用说牛顿、爱因斯坦——有很大的不同。这些真正的牛人看似也是"理工男"，但是，他们一方面足够严谨缜密，另一方面却又具有仿佛完全相反的特质——惊人的想象力和创造力，这到底是为什么呢？抛开天赋的因素不论，我们需要反思的是：逻辑推理是否必然意味着线性与僵化呢？

在胡塞尔看来，通常所说的"逻辑推理"并不等于"逻辑自明性"，前者是自然态度的产物，而后者则是现象学哲学态度的洞察。在先验主体的"意识晕圈"中，意识主体以自身之权能为基点，伴随着原初意义和原初自明性的原初数学观念如同一粒种子，会生长变化，会发展壮大，直至开花结果，成为一棵观念的参天大树！在此生长过程中，既需要种子确保意识活动的同一性，也需要逻辑自明性的持续助力。如果原初意义和原初自明性被遮蔽了，那么，原初观念就会异化为没有根脉的、客观的基本事实，逻辑自明性就会异化为客观外在的形式逻辑。形式逻辑导致工具理性，工具理性虽然也会带来结果的繁荣与强大，然而，也会使得意识主体同时陷入失去价值与意义的危机之中。这就好比是一粒橡树的种子，长着长着，却忘记了自己到底是谁，结果变成了一棵歪脖子树。

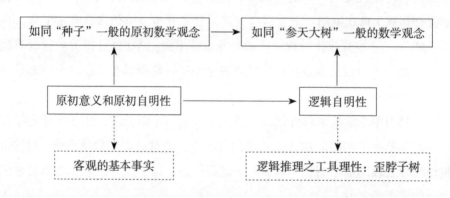

图2-12 从"原初自明性"到"逻辑自明性"

例如，北师大版九年级（下）数学教材第三章《圆》，对于学生来说，第一节《圆》和第二节《圆的对称性》基本相当于是基本事实。在此基础上，教材编写者希望学生学会以下知识点：①垂径定理；②圆周角与圆心角；③确定圆的条件；④直线与圆的位置关系；⑤切线长定理；⑥圆内接正多边形；⑦弧长及扇形的面积。它们相互之间的关系如下图所示：

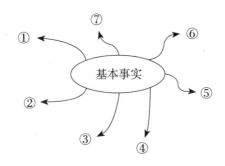

图2-13　北师大版九年级（下）数学教材第三章《圆》的内容安排

　　把"圆"和"圆的对称性"视为基本事实，可以算是大家默认的前提，我们假定这个基本事实的原初意义和原初自明性已经按照前文的思路得到清晰揭示，在此，我们将尝试进一步揭示本章内容的逻辑自明性。在教材中，从①～⑦，每一个知识点的内部显然都是由从已知演绎到结论的逻辑推理构成的，但是，它们相互之间的关系，以及它们与基本事实之间的关系，却都是隐而未显的，这就使得整个章节的内容安排成了一个完全由客观形式逻辑法则所支配的物理性模型：教师之教就是要求学生遵从形式逻辑法则理解例题并解决习题，学生之学就是严格遵守形式逻辑法则解决例题和习题。教学双方的意识主体性都处于遮蔽之中。那么，本章内容的逻辑自明性能否得到真正的揭示呢？答案是肯定的，具体思路如下：

　　第一步，在自明的基本事实的基础上追问：点与圆、线与圆、圆与圆之间有哪些位置关系？通过模型操作，我们很容易得出典型位置关系的示意图、命名，以及相应的判别标准。

　　第二步，聚焦特殊的"线圆相交"模型，并追问：右边这个组合图形具有怎样的性质？（或者直接追问其对称性）从中可以发现什么？

　　通过操作—猜想—推理证明，我们自然可以获得垂径定理及其逆定理。

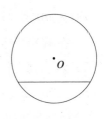

图2-14

　　第三步，将图2-15变成图2-16，再变成图2-17，继续追问：$\angle AOB$ 与 $\angle ADB$ 之间有何关系？能否从特殊推广到一般？

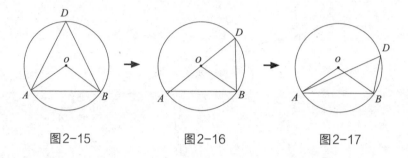

图2-15　　　　　　　图2-16　　　　　　　图2-17

在上述三图的连续变化中，我们就可以探索并推理证明有关圆心角与圆周角之关系的命题。

第四步，在图2-15中，平移弦AB，让其经过圆心O，如图2-18，追问：此时的圆周角$\angle ADB$有何特殊性？将图2-18变换为图2-19、图2-20，又有何发现？

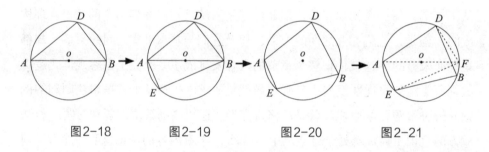

图2-18　　　　　图2-19　　　　　图2-20　　　　　图2-21

在图2-18中，由于$\angle AOB$变为"平角"，所以，$\angle ADB=\dfrac{1}{2}\angle AOB=90°$。

在直径AB另一侧的圆弧上取一点E，连接AE、BE。显然，在圆内接四边形$ADBE$中，内对角互补。那么，这个结论能否推广到一般情形呢？

在图2-20中，连接AO，并延长交圆O于点F，连接DF、FA、FE，如图2-21，则：在圆内接四边形$ADFE$中，内对角互补（与图2-19是一样的），故$\angle ADF+\angle AEF=180°$；而$\angle FDB$与$\angle FEB$是同弦所对的圆周角，所以，$\angle FDB=\angle FEB$。所以，$(\angle ADF-\angle FDB)+(\angle AEF+\angle FEB)=180°$，即：$\angle ADB+\angle AEB=180°$。再根据四边形内角和为360°，可得另一组内对角也是互补的。在此基础上，也很容易推知：圆内接四边形的一个外角等于它

的内对角。

第五步，在探讨由"线圆相交"所引出的一系列问题之后，可以转而聚焦"线圆相切"，看看可以发现哪些有趣的问题？

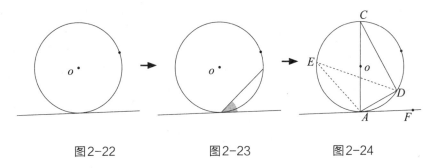

图2-22　　　　　　图2-23　　　　　　图2-24

在图2-22中，我们继续思考对称性，则易推知：圆的切线垂直于过切点的直径（可以用反证法加以证明）。

现在，我们可以再添加一条过切点的弦，进而可以探索一下"弦切角"的奥秘，如图2-23。添加适当的辅助线，图2-23就可以变为图2-24，其中，AC 为过切点的直径，点 E 为圆周上任意一点，则易知：$\angle FAD$ 与 $\angle DAC$ 互余，$\angle DAC$ 与 $\angle DCA$ 互余，所以，$\angle FAD = \angle DCA$；又因为 $\angle DCA = \angle DEA$，所以，$\angle FAD = \angle DEA$，即：弦切角等于弦所对的圆周角。

结合图2-24，可以继续探索：过圆外任意一点 P 作圆的切线，如图2-25，我们又可以发展什么呢？

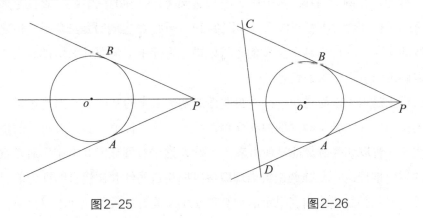

图2-25　　　　　　　　图2-26

是的，根据这个组合图形所具有的神秘的对称性，我们不仅很容易地发现了 $PA=PB$——切线长相等，而且，$\angle OPB= \angle OPA$，即：PO 是 $\angle APB$ 的角平分线。如果我们再任意添加一条直线 CD，如图 2-26，并且，让直线 CD 慢慢向圆 O 靠近，直至图 2-27 的样子，我们又会有何惊奇的发现呢？

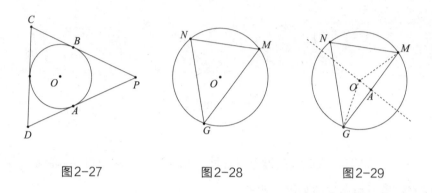

图2-27   图2-28   图2-29

是的，当直线 CD 也与圆 O 相切时，"对称性"会再次发挥独特的作用：组合图形不仅关于直线 CO 对称，而且也关于直线 DO 对称；由此，不仅刚刚发现的切线长定理得到了应用，而且也可以在定义三角形的内切圆的基础上，探索三角形的内心及其相关性质。

接下来，我们可以进一步发挥我们的想象力：不再要求线圆相切，而是想象圆 O 慢慢向四周扩展（仿佛具有弹性一样），而三角形则慢慢向内收缩，直至变成图 2-28 的样子，我们又会有何发现呢？

是的，在圆的内接三角形中，三条边同时也是圆的三条弦，垂径定理和神奇的对称性会再次发挥作用：如图 2-29，圆心 O 也同时是三角形三边之中垂线的交点。在此基础上，我们还可以进一步探索：满足什么条件的三个点可以确定一个圆？四个点呢？……

以上过程可以简述如下：在自明性的基本事实的基础上，通过逻辑自明性的揭示，一个数学观念的内在建构过程——从"种子"到"大树"的生长过程——得以如其所是地显现出来。当然，这个过程显然并不排斥通常意义上的逻辑推理，而是强调逻辑推理应该以原初自明性和逻辑自明性为前提和基础，从而使其成为内在思维活动与观念生成的有效武器，而不仅仅是一个外在的、客观的理性工具。

　　需要特别说明的是，这里本来只是借助先验意识发生学的思路，论述教师如何对数学教材中的客观知识进行先验发生学分析——在自己内在的意识活动中实现数学观念"从种子到大树"的生长历程，从而在学科知识的层面上抵达教之先对教的拥有；不过，这里同时也以"问题串"的方式，呈现了一种学生借助教师提供的"支架"进行有效探索的可能性路径，这也正好说明了：激活教师之教的意识是有效激活学生之学的意识的前提和基础。

二、教师之教的学生意识处于遮蔽之中

　　如果数学教师仅仅意味着"会解答数学难题"，那么数学家就应该是"最好的数学老师"，或者说，数学教育专业之"专业地位"就应该彻底取消。本质上，数学教育是教师与学生两个本来完全独立的意识主体围绕数学建立意识联结，并以此发展学生数学认知和思维能力的过程。数学教师不仅要在自己的意识活动中自明性地完成每一个数学观念的建构生成之历程，而且要协助每一个有缘相遇的儿童实现这一伟大的创举，正如苏格拉底所说：教师是灵魂的"助产师"。但是，真实的数学教育状况又如何呢？现在，我们将从学生认知发生发展规律的角度，进一步论述教师之教的学生意识为何会处于遮蔽之中。

（一）"儿童中心"长期处于哲学洞察的层面

　　卢梭在《爱弥儿》开卷即写道："出自造物主的东西都是好的，而一旦到了人的手里，就全变坏了。"人的自然本性善良、快乐、自由，而一旦脱离自然状态，便进入了充满竞争、猜疑、倾轧、冲突、贪婪和野蛮的社会状态，美好的"自然人"就蜕变为丑陋的"社会人"。从"人性本善"的角度看，卢梭的观点似乎接近先秦儒家的观点，特别是孟子的"性善说"，而不同于先秦道家的观点。因为在老子看来，人性是无所谓善恶的，正是因为人为确立了善的标准，才会出现恶；但是，在人与社会的关系上，卢梭却不同于孔孟。因为在孔孟看来，"仁心的修炼"和"仁心的外推"是合二为一的、不可须臾

分离的。而在卢梭看来，人的善良本性只有在未受污染的自然状态下才能得到最好的护佑。但是卢梭也知道，人终归是要回到社会之中的——最好在回归社会之前，先培养好本性，以确保回归社会时不会受到社会的腐化与浸染。显然，有关社会性的看法，卢梭与老子颇有几分相近，因为自然教育的核心就是遵循自然，顺应人的自然本性。

他在《爱弥儿》中进一步解释说："大自然希望儿童在成人以前就像儿童的样子。如果我们打乱了这个次序，他们就成了一些早熟的果实，既不丰满也不甜美，而且很快就会腐烂，我们就会造成一些年纪轻轻的博士和老态龙钟的儿童。"他要求教育要遵循儿童的自然天性，让儿童在自身的教育和成长中取得主动地位，无需成人的灌输、压制和强迫，教师只需创造自然的学习环境，防范不良的影响，其作用不是积极的，而是消极的。但是，卢梭的"爱弥儿"终归要回归社会，所以，他的教育思想充满了矛盾，正如他自己所说："人生而自由，却无往不在枷锁之中。"

整体来讲，卢梭的自然主义教育之意义，也许并不在于实践，而在于他独特的儿童观：不是源自对教育经验的归纳演绎，而是源自纯粹先验的、对人性的洞察和领悟。自卢梭以后，人类越来越认识到：儿童并不是有残疾的成人——"儿童""儿童期""儿童期的教育"都有其独立自足的特殊价值和意义！所以，在我国当下基础教育界主要有两种表现：第一，"儿童中心"成为"口头"或者"墙上"的教育理念，实际教育教学行为却"涛声依旧"。第二，试图依据"儿童中心"改革传统的"教材中心"、"教师中心"、小组合作学习、先学后教、兵教兵、研究性学习、任务推动或项目式学习等，然而，除了热热闹闹的表象，实质并没有多少改变！这一切都表明，我们并没有在卢梭的先验哲学洞察与教育实践之间的"大片空地上"拥有多少创造——我们虽然高喊着"儿童中心"，但是，我们对儿童的了解其实并没有增加一分一毫。

（二）被严重忽视的0~6岁

从个体发生学的角度讲，儿童所有后来生成的数学观念，都能在生命早期找到"种子的形态"，所以，无论怎样言说"0~6岁阶段"的重要性都不为过。然而，在我国当下的基础数学教育领域，这个问题却被严重忽视。

儿童出生的最初两年，大脑迎来了第一个剧烈活动期，神经元对外部经验最为开放和敏感，不同神经元之间可以随意建立联结，其速度之快、数量之巨，简直比"雨后春笋"还要高出千倍、万倍！然而，在我们成人看来，儿童这两年却不过是"一头小猪"：饿了就吃，吃饱就睡，与哺乳类的小动物几乎没有任何区别！然而几千年来，成人看到的仅仅是虚假的表象，而根本不懂发生在婴幼儿大脑里的"伟大风暴"！即便是历史上最智慧的哲学家，也无一例外地选择了无视！而皮亚杰命名的"感知运动阶段"，既给世人了解儿童带来了启发，也让世人对儿童的发展形成了浓厚的偏见——此阶段儿童的认知图式是简单的、低级的，而以该认知图式描述的语言发展水平也几乎是"不值一提"的，相应的道德人格发展阶段也一定是"他律"的！这其实是典型的戴着"有色眼镜"的成人视角——儿童不过是被旁观的、几乎毫无生命意志的"静物"！

然而，儿童大脑中的剧烈风暴却提醒我们：儿童并不是被动的小动物，他们比一切最聪明的乌鸦、鹦鹉、小白鼠、黑猩猩都要更加聪明和主动；皮亚杰提到的简单的几项本能完全不能描述他们的生命意志，他们基因里刻写着最强大的模仿能力，所以，他们总是竭尽全力感知一切，总是竭尽全力模仿他们感知到的一切！

不过，向环境完全敞开的大脑，也使得它更容易受到不利环境的影响或损伤。特别是在一岁半时，儿童大脑边缘系统（情感脑）的髓鞘化进入发展成熟的关键期，他们每时每刻真正关心的问题不过是：爸爸妈妈，姥姥姥爷，你们真的爱我吗？你们真的在乎我吗？我此时此刻安全吗？我是选择逃跑还是战斗？我该选择自由自在地玩耍与游戏，还是顺应你们实在有点莫名其妙的要求以赢得你们的欢心与奖励？……是的，如果儿童长久感受不到陪伴的温馨，他们就会缺乏安全感，甚至对一切外部环境产生深深的恐惧；如果我们只是像哑巴一样送给儿童一个无声的世界，那他们就有可能成为一个不能在"音－义"之间建立联系的"狼孩"；更加糟糕的是，这样的环境，会把儿童的情感脑塑造成一个病态的怪物，未来可能会严重影响他们的人际交往，甚至是伴侣关系！

也许，陪伴会伴随着难熬的艰辛，不过，这并不是全部的真相——从进化的角度看，成人原本并不是因为爱孩子才陪伴孩子，而是在建立陪伴关系的过程中，自然而然地生出深深的爱恋！"陪伴"不过是刻写在基因里的本能——乌鸦妈妈从不会因为陪伴小乌鸦而叫苦连天！但是，乌鸦妈妈并不会因为陪伴而慈爱，只有高贵的人类，超越了繁殖后代的本能，会因陪伴而获得额外的"爱的奖赏"！

是的，我们成人因陪伴而产生爱，并因此为儿童调动全部的资源——时间、精力、乳汁、欣赏和最浓烈的爱。而在如此自由且丰盈的环境中，儿童就会模仿我们的动作，就如同我们一起跳一支和谐美妙的双人舞，儿童就会模仿我们的声音，就如同我们一起歌一曲悦耳动听的二重唱！

伴随着大脑健康的生长发育，观察模仿与自由探索会成为儿童日常生活的"双翼"；而且，探索性游戏会逐步成为他们生命的主流——假装、打闹、过家家、躲猫猫、撕纸、涂鸦、搭积木、分类、排序、在花园中寻找宝藏……所有这些自由自在的游戏，都会给儿童的情绪脑带来极致的愉悦，同时也以更加强劲的动力进一步驱动着儿童与伙伴们一起更加忘情地游戏！

就如同小乌鸦、小老鼠、小狮子们通过玩耍可以习得未来独立生存所必备的技能，儿童的探索性游戏当然也具有某种类似的效果；更为神奇的是，人类居然进化出如此漫长的儿童期，使得儿童的游戏活动具有浓浓的无目的性，人之为人的自由、创造、高贵和尊严也就因此而滋生！因此，儿童虽然可以通过游戏获得大量的直接经验，但是，他们仍然需要通过"外婆讲故事"获得更加丰富的间接经验。这其实也是进化神的恩赐——人类拥有独特的"更年期"（哪怕离人类最近的黑猩猩也没有），不再繁衍后代的祖母进化出另一项神圣的职责——通过给绕膝的儿孙们讲故事，使得部落的图腾、禁忌、经验、传说和英雄故事绵延不绝，并以此捏塑年轻一代的精神世界，进而取得不同于其他种族的"文化身份证"。是的，时代早已发生巨变，有一位会讲故事的祖母实在是罕见的幸运。爸爸妈妈、其他的成人陪伴者和幼儿园的老师们如果能够承担起"故事祖母"的神圣职责，就能将儿童幼小的心灵深深地"浸泡"在故事王国里，从而使他们的大脑不会因贫瘠而萎缩，使他们的精神不会因苍白而枯萎！

我们成人总是想当然地认为：儿童害怕惩罚，他们渴望赢得奖励。事实上，这些想法既陈腐又荒谬！儿童的确害怕成人的惩罚，因为它会让儿童的情绪脑感到害怕和恐惧，从而让本能脑迅速控制他们的整个身体，使他们完全不能从错误中学到任何有益的经验或教训！在儿童游戏的过程中，有时的确需要成人的肯定和鼓励，不过，他们之所以需要它，只是因为它会给儿童的情绪脑带来勇气和动力，从而让儿童可以更自由、更忘我地游戏——儿童通常别无他求，他们游戏的目的就是游戏本身！如果成人长久地把"奖赏"仅仅视作"物质奖励"，就不要责怪儿童为何会堕落成"马戏团里钻火圈的小狗"！如果成人总是刻意把"奖赏"定义为"终点处的奖牌"，就不要在未来责怪年轻人为何会失去生命的意义和方向！

是的，儿童乐于模仿我们，他们喜欢探索世界。如果我们希望他们学会什么，请像一个真正的榜样一样做给他们看，而不要仅仅讲给他们听！如果我们希望儿童拥有能力，特别是创造力，请允许儿童从小就可以自由自在地探索和游戏，而不要以成人的标准将他们死死地限制在条条框框里！儿童只有在模仿和探索游戏中与整个世界良性互动，未来，当他们进入更加广阔的世界时，才不会像马蜂那样蜇人，而会像蝴蝶那样与伙伴们一起翩翩起舞！

对0~6岁阶段的严重忽视，不仅导致我们的基础数学教育在这个阶段毫无作为，反而在近年来兴起了形形色色的"逆向操作"：珠心算、口算、背诵"九九表"、在幼升小数学衔接班上强化四则运算……诸如此类，都是严重违背儿童认知规律的"野蛮行径"。

（三）对儿童认知心理学的机械应用

改革开放以来，皮亚杰的儿童心理学一直在我国教育界处于不温不火的状态。有人说，这是因为皮亚杰并不怎么关注教育问题，所以才导致他不被基础教育工作者重视，事实果真如此吗？

皮亚杰在《教育科学与儿童心理学》一书的前言中说，我们应该反躬自问：和儿童心理学与社会科学本身的深刻发展相比较，教育科学为什么进步得这么缓慢呢？这的确是一个显而易见的事实，心理学、自然科学、社会学等都在飞速发展，而教育科学却依然故我地保持着"蜗牛一般的行走状态"！

他进一步说："如果我们看一下每本教育史的目录，不可避免地会看到的另一件事情就是：在教育学领域内，极大一部分的革新家们都不是职业的教育工作者。夸美纽斯创办和管理过许多学校，但他所受的训练是神学和哲学；卢梭从未上过课，虽然他也许有孩子，但据我们所知，他自己从未教育过他的孩子；福禄培尔是幼儿园的创始人和感知教育的拥护者，但他是一位化学家和哲学家；赫尔巴特是心理学家和哲学家；在我们同代人中，杜威是一位哲学家，蒙台梭利、德可乐利和克拉帕雷德都是医学博士，而后两位还是心理学家；裴斯泰洛齐也许是那些地地道道的教育工作者中最卓越的一位教育工作者了，但是无论在方法方面或在研究方面，他都没有多少创新，除非我们承认他是第一个利用石板的人，但这只是由于经济的理由。"这些至少在教育领域内声名显赫的人物，在皮亚杰看来，居然"都不是职业的教育工作者"，那么，在皮亚杰看来，教育的专业性应该是何其深奥与复杂啊！这也许正好可以解释当前一线教师对于儿童认知心理学的困惑。

应该说，有不少一线老师对皮亚杰的理论多少是有了解的，但是，一旦应用皮亚杰的方法对儿童进行访谈时，却几乎得不到任何有价值的信息，更不用说借此了解儿童的认知水平和认知发展规律了。这到底是为什么呢？一方面，这是因为我们不能理解皮亚杰潜在的康德哲学背景，从而只是把他的临床诊断法视为一种纯粹的技术性工具，这必然使得我们与儿童的对话枯燥乏味、了无生趣。另一方面，即便我们具备与皮亚杰相似的康德哲学背景，我们对儿童的访谈效果仍然可能非常不好！这是因为，作为一线教师，我们对儿童的访谈与皮亚杰对儿童的临床诊断，二者的目的并非完全相同。皮亚杰的目的在于科学刻画不同年龄阶段儿童的内在认知图式，所以，他可以像一位科学家一样只是"纯粹旁观"地"观看"儿童、收集信息资料——儿童仍然处于自在的游戏活动之中而基本上不被观察者打扰。事后，他再运用自己由哲学、数学、生物学，以及从当时各家各派心理学中汲取的有益养分，选择合适的数学模型刻画不同年龄阶段儿童的认知图式，并借此解释儿童认知的发生发展规律。不管他的理论受到了多少批评，但是事实上，这些洞见至今仍然影响深远。而对于一线教师来说，我们与儿童的访谈存在着很大的不同：我们不再是"旁观者"，而是与儿童直接对话，这就意味着，儿童此时不是参与另一项与教师无关的游戏活动，而是把师生之间的对话本身视作一项游戏。显然，这对教师的要求是相当高的：当教师围绕一个数学概念——例如"三角形"——与儿童对话时，唯有教师对三角形这个数学观念的发生学历程了如指掌，而且对儿童的已有经验和兴趣点都有相当的了解，才有可能成为儿童兴趣盎然地探索数学王国的"有趣玩伴"与"智慧导师"。然而，很多时候，我们都会尴尬地陷入了循环论证：教师原本希望通过与儿童的对话了解儿童的认知发展规律，但是，这个目的却又反过来是确保对话变为"充满趣味的、儿童乐于参与之游戏"的前提和基础！

到底该怎么办呢？要想打破这个死循环的"诅咒"，我们也许可以沿着以下路径以日以年地前行：首先对相应数学概念进行先验发生学分析，让客观外在的知识在自己内在意识活动中经历"从种子到大树"的生长历程；其次，在这个先验哲学背景下，我们可以通过阅读事先理解皮亚杰的认知发展理论；最后，在完成了以上两个步骤的基础上，我们才有可能让"对话访谈"变成"有趣的游戏"，而不是机械僵化、生搬硬套皮亚杰的"死理论"。而且，一旦访谈变得有趣了，它也会反向促进我们更加深入地领会皮亚杰的认知发展理论，以及先验数学发生学分析。这个不断发展的良性循环就会构成数学课堂教学逻辑在先的前提和基础，为我们的数学课程改革提供强大的、源源不绝的动力。

第三节　学生之学的意识与"教－学"意识的联结都处于遮蔽之中

一般来说，当教师之教的意识处于遮蔽之中时，就会导致学生之学的意识也会处于遮蔽之中。而以上两个遮蔽必然会进一步导致"教－学"意识的联结处于遮蔽之中。不过，无论如何，在"教师－知识－学生"三位一体的教育生活世界中，教师之教的意识、学生之学的意识、"教－学"意识的联结仍然具有各自的独立性，所以，我们有必要进一步揭示后两者处于遮蔽之中的原因。

一、学生之学的意识处于遮蔽之中

从意向性的角度言之，一方面，学生之学的意识包括学生之学的教师意识和学生之学的数学意识，由于教育行为的特殊性，此二者主要与教师之教的意识密切相关，此处暂且不论。另一方面，学生之学的意识也包括学生之学的目的意识，它与学生作为独特的意识主体的权能有关。更进一步，意识主体也必定是在世的此在，其权能自然会关涉此在在存在论意义上的目的。

有一个民间故事说：从前有个放牛娃，有人问他为什么放牛，他说为了赚钱；为什么赚钱呢，他说为了娶媳妇；为什么娶媳妇呢，他说为了生儿子；为什么生儿子呢，他说为了放牛……今天的儿童，差不多都成了"新时代的放牛娃"！为什么会这样呢？根本处，也许是我们混淆了"存在论意义上的目的"与"工具理性意义上的目标"。

英文中与"目的"相关的词有三个，即：goal、aim 与 objective。有人认为：goals 和 aims 指的是"目的"，objectives 指"目标"。"目的"是一种应然状态的理想，在实然生活中不一定能够实现，而且时间跨度往往也比较大。"目标"一词原意是指流水线上生产出的产品，引入教育领域之后，通常意指可观察、可明确界说、可测量、可评价的指标，是"目的"的具体化。显然，这些说法具有一定的道理，但本质上仍然不够究竟。

在汉语中，根据《说文解字》，所谓"目"者，即指人的眼睛，字形像眼睛，突出了"瞳子"形象，故所有与"目"相关的字，都采用"目"作为偏旁。"的"是"旳"的异体字，字形采用"日"作偏旁，采用"勺"作声旁（即"灼"的省略），表示"光线明亮"，后引申为"醒目的箭靶、靶心"，如目的、有的放矢、众矢之的等。"标"是"標"的简化，意指"树梢的末端"。字形采用"木"作偏旁，采用"𤐫"作声旁（嫑，即"飘"的省略，在风中飞扬）。可见，不管是"目的"还是"目标"，都与眼睛有关。"目的"会给人以确定、坚定、始终如一、不偏不倚的感觉；而"目标"则会让人感觉变化、飘忽不定。这些说法显然都体现了古人对"目"的领会与洞察。

"目"作为感官，可以让我们向外看，感知天地万物的讯息，这当然是进化给予万物之灵长的恩赐；不过，"目"也是"心灵的窗口"，是一种"心官"，我们也可以经由它沉思生命存在的价值与意义，以及属人的潜在可能性。在感官中沉溺久了，自然会发展出一套工具理性意义上的目标；而只有借助"心官"，我们才有可能触及存在论意义上的目的。前者沿着自然态度顺流而下，看似顺风顺水，实则危机重重；后者追随哲学态度逆流而上，虽然人迹罕至，却有可能触及人之为人的存在之光。

当然，"存在论意义上的目的"与"工具理性意义上的目标"并不是二元对立、非此即彼的，它们的关系是：前者是后者逻辑在先的前提和基础，后者是在前者的基础上，自然而然地生长与发展。这就好比一棵大树，只有根系向着大地扎得足够深沉，枝叶才能向着天空伸展得足够高远！然而，一旦存在论意义上的目的处于深深的遮蔽之中，导致学习仅仅聚焦于分数、升学、功名利禄等工具理性意义上的目标，学习者也就异化成了前文中的"放牛娃"了。

对于"放牛娃"而言，学生之学的意识自然会处于深深的遮蔽之中。显然，这个问题并不完全源自教师之教的意识，而与整个社会发展状态，以及扎根于历史文化中的民族教育观念等因素密切相关。

二、"教－学"意识的联结处于遮蔽之中

"教"与"学"涉及两个独立的意识主体，所以，二者的关系注定是非常复杂的。一种需要警惕的极端情形是：完全割裂的"教"－"学"。在这种关系中，教是教，学是学，二者完全是割裂的，甚至是互害的，所以本质上，这里既没有真正的"教"的发生，也没有真正的"学"的发生，知识的魅力是隐匿的，人性的光辉是沉沦的，生命要么麻木不仁、茫荡无依，要么在丛林法则的驱动下沦落为纯粹的手段与工具。而另一种善好的、值得无限趋近的形态是：意识发生的"教－学"，也就是以意识激活意识的"教－学"。在这种教育形态中，教师之教的意识是鲜活的，学生之学的意识是灵动的，而且，教师总是可以以自己的教的意识更好地激活学生之学的意识，有效联结的"教－学"意识总是双向激励着、生长着，师生双方围绕在伟大事

物周围，与充满魅力的真理同频共舞，每时每刻，在成为更加美好的自己的同时，也以自己的光辉和创造力影响和改善着周围世界！在这两个极端形态之间，还会存在着其他不同的样态，例如：经验的"教–学"，热情的"教–学"，激情的"教–学"，等等。下面，我们从教师、知识、学生、"教–学"、评估等角度，尝试描述它们相互之间的联系与区别，具体内容如下表所示：

表2-1 "教–学"的不同形态及其特征描述

	经验的"教–学"	热情的"教–学"	激情的"教–学"	意识发生的"教–学"
教师	在变动不居的感性经验中沉浮	热衷于自然感性层面上的情感互动与联结	超越了自然感性，有很强的理性思维能力，愿意为理性之目标投入持续的精力，但也可能陷入"理性的自负"	超越自然感性，进入理性自由之境，能够基于对未来的筹划，智慧地理解过去、立足当下
知识	只有杂多经验或僵化的教条，没有真理意义上的知识	只有杂多经验或僵化的教条，没有真理意义上的知识	不再是纯粹客观的僵化教条，其内在逻辑关系能够得到透彻且清晰的揭示，但仍然停留在客观形式逻辑的层面	不存在确定不变的知识与永恒真理，在意识活动中，每一个观念（知识）都能够显现出从"种子"到"大树"的生长历程
学生	不仅不能从教学中获益，反而自身之潜能可能被戕害或遮蔽	重视与教师情感关系的联结，关系的好坏直接决定了学习动力的大小	可能被知识的逻辑魅力吸引，有学习积极性，能够在理性层面上体现自己的主体性	意识主体的主体性得以自明地显现，总是能够基于自己的已有观念不断建构生成新观念
教–学	主体性是缺席的，师生双方都不过是被动的对经验或教条的"刺激–反应"	过度聚焦情感关系的联结，知识与真理是第二位的，甚至是隐身的	师生双方能够聚焦知识的逻辑魅力，并愿意持续为之付出时间和精力	以教师之教的意识激活学生之学的意识，有效建立"教–学"意识的联结

	经验的"教－学"	热情的"教－学"	激情的"教－学"	意识发生的"教－学"
评估	都是外在客观的要求，要么感受到的只是压力，要么麻木无感	客观外在的，但是，评估结果可能会对情感联结产生或积极或消极的影响	一般能够较好地符合外部评估标准和要求，但是伴随评估结果的"鲜活与掌声"，有可能导致教育的迷失	教育无目的

显然，"经验的'教－学'"与"热情的'教－学'"都停留在自然层面，只不过，相对于前者在感性杂多之教条化经验中的随波逐流，后者表现出某种主动性。然而，这里的"热情"要么是受到提升物质欲望的激励（例如脱下草鞋换皮鞋等），要么频频打出感情牌——教师热衷于营造良好的师生关系，但往往会滑向情感上的依附、捆绑与控制；教师一切言行的逻辑起点都是"我为你好"，学生满怀感恩而不好意思不学习，甚至是满怀负疚感地投入学习。所以，本质上说，"热情的'教－学'"仍然是本能层的物质驱动，或者情感层的满足与依附，在这里，知识与真理是缺失的，意识主体之主体性是被遮蔽和隐匿的。

"激情的'教－学'"中的"激情"不同于"热情"。吃喝拉撒、喜怒哀乐的刺激与满足对应着"热情"，而"激情"是理性的产物或伴随者；也就是说，"激情"是对"真理何以为真"的炽热追求，是属人的理性精神的直接体现。我们也正是从这个角度说，"激情的'教－学'"超越了自然层面，而部分地抵达了自由之境。然而，这类教师的理性往往仍然停留于狭义的逻辑理性层面，他们可能对某一学段的数学知识清晰透彻，但是，他们并不能聚焦原初自明性和逻辑自明性，揭示每一个数学观念"从种子到大树"的生长历程；他们也许能够点燃某些对逻辑理性感兴趣的学生，但却不能依据学生的认知发展水平，引导每一个学生都能成为更好的自己；他们对狭义的逻辑理性缺乏必要的哲学反思，所以在无意之中，可能深陷工具理性主义之泥沼，丧失对属人的价值与意义之追问，从而导致意识主体之主体性的遮蔽与隐匿。

所以，"激情的'教－学'"本质上仍然停留于直向的自然态度之中。

　　我国当下的基础数学教育多半是"经验的'教－学'"，也有一些已经坠落成"割裂的'教'－'学'"之形态；那些受到表彰和赞许的优秀老师，多半是"热情的'教－学'"，或者是"激情的'教－学'"，而几乎很少有人能够抵达"意识发生的'教－学'"。这是因为，前四种情形都是自然态度的，而最后一种情形则必须发生转向——从自然态度转向哲学态度，这是一种堪称教育领域内的"哥白尼式的革命"！如果观念没有转向，越努力——不管是自上而下还是自下而上——结果可能反而越糟糕：因为在自然态度中，"热情的'教－学'"与"激情的'教－学'"都不过是概率性事件，仅仅与教师个人的未经省察的性格和能力相关。没有外在的"胡萝卜与大棒"，他们还可以自得其乐；一旦有了"胡萝卜"的引诱，或者"大棒"的压力，异化必定会悄然发生，甚至有可能向下演变为"经验的'教－学'"！

　　不过，一旦转向发生了，一条崭新的可能性路径就会徐徐敞开，那些已经抵达"激情的'教－学'"形态的老师就有可能进一步觉醒，沉思生命内在的价值与意义，超越狭义的理性主义，努力彰显人之为人的主体性，从而积极朝向"意识发生的'教－学'"；同时，也能带动更多的停留在"热情的'教－学'"之层面的老师走上觉醒之路。它们的关系如下图所示：

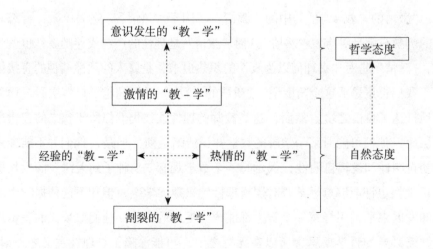

图2-30　五种"教－学"形态之间的关系

通常，箭头意味着存在因果性或逻辑关系，但是上图中的箭头都是虚线，这表明：五种"教－学"形态之间并不存在必然的逻辑关系。在自然态度中，它们都是偶然的、随机性的存在，并不存在向左或者向右、向上或者向下的必然性转化。从自然态度到哲学态度是一种超越性的转向——不是寻求建立逻辑关系，而是对逻辑本身发问，先验地反思逻辑之居先的、构成性条件和基础。

至此，我们已经明白，自然态度可能导致：第一，本应成为人类文明长河中的理性精神之承担者和传承者的"我"——意识主体——处于遮蔽之中；第二，真理之"真"完全依靠客观的形式逻辑法则而判定，而不是于"我"而言的直接给予的直观自明性。一旦转向哲学态度，则有可能：第一，让具有权能的"我"——理性精神的承担者和传承者——如其所是地显现出来；第二，恢复真理之本性——不仅仅是意识对象直观自明地直接给予"我"，而是"我"总是可以通过鲜活的意识构造活动，使得真理总是可以自明性地内在于"我"，或者说，在"我"的观念持续构造和生长过程中，"我"的生命存在成为一种本质上的真理性的存在。

然而，哲学态度之转向何以可能呢？

第三章　建立"教－学"意识的联结，让儿童的数学认识如其所是地发生

在"教师－数学－学生"三位一体的教育生活世界中，怎样才能有效建立"教－学"意识的联结呢？教学是一段宁静而热烈的旅程，起点和终点都是"人"。在旅途的起点，是数学意识和学生意识都得以激活的教师，以及渴望激活学的意识的儿童；在旅途之中，教师之教的意识与学生之学的意识不断相互激活，"教－学"意识逐步建立联结；在旅途的终点，师生双方的意识得以激活，观念得以更新，并热烈地渴望投入下一场意识发生的旅程。那么，这样的旅程何以可能呢？

第一节　单元教学整体设计：初步激活教师之教的意识与学生之学的意识

在中小学数学教育领域，课程设置通常都在自然态度中遵循着大致相同的思路：从领域到学科、从学科到模块、从模块到单元、从单元到课时的基本流程，辅之以相应的课程标准、教材、教师参考用书、教学评估等。本研究表明，教师可以通过跨单元、跨学段、小初高一体化的单元教学整体设计，在初步激活教师之教的意识的基础上，同时初步激活学生之学的意识。单元教学整体设计包括以下三个步骤：一、激活教师单元教学整体设计的目标意识，从而为激活学生单元学习活动的目标意识奠定基础；二、依据单元教学目标，激活教师单元教学整体设计的评估意识，设计表现性评估系统；三、

围绕单元学习目标，设计根本性问题，并以"系列游戏活动"（小学低段）与"问题串"（小学中高段与初中）的形式呈现单元教学整体设计。

一、激活教师单元教学整体设计的目标意识

这里的"目标"并不是通常所说的客观的、外在的标准，而是教师之教的目的意识在教育生活世界中的外化。新一轮中小学数学课程改革最重要的一个特点是聚焦核心素养。我们自然会追问：如何在教学实践中有效落实核心素养的达成呢？课程专家们提供了许多很好的建议，其中，注重单元教学整体设计就是重要的策略之一。而且，专家们也从教学目标的角度提出了三个"会用"：会用数学的眼光观察现实世界，会用数学的思维思考现实世界，会用数学的语言表达现实世界。我们需要进一步追问的是：如何理解现实世界？它是纯粹客观的吗？它仅仅意指自然界当中的花草树木、山川河流吗？显然并非如此，这里的"现实世界"应该是具有权能的意识主体所牵起的一个活泼泼的教育生活世界。那么，"数学的眼光"就不再仅仅意指生物学意义上的一个器官，用"数学的眼光"去"观察"也不再仅仅意指物理学意义上的光学成像原理，而是用具有权能的意识主体之已有经验或素养去"看"生活世界。在充满惊异感的觉知中，"问题"从混沌浪漫的生活世界中走到舞台的中央，成为意识活动的焦点。所谓数学的思维就是具有权能的意识主体基于自己的已有观念，借助主体间的对话交流，深入思考并解决问题，从而调整完善原有观念或素养，建构生成新观念或新素养。在此基础上，当意识主体再次"看"自己的生活世界时，新观念或新素养就表现为一种数学的语言，借助语言表达、解释或洞察我们的生活世界，并同步进入新的意识构造活动。

由此可见，核心素养并不是教材或课程标准里的客观存在之物，而是具有权能的意识主体在意识构造活动中的观念生成物。所以，确定单元教学目标的第一步是明确本单元的大观念。大观念并不是客观的概念或知识，它指向学科核心素养，是意识主体在意识构造活动中建构生成的观念，它是跨单元、跨学段、跨年级的，具有意识活动所特有的持续的生长性和方向性。确

定单元教学目标的第二步是明确本单元的具体教学目标，即单元核心观念、核心技能、创新思维与人格发展。核心观念就是学生通过本单元的学习活动，基于原有观念建构生成的新观念；核心技能就是学生应用自己意识活动中的已有观念去建构生成核心观念时所表现出来的技能状态与水平，以及应用已经建构生成的核心观念去重新解释生活世界（解决问题）时所表现出来的技能状态与水平；创新思维与人格发展意指学生在整个学习活动中，呈现出来的人格发展与整全的生命状态。

下面，我们以人民教育出版社数学五年级上册教科书第六章《多边形的面积》为例加以说明。本单元涉及的跨学段的大观念是：基于几何变换的度量观念。在基础数学教育阶段，几何变换一般涉及对称、平移和旋转，同时也包括折叠、展开等各种与图形变换相关的操作性活动。而度量观念则涉及与长度相关的一维度量、与面积相关的二维度量和与体积相关的三维度量。离开几何变换，度量问题有可能异化为一堆需要死记硬背的公式，而不能真正建构生成度量观念。

在确定单元大观念的基础上，我们就可以进一步明确本单元的教学目标。

核心观念：建构生成常见平面多边形的二维度量观念。

核心技能：（1）在建构生成二维度量观念的过程中，能够熟练运用对称、平移、旋转等几何变换，开展探索性活动；（2）能够结合操作与画图，通过计算与推理，揭示不同多边形面积度量方法之间的内在逻辑关系——逻辑自明性；（3）能够应用二维度量观念解决常见平面多边形的计算问题，以及相关实际应用问题。

创新思维与人格发展：（1）对于独立探索与挑战，充满兴趣，乐在其中；（2）积极参与课堂对话，不断修改和完善自己已有的面积度量经验，生成更为高级的新观念；（3）积极参与小组合作学习，通过各种方式带动同学一起达成单元学习目标。

特别地，"目标"不应该仅仅意指一组静态的概念，而且应该指向一个具体的建构过程，所以，我们在确定目标的同时，其实也已经明确了目标所对应的大问题。对于本单元来说——

核心观念对应的大问题是：在儿童已有的矩形和正方形面积度量观念的

基础上，如何通过几何变换，自明性地建构生成三角形、平行四边形、梯形等常见平面多边形的面积度量观念？

核心技能对应的大问题是：（1）儿童如何运用几何变换探索常见多边形的面积度量方法？（2）儿童如何基于自身经验，通过计算与推理，有效揭示不同多边形面积度量之间的逻辑自明性？（3）儿童如何运用二维度量观念快速且准确地解决实际问题？

创新思维与人格发展对应的大问题是：（1）儿童如何像数学家一样"创造发明"常见平面多边形的面积公式？（2）儿童如何在社会性的学习活动中提升合作意识和领导力？

二、激活教师单元教学整体设计的评估意识

确定了单元教学目标之后，需要马上设计评估系统，即：运用怎样的方式，收集怎样的证据，以证明学生意识发生发展的状态和单元学习目标的达成度。显然，这里的评估聚焦意识活动的发生与进展，是生长性的、过程性的，不同于一张试卷与一个分数定终身的传统评价模式。

评估系统包括章前评估、章中评估与章末评估，它们各自包含的要点以及与单元教学目标的关系如下表所示：

表3-1 以单元教学目标为导向的评估系统

核心素养与大观念／单元教学目标						
章前评估		章中评估		章末评估		
自评	师评	自评	师评	自评	互评	师评
挑战题组小论文	访谈整理儿童的挑战题组	课前挑战：独立性／兴趣／成就感 课堂对话：聆听／质疑／共识达成度 基础作业：准确性／效率 其他素材：音视频／合作学习／小论文	基础作业课前挑战课堂对话其他素材	思维导图论文创作单元测试综合性自评	课堂对话合作学习创造力领导力	综合

　　章前评估需要关注：儿童可以独立自主地完成章前挑战题组，并写出探索性的小论文；也可以运用访谈法，师生一起通过对话的方式完成章前挑战题组。教师在梳理儿童完成的挑战题组或阅读儿童的挑战性小论文的基础上，准确把握学生意识活动中已有观念的发展水平、可能遭遇的认知冲突，以及儿童朝向未来学习的潜在发展水平，并最终确定本单元的观念发展目标。需要特别说明的是，如果教师没有居先地完成先验发生学与个体发生学分析，章前评估目标就几乎无法达成——纯粹经验性的评估活动几乎是毫无价值的。章中评估需要关注：学生可以选择自己比较满意的2~3天进行自评，教师灵活观察学生的意识发展状态，选择典型证据及时记录与反馈。章末评估需要关注：学生结合单元学习目标，依据学习过程中生成的清晰的证据，进行反思性自评与互评；教师结合单元教学目标，依据关键证据，对每一个学生的意识发展状态与水平给予及时的评估和反馈。

　　其中，诸如课前挑战、课堂对话、小组合作、思维导图、小论文等，都是重要的表现性评估要素，每个评估要素可以设定卓越、优秀、突破三个等级。卓越等级的表现如下：意识活动热烈而深刻，达成或者超越单元学习目标，求知欲望强烈，乐于挑战，并能带领所在团队共同进步。优秀等级的表现如下：虽然能够达成或者超越单元学习目标，但意识活动不够积极热烈，也不能在小组合作学习中表现出很好的领导力；或者基本达成单元学习目标，但是意识活动积极热烈，且乐于小组合作学习。突破等级的表现如下：虽然暂时没有圆满达成单元学习目标，但是与过去相比，学习状态和水平都有进步。

　　在《多边形的面积》中，我们设计了以下评估量表：

表3-2　《多边形的面积》的表现性评估量表

教学阶段		表现性证据	评估等级		
			自评	师评	互评
章前评估	第一阶段（浪漫）：单元大浪漫	1. 章前评估题组	卓越 – 优秀 – 突破	卓越 – 优秀 – 突破	

续表

	教学阶段	表现性证据	评估等级		
			自评	师评	互评
章中评估	第二阶段 （精确）： 多边形的面积 度量	1. 课前挑战题组 2. 课堂对话 3. 课后挑战性作业 4. 小组合作学习	卓越－优秀－突破 卓越－优秀－突破 卓越－优秀－突破 卓越－优秀－突破	卓越－优秀－突破 卓越－优秀－突破 卓越－优秀－突破 卓越－优秀－突破	
	第三阶段 （精确）： 面积公式的应用	1. 应用面积公式解决综合问题 2. 课堂对话 3. 课后挑战性作业 4. 小组合作学习	卓越－优秀－突破 卓越－优秀－突破 卓越－优秀－突破 卓越－优秀－突破	卓越－优秀－突破 卓越－优秀－突破 卓越－优秀－突破 卓越－优秀－突破	
章末评估	第四阶段 （综合）： 制作思维导图	1. 单元思维导图 2. 课堂对话 3. 围绕单元核心观念建构历程的论文写作 4. 小组合作学习	卓越－优秀－突破 卓越－优秀－突破 卓越－优秀－突破 卓越－优秀－突破	卓越－优秀－突破 卓越－优秀－突破 卓越－优秀－突破 卓越－优秀－突破	卓越－优秀－突破 卓越－优秀－突破 卓越－优秀－突破 卓越－优秀－突破
	第五阶段 （综合）： 单元综合挑战	1. 挑战性论文写作 2. 综合测试 3. 小组合作学习	卓越－优秀－突破 卓越－优秀－突破 卓越－优秀－突破	卓越－优秀－突破 卓越－优秀－突破 卓越－优秀－突破	卓越－优秀－突破 卓越－优秀－突破 卓越－优秀－突破

　　评估时，只需在相应等级上做出标记；在章前和章中评估时，不必进行互评；完成评估的量表可以放入学生的电子档案成长袋（当然也可以随时添加照片、音视频等表现性证据），伴随着学习过程的推进，每一个孩子的意识活动状态与生命成长轨迹都将清晰可见。即便如此，评估也总是很容易陷入纯粹客观、只见指标不见人的陷阱，我们需要不断地提醒自己：评估需要聚焦的主题是且只能是学生意识活动的状态与水平，以及"教－学"意识联结的状态与水平。它始终体现着一个生命对另一个生命最敏锐、最智慧的觉察，以及师生双方作为独立意识主体的自我觉察与反省。

三、初步激活教师之教的数学意识和学生意识

在确定单元教学目标和表现性评估系统的基础之上，我们可以开始进行单元教学整体设计，它一般涉及以下五个问题：（一）儿童意识活动中的已有观念具有怎样的发展水平？（二）与儿童意识活动中的已有观念对应的日常概念具有怎样的特征？（三）儿童意识活动中的已有观念可能与哪些新问题产生认知冲突？（四）如何协助儿童解决这些可能的认知冲突？（五）认知冲突解决以后，儿童建构生成的新观念对后续学习生活将会产生怎样的影响？

（一）儿童意识活动中的已有观念具有怎样的发展水平？

皮亚杰认知心理学意义上的"观念"是一种基于内外交互的、认知建构的产物，多个观念可以构成认知图式，儿童总是以已有的观念或认知图式去理解和解释他们遭遇的问题。不过，他特别强调：观念并不是简单的物理性抽象之物，而是内在的复杂的反省抽象之物；不同年龄阶段的儿童具有不同的观念发展水平，利用临床诊断法可以确定儿童当前的观念发展水平，教学应以此为依据。

而在维果茨基看来，皮亚杰有严重忽视教育价值与意义的嫌疑，所以，他将皮亚杰的"教育基于发展"调整成"教育引导发展"，同时提出儿童在社会化的环境中可能抵达的一个可能性的发展区间，也就是"最近发展区"。但是，最近发展区是否能够准确测量？如何有效指导教学？他并未涉及太多。幸运的是，如果我们超越皮亚杰和维果茨基表面上的争议，将二者纳入一个更大的认知发展系统中进行运思，则会发现一个有趣的现象：皮亚杰关注儿童已有观念的发展水平，维果茨基关注儿童观念的可能性发展水平，前者倾向于聚焦"过去"，而后者倾向于聚焦"未来"。立足当下以审视之，"过去"和"未来"也许正好是教育真正应该聚焦的儿童观念发展状态之不可分割的一体两面。

不过，如果以胡塞尔的视角观之，不管是皮亚杰还是维果茨基，他们的运思显然都是自然态度的产物，是不够彻底的。比如说，按照皮亚杰的思路，

每一个数学观念显然都有其最初的"种子的形态"，但是，这个"种子的形态"到底是什么模样的呢？依据他的自然态度的还原法，也许就只能还原到最初的诸如"注视、抓握与吮吸"等本能性动作了。但是，这样的解释系统对于复杂的人类认知活动来说，解释力显然并不够充分，因为，有一些高等哺乳动物或者聪明的鸟类在刚刚出生或孵化的时候，同样具有类似的本能，甚至拥有更复杂的本能性活动，但是它们却并没有发展出属人的观念系统，从这个角度讲，胡塞尔的现象学显然具有更为深刻的洞察力。在"内时间意识"现象学中，胡塞尔在分析客观时间、主观时间与绝对时间的差异时，提出来一个由"滞留－印象－前摄"构成的三位一体的"时间之晕圈"。这个"晕圈"就好比由焦点和背景共同构成的一个"意识舞台"："印象"就是意识当下的焦点，而在意识之流中的"滞留"和"前摄"则构成了混沌的、充满可能性与开放性的意识发生的背景（或者说视域）。

如果把皮亚杰的"观念"对应为胡塞尔的意识活动之"构成物"的持续立义和充实之物，我想这并不算是严重违背胡塞尔的本意，同时也可以弥补皮亚杰自然态度之实证主义的某些潜在的弊端。因为按照胡塞尔的现象学还原法，一切意识活动与意识构成物都可以回溯至前科学的原初生活世界，并进而追溯至原初意义和原初自明性和意识主体之权能，这显然对皮亚杰（包括维果茨基）的"本能说"是一个有价值的调整。它们的关系如下图所示：

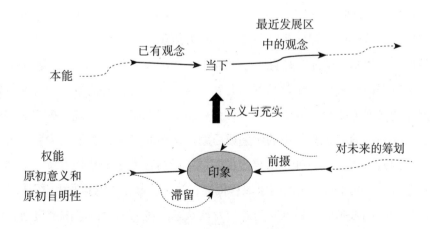

图3-1　儿童意识活动中的观念系统

　　基于以上思考——也就是以先验发生学为个体发生学逻辑在先的构成性条件和基础，我们不妨将"观念"分为"前景观念"和"背景观念"。前景观念是当下呈现的"聚光灯下的焦点"，是学习者（意识主体）"知其然"，也"知其所以然"的观念；而背景观念则隐于混沌背景中，是学习者"知其然"，但"不知其所以然"的观念。从横向发生的维度讲，背景观念只有从意识主体之混沌的背景中抓取出来，并将其置于意识舞台的焦点处，才有可能转化为前景观念；从纵向发生的角度讲，当下的前景观念有可能沿着活泼泼的意识流，或者螺旋上升的路径演化发展成更为高级的前景观念，当然也有可能退到幕后成为自动化运作的背景观念。

　　对于学校教育来说，一些特别擅长自学和独立思考的青少年，完全有可能有意识地将自己的背景观念清晰且有逻辑性地转化为自己的前景观念。不过，多数儿童要想获得前景观念，一般都需要外界的帮助。他们在生活世界中，在老师或者父母的引导下，聚焦某个问题，或者面对一个挑战性的任务时，他们的反应不会同小猫小狗一样完全被动接受来自老师和家长的僵化教条，很多时候，儿童更愿意利用他们意识活动中的观念（可能是前景观念也可能是背景观念）去解决这个挑战性的任务。当然，儿童不可能每次都能够顺利地解决任务，往往会产生认知冲突，此时老师和家长就可以同孩子展开深度的对话，化解认知冲突，进而产生新观念。

　　每当开启一个新单元或一段新学习旅程时，我们都会采用改进之后的皮亚杰式的临床诊断法，围绕本单元的核心学习目标，精心设计评估题组，对儿童进行章前评估。评估题组一般可以分为两部分：一部分聚焦于过去，也就是说，评估儿童经过已有的学习活动已经形成的观念具有怎样的发展水平；另一部分则聚焦未来，也就是评估儿童对接下来将要进行的单元学习目标具有怎样的发展可能性。因此，构成评估题组的问题串，既不能照搬皮亚杰的问题，更不能直接把教材中的例题或习题原样照搬过来，我们至少要考虑以下三个因素：第一，皮亚杰所界定的不同年龄阶段儿童的认知发展水平和规律；第二，不同年龄阶段的国家课程标准；第三，基于"先验发生学"与"个体发生学"的教师的学科素养与意识发展状态。唯有三个因素融会贯通，才有可能设计出一份较好的单元评估题组。

在具体评估时，我们需要了解儿童意识活动中的观念具有怎样的发展水平，即：哪些观念属于背景观念？哪些观念属于前景观念？针对某个具体的观念，判断其处于萌芽期、生长期还是成熟期。也就是说，我们不仅要评估儿童已有观念的发展水平，还要想办法评估出那些潜在的、充满开放性和可能性的观念之发展状态，从而为单元教学设计奠定最为坚实的基础。

例如，我们在《多边形的面积》一章中，设计了以下评估挑战题组：

1. 长（正）方形的周长和面积怎么求？为什么可以这样求？

2. 通过分割一个长方形，你能够在解决平面图形的面积问题时有何新发现呢？

3. 通过割补一个三角形，你会有何发现？

4. 通过割补一个平行四边形，你会有何发现？

5. 通过割补一个梯形，你会有何发现？

6. 以上探索方法具有普遍性吗？

7. 请提出你感兴趣的新问题。

游戏参与者：瀚（10岁，四年级结束，准备升五年级）

游戏时间：2019年7月22日，星期一

师：小瀚，你接触过哪些平面图形？

瀚：太多啦，三角形、长方形、正方形、平行四边形、菱形、梯形、多边形（n边形）、圆……

师：还真多啊！不过，你现在会计算哪些图形的面积呢？

瀚：长方形的面积等于长乘宽，也就是 $S=ab$（其中 a 为长，b 为宽）；正方形的面积是 $S=a^2$。具体度量的过程我也知道，第一步是选择单位小方块作为度量基准；第二步是通过平移变换或者拉伸变换进行度量；第三步是单位换算，也就是沟通不同度量基准之间的关系。

师：真棒啊，不仅"知其然"，而且还能"知其所以然"！不过，你有没有想过，在度量长方形面积的基础上，是否可以度量三角形的面积呢？

瀚：应该是可以的，因为沿着长方形的对角线可以将它分割成两个三角形，我先画图试试。

一番操作之后，瀚同学兴奋地说：三角形的面积 $S=\frac{1}{2}ab$。

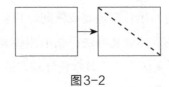

图3-2

师：是任意三角形吗？

瀚：嗯……太特殊了，这里仅仅是直角三角形，只不过，"直角三角形面积"已经可以放进我的"工具箱"了……

师：如果不是特殊的直角三角形，又该怎么办呢？

瀚同学又开始画图操作，很快，他结合下图说：可以将任意一个三角形切割成两个直角三角形。假设三角形 ABC 的底边为 a、高为 h，那么，它的

面积 $S=\frac{1}{2}hx+\frac{1}{2}hy=\frac{1}{2}h(x+y)=\frac{1}{2}ah$。

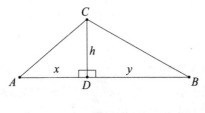

图3-3

师：这种操作方法具有普遍性吗？如果是钝角三角形呢？

（瀚很快发现，对于钝角三角形来说，如果过钝角顶点作高线，其面积仍然可以视为两个直角三角形的面积之和；如果过锐角顶点作高线，则变成了两个直角三角形的面积之差。）

师：用文字语言描述一下你的发现吧。

瀚：三角形的面积等于底乘高除以2。

师：现在，你的"工具箱"有何变化？有勇气继续向前吗？

瀚：对的，除了长方形面积和正方形面积，现在正式增添了一件"新工

具"——三角形面积。接下来，我想先试试平行四边形……

师：为什么？

瀚：因为沿着对角线可以将平行四边形分成两个大小一样的三角形，所以，利用三角形的面积公式就可以推导出平行四边形的面积了。不过，其实梯形面积也可以解决了……

［接下来又是画图、推理计算、得结论，过程如下图所示（h 为高，a 为底边长）。］

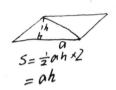

图3-4

师：真棒！还有别的方法吗？

有了刚才的操作经验，瀚同学非常兴奋地说：有啊，也可以将平行四边形分割成三部分——一个长方形和两个直角三角形；还可以将右侧的直角三角形平移到左侧，将平行四边形拼接成一个长方形。如下图所示：

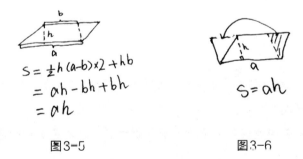

图3-5   图3-6

师：太棒了！请用文字语言描述一下你的发现。

瀚：平行四边形的面积等于底乘高。而且，因为菱形是特殊的平行四边形，所以，我的"工具箱"里不仅添加了平行四边形面积，而且也自动添加了菱形面积，哈哈！

师：真开心啊！在此基础上，还可以求哪些图形的面积呢？

瀚：首先是梯形，其实我刚才就已经想到了，只要知道三角形的面积公式，就可以直接求梯形面积了，如下图所示：

$$S = \frac{1}{2}ah + \frac{1}{2}bh$$
$$= \frac{1}{2}h(a+b)$$

图3-7

师：的确是这样啊！还有其他办法吗？

瀚：有的，可以将梯形分割成一个平行四边形与一个三角形，还可以将梯形分割成一个长方形和两个直角三角形，如下图所示：

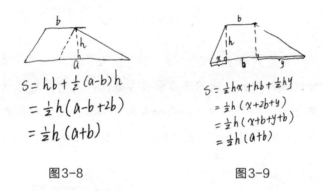

$$S = hb + \frac{1}{2}(a-b)h$$
$$= \frac{1}{2}h(a-b+2b)$$
$$= \frac{1}{2}h(a+b)$$

图3-8

$$S = \frac{1}{2}hx + hb + \frac{1}{2}hy$$
$$= \frac{1}{2}h(x+2b+y)$$
$$= \frac{1}{2}h(x+b+y+b)$$
$$= \frac{1}{2}h(a+b)$$

图3-9

师：条条大路通罗马啊！

瀚：是的，最终都可以得到同样的结论，即：梯形面积等于上底与下底的和乘高再除以2。

师：如果一个四边形既不是正方形、长方形，也不是平行四边形、梯形，你会求它的面积吗？

瀚：会啊，因为任意一个四边形总是可以分成两个三角形。其实，任意一个多边形都可以沿着对角线分割成若干个三角形，从而利用三角形的面积公式求出任意多边形的面积。

师：原来如此啊，那么现在，是不是所有的平面图形都可以求面积啦？

瀚：差不多吧，不过，圆好像比较麻烦，因为它的"边"是弧形的，刚才推导出的所有公式估计都不管用了！

师：那可怎么办呢？

瀚：不过，其实有一点是显然的，那就是：圆的半径越大，它的周长就越大，面积显然也越大。周长可以用一根细线绕圆一周，然后测出细线的长度就好了。不过，面积还真不太好办！

师：看来是有点小麻烦，你继续思考，一旦有了新想法，一定及时分享给我啊！

瀚：好的。

可以看出，小瀚已经养成了良好的数学思维习惯：面对一个从未见过的新问题，他不会轻易说出"老师没教过，我不会"这样的话，而是积极去探索，寻找解决问题的途径和办法。小瀚意识活动中的已有经验虽然只有有关长方形（包括正方形）的周长和面积的度量方法，但是，他却可以在对话中，基本独立地探索出几乎所有常见平面多边形的面积度量方法，甚至对于圆的周长和面积，也充满了继续探索的愿望！按照最新的认知发展理论，对于此阶段的多数儿童而言，他们当下的认知发展水平可能与瀚同学有差异，但是，儿童常常都可以经历与瀚同学基本相似的"创造发明"之旅。

（二）与儿童意识活动中的已有观念对应的日常概念具有怎样的特征？

这个问题与前一个问题密切相关。因为，当儿童运用自己的观念与生活环境互动的时候，显现出来的就是日常概念的形态。二者的关系如下图所示：

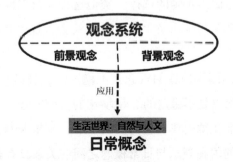

图3-10 儿童意识活动中的观念与日常概念之间的关系

比如说下面的这个例子：

图3-11　两行数量相等的糖果

上下两排都是八颗糖果，然而，如果让四岁左右的儿童来选择，他一定会选择上面一行糖果，因为他感觉上面这一行更多。而对于六岁左右的儿童来说，他就不会上当受骗，而是很清晰地判断出这两行糖果是一样多的，然后任意选择一行。我们再看下图：

图3-12　两行数量不等的糖果

令人惊诧的是，四岁左右的儿童仍然会选择上面一行，因为他根据视觉判断上一行还是要长一些，而"长一些"也就意味着"多一些"。而六岁左右的儿童依然可以迅速做出正确的选择。类似这种涉及选糖果的问题，当儿童脑海中的已有计数观念与生活发生交互时，就会呈现出有关计数观念的日常概念的形态。

对于儿童来说，因为内在的观念是不稳定的、持续生长变化的，所以，相应外显的日常概念也是不稳定的、情境化的。有时候，我们甚至可以根据日常概念的形态倒推儿童内在观念的发展水平。维果茨基指出，在儿童认知发展过程中，他们的内在观念与日常概念之间的关系具有普遍性，不过，不同的领域和学科仍然会表现出不同的特征。例如数学，由于其高度符号化和形式化的特点，随着年龄的增加，有些内在观念会持续沿着形式化的反省抽象的路径继续生长，而不会马上外推到日常生活应用中。面对这种情况，我们就不必急于追问某个观念的日常概念形态。但是对于另外某些学科，特别是义务教育阶段的科学课，它们与日常生活的联系是如此紧密，以至于我们很多时候只能通过考察日常概念的发展状态，推测相应观念之可能性的发展水平。

（三）儿童意识活动中的已有观念可能与哪些新问题产生认知冲突？

这个问题既与前两个问题相关，也与本单元的学习目标密切相关。

我们回到前面儿童选糖果的例子，对于四岁左右的儿童，他们脑海中有认知冲突吗？对于五岁左右的儿童呢？你可能会觉得他们没有认知冲突，但是，如果我们创设一个情境，他们就有可能有认知冲突了。比如说，我们让四岁左右的儿童跟五岁左右的儿童一起做这个游戏，而且今天选糖，明天选花生，后天选棋子，重复几次之后，我们就会发现，四岁左右的儿童就会感到疑惑：为什么哥哥每一次都选择下一行呢（实际数量更多的那行）？怎么会这样呢？当他问出这句话的时候，他脑海中其实就产生了认知冲突。对于五岁左右的儿童，如果仅仅是判断糖果的多少，那么对于他来说就不存在认知冲突，这个游戏就变成了纯粹的跟弟弟抢糖果，而不是一个智力游戏了。

事实上，不管是解释学循环，还是发生认识论循环，都意味着在"理解－解释"过程中个体生命的生长与变化，这是我们强调"认知冲突"的哲学基础。在"教师－知识－学生"三位一体的教育实践中，设置认知冲突需要遵循以下原则。首先是主体性原则。当学习者独立学习思考时，肯定也会遇到问题和困难，不过，这属于广义的认知冲突。我们在此强调的认知冲突必须是在学习者竭尽全力之后仍然无法解决的问题，而不是学习者尚未尽力时遇到的问题。其次是"最近发展区"原则。也就是说，认知冲突不能过大，它必须处于学习者的最近发展区之中，是通过师生、生生之课堂对话可以解决、可以达成临时性共识的问题。这两个原则是缺一不可的。如果学习者未曾在课前竭尽全力，那么，课堂学习的挑战性就可能不足，一旦智力挑战性不够，学习者就很难获得因为赢得挑战而产生的内在成就感和生命的尊严感。但是，如果认知冲突过大，挑战性过高，学习者就会产生挫败感，而持续不断的挫败感，就有可能严重破坏学习者内在的动力机制，不仅无法有效激活学的意识，严重时，还会对学的意识造成更深的抑制和遮蔽。

例如，在《多边形的面积》一章中，我们通过前测，确定了以下"认知冲突"：

首先，如何通过图形变换，将常见的平面图形有机地联系起来？在此之前，儿童已经建构生成了长方形和正方形的面积度量观念，如果他们能够通过合理的割补变换、平移变换、旋转或翻折变换等，有效沟通三角形、平行四边形、梯形与长方形和正方形之间的内在关系，那么，常见多边形的面积度量问题显然也就可以迎刃而解了。

其次，在推导多边形面积公式的过程中，以谁为出发点呢？学生脑海中已有的经验是明确的，也就是已经建构生成的长方形（正方形）面积观念和图形运动观念，那么，如何选择探索之旅的起点呢？

方案一：以直角三角形的面积公式为起点。这是因为：利用切割变换，长方形可以切割为两个大小相等的直角三角形，如此一来，任意一个直角三角形的面积公式也就推导出来了；而任意一个锐角（或钝角）三角形又总是可以切割成两个等高的直角三角形，如此一来，任意一个锐角（或钝角）三角形的面积公式也就推导出来了；一旦任意一个三角形的面积度量问题解决了，其他多边形的面积度量问题也就水到渠成了。

方案二：以平行四边形为出发点。这是因为：任意一个平行四边形总是可以通过切割与平移变换拼成一个长方形，进而利用长方形的面积公式就可以顺利推导出任意平行四边形的面积公式了；而任意一个平行四边形沿着对角线切割，又总是可以分成两个大小一样的三角形，进而就可以得到三角形的面积公式了；在此基础上，其他平面多边形的面积问题也就顺利解决了。

显然，两种方案都是可以的。当然，问题的关键在于：教学不是以教师的喜好进行选择，而是根据学生独立完成挑战的情况，选择合适的路径展开对话，并且可以引导儿童对两种路径进行评价。

最后，如何有效沟通各个多边形面积公式之间的内在逻辑关系呢？常规教学中，这个问题往往会被忽视，但是，如果稍加注意，无疑会大大提高儿童数学思维的灵活性与深刻性。例如：长方形与平行四边形，前者的面积公式是"长乘宽"，而后者的面积公式是"底乘高"。文字语言的描述是如此不同，但是，真实情况如何呢？想象一个（或者拿一个真实的教具）可以活动的平行四边形，改变其相邻两边的夹角，将其从锐角或钝角的状态调整成直角，儿童就会深刻地领会到：两者的面积公式从本质上讲其实是一致的，因为，长方形无非就是特殊的平行四边形。再比如：三角形与梯形的面积公式，前者是"底乘高除以2"，后者是"上底加下底乘高除以2"，单从文字语言的角度讲，可谓是天壤之别！然而，如果我们想象梯形的边是可以伸缩的，将其上底慢慢地压缩，直至其长度趋近于0，同步考察二者的面积公式，儿童就会非常惊奇地发现，当梯形的上底边长慢慢趋近于0时，梯形的面积公式居然就变成了三角形的面积公式了！其实，如果我们将梯形的上底边慢慢拉伸，使其慢慢趋近于下底边的长，儿童就会发现，梯形的面积公式就慢慢趋近于平行四边形的面积公式了；如果同步让梯形相邻两边的夹角慢慢趋近于直角，梯形的面积公式就会逐步变成长方形的面积公式。以上这些探索过程，并不是要强化训练某个知识点，而是为了揭示不同观念之间的"关系"，是为了协助儿童发现数学的奥秘和神奇。这也是教师之教的意识能够真正激活学生之学的意识的前提条件——不是机械灌输教科书中的纯粹客观的数学知识，而是基于儿童已有经验和当下意识活动之状态，在问题的推动下，揭示数学自身的奥秘与神奇。

在进行单元教学发生学分析时，我们之所以如此强调认知冲突的价值和意义，是因为认知冲突是有效激活学生之学的意识的关键，无视或者根本没有认知冲突，将很难有效激活学生之学的意识。在儿童的自由探索中，他们当然也可能遭遇认知冲突，并进而激活学的意识，但是，在有目的有计划的学校教育中，教的意识已经被有效激活的教师，如果能够提供合适的支架——问题串，则对激活学生之学的意识至关重要。

（四）如何协助儿童化解这些可能的认知冲突？

那么，我们该如何协助儿童化解认知冲突呢？以认知心理学的视角观之，同化和顺应是个动态的平衡；而以解释学哲学的视角观之，理解、解释和应用原本就是三位一体的，视域融合其实是一场足够开放的、充满不确定性的语言游戏，或保守，或中庸，或批判，或激进，总之，一切皆在生长变化之中。对于基础数学教育而言，我们需要足够的实践智慧，引导儿童在无限中把握当下的有限，在不确定性中捕捉临时的确定性。

我们还用刚才的例子：如何协助四岁左右的儿童化解分糖果的过程中产生的认知冲突呢？我们至少有两个途径：第一，可以用"排排坐，吃果果"，也就是"一一对应"的游戏化解儿童的认知冲突。儿童将上面一行的糖果和下面一行的糖果一一对应起来，手拉手找朋友，多玩几次，儿童就可以将游戏经验逐步内化，不知不觉间，认知冲突也就被化解掉了。第二，可以引导儿童跟他的哥哥姐姐或爸爸妈妈一起重复这个游戏，每天选不一样的东西，比如糖果、皮球、零食等，变着花样跟他一起玩。在玩的过程当中，儿童动手操作的经验就会慢慢丰富起来，可能相比第一个游戏而言，变化的速度会慢一点，但是儿童也会很快意识到，这两行物体从数量上来讲应该是一样的。

对于五岁左右的儿童，当我们增加糖果的数量，增加游戏的复杂性时，他一样会产生认知冲突。特别是，他在日常生活中已经听说过加法、减法，他甚至已经看到过形形色色的阿拉伯数字和加减号、等号等，这些东西会以背景观念的形式进入他的意识流。在此之前，他可能不需要去聚焦这些问题。不过，现在社会中有一些诸如"不能输在起跑线上"等奇奇怪怪的教育观念，所以，有一些五岁左右的儿童已经非常不幸地学会了十以内，甚至是一百以内的加减法，更有甚者，被强迫背诵了"九九表"，甚至学习了一般性的乘法和除法。这真是一件不幸的事！一个儿童，他本来有更好的方式学习和发展，他在他自己最喜欢的游戏活动中，就可以获得如其所是的发展，但是，他现在却被强迫着像马戏团的小狗一样，去学习骑自行车和钻火圈，而且，还有一个"凶神恶煞"站在旁边，左手拿着糖果、右手拿着皮鞭时刻监督着，这是一个多么残忍的教育场景啊！

本研究试图通过单元教学整体设计，帮助儿童有效化解认知冲突，进而促进观念系统的和谐发展。单元教学整体设计一般包括"浪漫—精确—

综合"①三个阶段：

浪漫阶段一般包括1~2个课时，其目的如下：第一，唤醒儿童脑海中的已有背景观念。特别是有些背景观念由于正常的遗忘现象而处于沉睡状态，这就需要通过一些专门的游戏或问题将其唤醒。第二，对整个单元需要学习的内容进行整体感知。儿童的学习是从整体开始的，而不是从局部开始的。传统认识论认为只能通过部分叠加才能抵达整体，这是个误解，事实上，学习者完全可以通过感染、熏陶、直观等多种途径形成对认知对象的"整体感知"。只不过，这种感知是混沌的、浪漫的、朦胧的、不清晰的，不具备经由逻辑法则所形成的认知结果的清晰性和确定性。但是，前者应该是后者的前提和基础，因为一旦缺乏浪漫感知，精确学习就有可能演变为无意义的机械劳动和苦役！第三，在整体浪漫感知的过程中，可以激发学习者的认知冲突，也就是激发学习兴趣和内在动机，引导儿童兴趣盎然地进行接下来各个阶段的学习。

精确阶段的课时数量一般依据单元学习内容和儿童学习活动的具体情况而定，其目标与传统意义上的教学目标相近。具体来说，精确阶段最核心的目标就是聚焦典型问题，通过课堂对话，建构生成新观念。聚焦典型问题一般需要遵循的步骤和原则是：（1）学生独立挑战教师精心设计的"初级好问题"，并初步激活学的意识。（2）教师整理学生完成的课前挑战单，围绕典型认知冲突设置"高级好问题"。课堂对话一般需要遵循的步骤和原则是：（1）课堂对话始于"高级好问题"，那些已经解决的问题不应该也不需要在课堂对话中重复出现。（2）除了聚焦"高级好问题"，课堂对话还应该关注不同"高级好问题"之间的内在生成逻辑，使得课堂对话和问题解决的过程成为一个有机的整体。（3）"高级好问题"虽然来自课前准备，但是，课堂对话应该具有足够的开放性，要根据课堂对话的具体情况，随时吸纳有价值的新问题进入课堂对话。（4）师生双方对"高级好问题"都拥有自己的前有前见前理解，但是，不管是优等生还是老师，都不应该将自己的前有前见前理解视为标准答案。从培养思维能力和学科核心素养的角度讲，问

---

① "浪漫—精确—综合"源自怀特海《教育的目的》。

题意识永远比标准答案——临时性共识更重要。（5）学生之间的认知差异对于真正的课堂对话来说，是最为强劲的动力机制。如果没有这种思维上的势差，大家对"高级好问题"的理解呈现出不可思议的完全一致的状态，真正的对话——思维流动——就不可能如其所是地显现。（6）教师应该对"高级好问题"的理解更深更博，但是，教师的权威性并不源于此，而应该体现在协助和促进课堂对话的真正展开。最理想的状态是：当学生之间的对话过于顺畅时，教师以提问的方式将对话引向深入；当学生之间的对话遇到阻碍时，教师以提问的方式及时疏通管道，使停滞的思维流重新变得灵动鲜活。（7）有价值的"高级好问题"拥有自身的视域，它确保课堂对话在保持开放性的基础上也具有比较清晰的界限，以避免课堂对话信马由缰，滑向相对主义或虚无主义。通过课堂对话建构生成的新观念具有以下特征：（1）新观念仅具有相对的客观性和确定性。不过，整体而言，它仍然属于临时性共识。（2）新观念具有独特的生长性或时间性。新观念当然是建立在前理解和课堂对话的基础上的，但是，学习过程的开放性使得新观念同时具有朝向和筹划未来学习活动的潜在可能性。从这个角度讲，新观念可以有效拓展学习者作为此在的存在视域，而不应该成为限制主体发展的围墙和天花板。

最后是综合阶段，一般也会含有1~2个课时。此阶段的目标是：（1）制作本单元的"思维导图"——不是常见的客观知识的结构图，而是本单元核心观念内在建构与生成的轨迹图，是深刻的意识生成活动的自然呈现。（2）综合运用精确阶段建构生成的新观念。一方面类似于剑手磨炼自己的新剑——只有通过适当的练习，才可能灵活自如地运用宝剑，直至成为"无形之剑"；另一方面，通过适当地解决综合性应用问题，遭遇新的认知冲突，从而开启新的认知循环。

（五）认知冲突化解以后，儿童建构生成的新观念对后续学习生活将会产生怎样的影响？

在制作本单元思维导图的基础上，学习者需要将本单元建构生成的新观念纳入自己的观念系统，并继续筹划未来。其关系如下图所示：

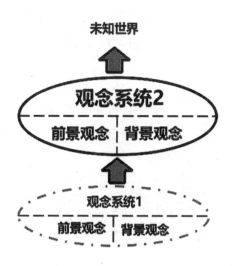

图3-13 观念系统的转变与生长

显然，这里的"纳入"其实是一个反省的过程：（1）对比本单元开启之前的观念系统1，原前景观念和背景观念发生了怎样的变化？（2）审视本单元学习旅程结束时的观念系统2，新、旧前景观念和背景观念有何变化与发展？（3）观念系统2将会对未来学习生活产生怎样的影响？带来怎样的发展机遇？

在单元教学设计发生学分析的视域中，学习者脑海中的观念和观念系统就如同一粒种子，在合适的土壤中穿越岁月，萌芽、抽枝分叶，直至长成参天大树。这种令人期待的观念的生长性，也恰好证明了学生之学的意识不仅可以得到有效的激活，而且还可以得到持续的立义和充实。也就是说，教的意识得以有效激活的教师，可以通过单元教学设计，充分期待和想象学生之学的意识得以激活的美好样态，这对于教的意识与学的意识能否双向激活，显然是至关重要的一环！

综上，我们可以知道，跨学段的大观念、单元教学目标、表现性评估系统和为了"教－学"意识联结的单元教学整体设计之间的内在逻辑关系可以用下图表示：

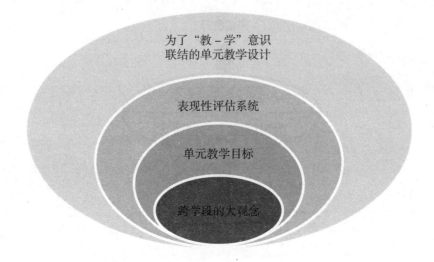

图3-14　单元教学整体设计发生学分析模型

在进行具体的单元教学整体设计时，上图可以进一步具体化。例如，结合《多边形的面积》，我们可以得到下图：

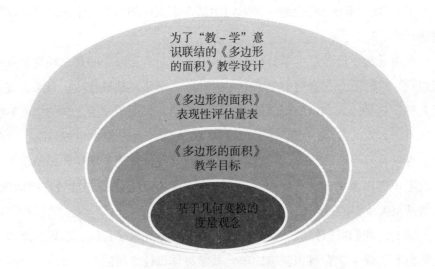

图3-15　《多边形的面积》单元教学整体设计模型

第二节 课堂对话：以教师之教的意识激活学生之学的意识，建立"教－学"意识的联结

通常，我们说"课堂教学"，而不说"课堂学习"，这中间也许潜藏着一种习焉不察的教育意识：以教师为中心，还是以学习者为中心。从存在论的角度讲，课堂作为"教师－知识－学生"共同构成的"因缘世界"，在教育真正发生的某个时刻，谁都可能成为"造缘者"——因缘世界之"此在"。试想一下，如果师生双方围绕一首伟大的诗歌，或者某个经典作品，或者某个有趣的数学难题，如同古老的先民围绕一堆神圣的篝火——一个真正的"伟大事物"，如切如磋、如琢如磨，"发愤忘食，乐以忘忧，不知老之将至云尔"，岂不妙哉！不过，教育之特殊性决定了它需要秉持"中庸之道"，课堂作为最为特别的"因缘世界"，它首先是以教师为"此在"而牵起的，所以，"教－学"无非是一个充满张力的有机的意识发生之结构，如果想要强调发生学的特别之处，将其调整为"导－学"之结构也许更为合宜。我们正是在这个意义上，重新界定了"课堂教学"一词的基本含义。

在此界定的基础上，我们才可以进一步思及"教师－知识－学生"三位一体之教育生活世界的本质：第一，教师如何进一步激活自己的教的意识；第二，学生如何进一步激活自己的学的意识；第三，教师之教的意识如何有效激活学生之学的意识，从而真正有效地建立"教－学"意识的联结。

一、课堂对话模型

课堂是"教－学"意识联结的真正"故乡"，所以，如何围绕课堂落实前文已经达成的基本共识，将是本研究需要进一步关注的焦点问题。下图是我们设计的课堂对话模型：

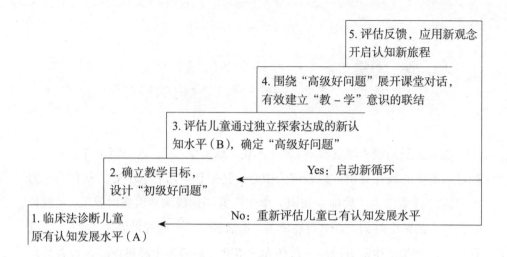

图3-16　课堂对话模型

　　该模型非常强调"玩游戏，学数学"，这里的"游戏"既指纯粹动作化的操作性游戏，也指纯粹形式化的思维游戏。而且，越是低段越倾向于动作化游戏，随着儿童年龄的增长，特别是认知能力的发展，再逐步过渡到内在的思维游戏。也就是说，我们坚信低段儿童的数学学习应该是从"手"到"脑"的过程——如同现象学视域中的从无意识的身体极化到意向性活动之世界极化。只有通过动作化的游戏活动直观自明地获取了大量的动作经验，这些经验才能逐步内化为儿童内在的思维经验。如果无视这一儿童独有的认知特点，试图走捷径直达低龄儿童的大脑，数学学习就会异化为外在的碎片化知识信息的生硬灌输。

　　例如，针对人教社数学一年级上册教科书第三章《认识图形（1）》，我们设计的游戏活动如下。

第一阶段：单元主题故事和主题歌

1. 讲述关于立体王国的绘本故事。

2. 学习单元主题歌：*The Shape Song*。

第二阶段：彩泥制作

1. 材料准备：彩泥、硬纸板、彩泥刀（可用尺子、各种卡代替，用于切割彩泥）。

2. 操作：先将一块彩泥揉成团，再将其捏塑成球体、正方体、长方体、锥体等常见立体图形。

3. 2~3人一组，将捏制的立体图形自由组合，创造"立体教室"。

4. 也可以用小木棍或者磁力棒制作框架性的立体模型。

5. 展示、分享，用孩子们的作品装点教室。

第三阶段：盲摸

1. 操作活动：老师在讲台桌上放置若干立体图形（可以添加一些平面图形），让一名儿童戴上眼罩，引导儿童仔细触摸模型，同时请他说出触摸的感觉，大致描述通过触摸感知到的图形的样子。

2. 分组进行盲摸游戏：每组2人，一名儿童戴上眼罩，另一名儿童选一个图形给第一名儿童盲摸，让他说出这个图形的样子和名称，然后交换进行。

3. 自由分享。

第四阶段：立体图形盖章

1. 准备各种常见的立体模型、纸张、颜色鲜艳的颜料。

2. 将颜料涂抹在立体模型的表面，然后像用图章一样在纸张上盖章，并对纸上的印章进行命名。

3. 展示、分享，用孩子的作品装点教室。

第五阶段：寻找校园内的立体图形

1. 2人一组，带好本子和笔，在校园内寻找立体图形，并随时通过写绘做简要的记录。

2. 全班分享：（1）数量的多少；（2）解释自己的写绘内容。

3. 写绘：我的美好校园。

第六阶段：它们都是由哪些立体图形构成的？

1. 教师提前搜集世界各地的著名建筑：天安门城楼、天坛、埃及金字塔、泰姬陵……

2. 出示照片，让儿童从中寻找立体图形。

3. 评选"我最喜欢的建筑物"并说明原因。

4. 用画笔创作自己梦想中的"最美建筑"。

第七阶段：搭建童话城堡

1.需要的工具和材料：硬纸板、小纸盒、卷纸芯、小药瓶、旧杂志、胶水、双面胶、透明胶带、剪刀、裁纸刀、颜料、彩笔、油画棒等。

2.操作步骤：根据搜集材料的情况，先引导儿童讨论各种不同的材料适合做什么，如何把各种材料组合、固定在一起。然后让儿童搭建自己的城堡。根据需要，可以为城堡涂色，可以为城堡配上简介。完成后进行作品展示。

3.自由分享。

从表面上看，上面的游戏活动安排与课堂对话模型出入较大，然而背后的设计原理却是高度一致的，即：在初步激活教师之教的数学意识与教师之教的学生意识的基础上，所有的游戏活动或者课程设计，其唯一的目的就是有效激活"学生之学的意识"。表面上的不同，只是因为不同年龄阶段儿童的认知发展水平不同，而绝不是教学方法与策略层面上的"左右摇摆"。

当然，所谓课堂对话模型，只是一个缘起，是师生共同在此基础上的创造，而非桎梏师生的枷锁。之所以没有将其称为"课堂教学五步法"，是因为此框图早已突破了传统意义上的"课堂"，它是一个开放的、自由的、发生学意义上的教与学的互动示意图。当然，它的确包括了五个环节：（1）运用临床法诊断学生原有的认知发展水平（A）——学生的学习应当以他们的"已有经验"为前提和基础；（2）教师基于章前评估与课前评估，确定课堂学习目标，设计"初级好问题"，为学生的独立探索和挑战提供"支架"；学生在自主挑战"初级好问题"的基础上，初步激活"学生之学的意识"，既为接下来的课堂对话做好最充分的思维准备，同时也使得自身作为意识活动主体之主体性能够在课堂对话中得到如其所是地呈现的可能；（3）教师通过学生独立挑战完成的"初级好问题"，评估学生认知发展的当前（最新）水平（B），并围绕典型认知冲突，确定课堂对话的"高级好问题"；（4）围绕"高级好问题"，展开多元多维的课堂对话——苏格拉底式的对话，以意识激活意识，真正建立"教－学"意识的深度联结，从而化解认知冲突，建构生成新观念；（5）评估反馈。既可以确保学生刚刚生成的新观念得到及时练习，从而变得更加灵活有效，同时，也可以在解决问题的过程中，发现新问题，从而朝向未来，开启新的学习旅程。

二、通过课堂对话建立"教－学"意识的联结

（一）临床法诊断儿童原有认知发展水平（A）

在正式上课之前，儿童意识活动中总是已经有了一个立体的观念系统，该系统由前景观念和背景观念共同构成。通过临床法诊断儿童当下的认知发展水平（A），主要是评估儿童已有观念的发展水平。一年级新生在正式开学之前进行一次，以后可以融入日常教学过程之中进行。不过，对于比较"特殊"（特别有潜质或无法跟上正常学习进度）的儿童，除了日常评估，每学期开学前最好都进行一次，或者根据需要不定期地进行评估。

小学入学时的评估活动以数学游戏为主（《玩游戏，学数学》[①]一书提供了50余个评估游戏，可供参考），教师根据儿童在每个游戏活动中的表现，进行相应的赋值。如果儿童在教师的引导下仍然不能很顺利地展开游戏活动，赋1分；如果儿童在教师的引导下能够较为顺利地完成相应游戏活动，赋3分；如果儿童几乎不需要教师的引导，就能非常顺利地完成游戏活动，赋5分。每个游戏可以在1~5分之间根据儿童的表现灵活赋值。游戏活动结束之后，教师根据儿童的表现赋值求和，诊断出每个儿童在起点处数学认知发展的综合水平，并完成如下表所示的诊断报告。

表3-3 小学一年级（入学前）新生数学观念发展水平（A）诊断汇总表

姓名		性别		年龄		班级	
		临床诊断特征描述				赋值	
前算术游戏	游戏1						
	游戏2						
	……						

① 王志江：《玩游戏，学数学》，漓江出版社，2016。

前几何游戏	游戏1		
	游戏2		
	……		
赋值汇总			
整体发展水平描述			

其中，前算术和前几何游戏各10个。诊断过程看上去比较复杂，这是因为小学一年级入学时的这次诊断几乎是儿童整个小学阶段最重要的一次。在此之前，不管是家庭教育还是幼儿园教育，能够提供给小学教师的儿童认知发展水平之"证据"近似空白，再加上此阶段儿童受到自身认知发展水平的局限，一般也不能比较清晰地描述自身的发展状态。所以，有目的、有计划的诊断活动就显得尤其重要！而一旦进入正式的学校教育，虽然准确地诊断出每个儿童的"水平（A）"是设计每一节课和每一个单元教学方案的前提与基础，但是，除少数极其特殊的儿童之外，一般性的诊断活动早已融入日常教学活动之中了，并不需要教师付出大量额外的时间和精力。

需要说明的是，以上评估过程本质上属于"个体发生学"分析，所以，它并不是一种自然态度下的经验性诊断活动，恰恰相反，如果缺失教师的"先验发生学"分析，诊断活动不仅低效，而且甚至根本无法顺利展开。

（二）确立教学目标，设计"初级好问题"

每节课的教学目标分为三个等级：

A级目标：属于基础性目标，儿童经过独立完成"初级好问题"即可达成的目标。它对应着数学学习活动的"浪漫阶段"。

B级目标：属于核心目标，儿童需要经过充满挑战的课堂对话才能达成的关键目标。核心目标聚焦于"前景观念系统"的纵向建构生成，与此同步进行的是："背景观念系统"中的"日常概念"（与"科学概念"对应的观念）得以不断澄清，"科学概念"得以不断内化。B级目标对应着学习活动的"精确阶段"。

　　C级目标：属于开放的可能性目标，儿童经历课堂对话之后建构生成的、朝向未来的可能性目标。该目标主要是为了将学习引向课后和未来，学习生活化，生活学习化，让数学探索性学习成为一种美妙的生活方式。C级目标对应着学习活动的"综合阶段"。

　　显然，从A级目标到C级目标，具有一个"螺旋式"（而非"线性"）的发生学维度，在此维度中，新课改所倡导的三维目标总是以一个整体的、全息性的形态，蕴含在各级目标之中。

　　确定三级目标之后，教师就可以着手设计"初级好问题"了（日常教学中也可称其为"课前挑战单"，小学低段一般不需要）。"初级好问题"是为了初步激活"学生之学的意识"而由教师设计的"支架"，一般由三部分组成：第一部分通常由1~2个小问题构成，目的是唤醒学生脑海中的"已有经验"。这些经验与接下来需要建构生成的新观念具有内在的逻辑关系，但是对于学习者来说，有可能处于缺乏活性的意识背景之中。第二部分通常由1~3个小问题构成，这些问题直接朝向将要建构生成的新观念，目的是引导学生利用自己的已有经验进行独立自主的探索。学生通常并不能顺利地解决这些问题，他们必须经过艰苦的思考、反复的尝试，努力促使顺应作用的发生，把问题解决到自己全力以赴所能达到的最高水平，从而在正式进入课堂对话之前，使自己的观念系统以及整个生命都处于"愤悱"之态。第三部分通常都是引导学生在完成上述问题的基础上，提出自己感兴趣的新问题。总之，通过教师设计"初级好问题"，学生独立探索和挑战"初级好问题"，学生之学的意识将会在课前得到最大限度的激活。

　　需要说明的是，我们不鼓励学生在探索"初级好问题"时进行小组合作学习，也不鼓励家长或其他成人的过度参与，而是要求学生尽一切可能地独立思考，并能在限定的时间内完成挑战性任务。特别地，"初级好问题"与传统的课后作业、课前预习（自学教材中的例题）等时下流行的做法不太一样，前者聚焦于儿童观念系统的建构生成和发生发展，是落实数学教育发生学的重要环节——儿童只需要调动自己头脑中的已有经验来独立思考并尝试解决挑战性问题；而后者遵循的是"课前看书预习—课上听讲记忆—课后机械练习"的学习逻辑。显然，至少从认知心理学的角度讲，二者的差异是非常明显的。

（三）评估儿童通过独立探索达成的新认知水平（B），确定"高级好问题"

如果，我是一个每天早上"拿着教案就直接冲进教室"的老师，那么，我的教育逻辑无非是：我，一名教师，通过认真备课，成为这间教室里唯一的、高高在上的真理在握者，所有儿童都必须听从我的指令和安排！在上课铃声敲响的时候，我，必须把我"事先准备的真理"一股脑地倒给孩子们！即便我在课堂上不断地提问、启发、引导，甚至频繁地组织小组学习活动，即便我的教学策略和方法甚至有点令人眼花缭乱，即便我在不同场合多次庄严宣告，我从事教育唯一的目的、意义和快乐就是促进孩子们健康、幸福地成长……但是，一个显而易见的悖论是，我根本就不能科学地领会每一个儿童当下的认知发展水平（当然也应该包括情感和道德人格等），或者，我虽然坚持自己是完全了解儿童的，然而我的依据不过是一成不变，甚至是代代相传的所谓"经验"——这些经验是如此的机械教条、僵化刻板，而每一个儿童却是如此的灵动、鲜活。那么，一个极其残酷的问题就严肃地摆在我面前：我凭什么说自己是在"发展儿童"，而不是在阻碍，甚至是扼杀儿童的天性呢？

所以，当每一个美妙的清晨到来之际，我需要做的第一件事应该是：抽出一定的时间，认真阅读孩子们已经竭尽全力探索过的"初级好问题"（当然最好是在前一天完成）。通过课前挑战单的完成情况，我可以清楚地了解：儿童在解决具有挑战性的问题时，应该激活的观念是否已经激活？主要的思维障碍和典型的认知冲突在哪里？儿童思维发展的可能性空间有多大？哪些是共性的问题？哪些是个性化的问题？最佳的解决策略是什么？我可以为有效化解儿童的典型认知冲突提供怎样的帮助？……总之，教师需要准确把握儿童的认知发展状态在经过他们自己的独立思考和解决问题之后所能达到的最新水平（B），从而为接下来的课堂对话确定真正的"高级好问题"。

事实上，在儿童进行"课前挑战"之前，作为教师的我们已经提前精心设计了教学方案，不过，此方案只是预案，经过最新的评估，不仅"初级好问题"应该更具针对性地转化为"高级好问题"，课堂对话的环节、策略一般都要进行相应的微调。当然，最优秀的教师仍然不会受困于这个最新方案，他们在即将到来的课堂对话中，还会根据最真实的学情随时进行微调，以适应课堂对话的开放性和生成性。

（四）围绕"高级好问题"展开课堂对话，有效建立"教－学"意识的联结

最理想的课堂对话也许就是伽达默尔所说的苏格拉底式的"对话辩证法"，它能否在"教师－知识－学生"三位一体的教育生活世界中如其所是地呈现出来，直接关系到以下两个核心问题最终能否获得自明性的解决：第一，教师之教的意识真正激活学生之学的意识；第二，有效建立"教－学"意识的联结。当然，在最根本处，这两个问题具有本质上的同一性。

不过，我们不能将"课堂对话"降格为纯粹方法论层面的问题，因为其本质必然指向引导儿童像数学家一样发明数学、创造数学，否则，它又有何意义呢？如此一来，我们需要思及以下三个问题：第一，何谓"发明和创造"？第二，何谓"对话"？第三，为何唯有"对话式课堂"才能真正承担起"发明数学、创造数学"的重任？

数学教育发生学所倡导的"发明和创造"，至少具有以下四个方面的含义。首先，从先验发生学的角度讲，"意识的发生"本质就是"发明和创造"，或者说，"发明和创造"就是对"意识发生"这个概念在"教师－知识－学生"三位一体的教育生活世界中的持续立义和充实。缺失先验分析的"意识发生"，"发明和创造"将会成为无源之水、无本之木；缺失"发明和创造"，"意识发生"就不得不将自己禁锢在先验意识的想象王国，而难以真正走进灵动鲜活的教育生活世界！其次，创造和发明意味着已有的数学观念在人为创设的情境中得以"重新涌现和复活"。从历史发生学的角度讲，所有原初的数学观念都是前辈们伟大的命名和创造，但是，它们一旦被创造出来之后，就可能在悠长的历史风尘中，于泥板、龟壳、竹简、草纸等"故纸堆"中隐匿、沉沦，最初涌现时的真理性的光辉可能早已难觅踪迹。真正杰出的教学（包括学前），就是通过人为创设的情境和热烈而深刻的对话，让那些曾经辉煌的

数学观念得以重新真理性地涌现和复活。从儿童的角度讲，这种"真理性"的涌现和复活就仿佛是他们自己的发明和创造！今天的数学课堂肯定没有办法原样重现历史上的"重大时刻"，但是，我们可以通过模拟情境创设、巧妙的问题设计、鼓励学生挑战权威，特别是基于"初级好问题"的课前独立探索与挑战，营造"危机时刻"，造成强烈的认知冲突，激发儿童调动全部的生命潜能，重新命名新观念，让数学观念得以精彩地诞生。这种诞生，既是沉睡于教科书中的数学观念自身得以"真理性"地涌现和复活，也同时意味着儿童自己发明了新观念，创造了新观念！再次，与传统教育的理解不同，在我们看来，任何一个数学观念的创造和发明都绝不是一次成形的，它是一个"从种子到大树"的生长历程。例如前文提到的"圆观念"，对于不同年龄的学习者而言，建构生成的是完全不同的"圆观念"，而这种"不同"是极其独特的，体现了学习者在观念建构层面上的生长性和创造性。所以，评价一个儿童能否创造数学、发明数学的"标准"绝不是外在的、客观的、静态的，它必须以儿童自身活泼泼的动态发展为标准。对于儿童来说，每个年龄阶段形成的不同的数学观念，只要不是父母和老师强行灌输的结果，而是他们自己在内外交互的作用下建构生成的，就是儿童真正的发明和创造！最后，从个体发生学的角度讲，所谓"发明和创造"绝对不是极端唯理论意义上的，认知主体（儿童）基于自身的、纯粹的"无中生有"，而是复杂的、内外交互的结果，是"教的意识"与"学的意识"相互激活，并得以真正建立"教－学"之深度联结的结果。儿童最初就好比一粒种子，一旦离开土壤养分、阳光雨露、农人的照料与守望等，种子是根本无法存活的！但是，一粒种子最后是长成一株小草，还是一棵参天大树，只能由种子自身来决定——高大的橡树只能出自橡仁儿，而高洁的荷花只能出自莲子！所谓儿童发明数学、创造数学，就类似于一粒种子在客观条件下，依据自身的天性，自由地拔节和生长！我们坚信每个儿童都能够"创造数学、发明数学"，正是基于以上种种考量；我们的"信"，肯定是热烈的、有温度的，但是，它更是基于理性思考的结果，而不是纯粹非理性的一时冲动和妄念。

何谓对话呢？在第一章，我们已经从解释学哲学的角度进行过论述。现在，我们有必要结合实践性的课堂教学进一步加以解释说明。在发生学的数学学习过程中,通过独立完成课前挑战单,每个学生都带着自己最新的观念系统——当然也可以说是"最新的偏见"——期待着数学课的来临。由于学生提前已经"竭尽全力"了,所以,他们要想把自己的观念系统提升到一个更高的水平,就必须敞开自己,与老师和其他同学进行充分的、深度的交流、分享、质疑、争论,直至不同的观点之间碰撞出绚丽的火花——一个崭新的"临时性共识"得以华丽丽地诞生。之所以称其为"临时性"的,是因为这个图式会在主体后续的独立思考和多元对话中不断发展和丰富,并持续走向更加高级的形态。它只是贯穿意识主体一生的认知循环中的一个小小的节点,这也就意味着,一个由意识主体所构造生成的、同时也具有普遍性和客观性的数学观念得以精彩地诞生!

课堂对话一般都是围绕"高级好问题"而展开的,卓越的课堂对话是一门艺术,语言描述是难尽其意的。从某种程度上讲,以下三个条件是发明数学、创造数学必需的前提和基础:其一,不管是教师还是学生,每一个生命都是自由的;其二,生命总是渴望超越偏见,获得生长;其三,面临认知冲突和危机,内外交互式的对话是被鼓励和支持的。而真正的"对话式课堂"正好符合这样的条件,所以,我们说:唯有"对话式课堂"才能彻底激活"学生之学的意识";唯有"对话式课堂",才能真正建立"教－学"意识的联结;也唯有"对话式课堂",才能真正承担协助儿童"创造数学、发明数学"的使命。

（五）评估反馈,应用新观念开启认知新旅程

显然,评估反馈的焦点是:教师能否以自身的教的意识真正激活学生之学的意识,以及是否真正有效地建立了"教－学"意识的联结?这就使得数学教育发生学的课堂学习模式之评估反馈不同于传统教学的评估反馈,其差异主要体现在以下三个方面:

首先,传统教学的评估反馈是朝向"外部"的评估,而发生学的评估反馈是朝向"内部"的评估。发生学课堂学习模式评估的核心是儿童内在的认知心理活动和观念系统的发展水平,而且,这种"聚焦于内"的本质特征,决定了我们的评估反馈必须是"过程性的",而不可能仅仅是"终结性的"。做单元教学整体设计之前,就需要通过临床法准确评估儿童已有经验的发展

水平；每一节课之前，还需要通过儿童独立完成的"初级好问题"，准确评估儿童经过独立思考之后，其观念系统所能达到的最新水平；正式的课堂对话中，还需要时时根据儿童当下的情绪、认知等各种因素，随时调整课堂对话的节奏和旋律……所以，虽然在发生学的课堂对话模型中，评估反馈是"最后"一个环节，但是，这种处理只是为了"描述的方便"，而并不是说，发生学课堂学习模式之评估反馈也是传统的"终结性评价"。不过，发生学的评估反馈模式虽然强调聚焦于"内"，但并不全盘否定聚焦于"外"的评估反馈方式。我们坚决反对的是极端片面地聚焦于"外"的刺激和反应，而完全无视儿童自身的意识发生活动。就好比靶场打靶，"靶心"没了，在外围乱打一通又有什么用呢?！而且，对于聚焦于"内"的评估模式来说，对"外"的关注应是题中应有之义。在"内外交互"式的发生学课堂学习模式中，根本不存在一个与世隔绝的"内部世界"。真实的情况是："内部的"意识主体总是自明地意向着他的"外部"，而外部世界也总是直观自明地向意识主体呈现着自身的多种样态。所以，我们相信：内部越强大，外部越宽广；内部有了光，外部就灿烂。

其次，传统教学的评估反馈是朝向"过去"的评估，而发生学的评估是现象学意义上的"历史性"的评估，它当然应该关注已经生成的观念是否可以灵活运用，但是，它更是朝向"未来"的评估。对于发生学课堂学习模式来说，其评估反馈方式隐含着两个重要的逻辑：第一，"过去"必然以"前有前见前理解"的方式存在并发挥效用，但是，"过去"是用来超越的，所以，将"过去"设定为评估的焦点和核心是不恰当的。即便课前也有对儿童已有经验的预设，但是，这种预设仍然是发展性的、过程性的，它无需通过海量的朝向过去的练习和测验进行评估和反馈。第二，发生学课堂学习模式的评估看上去时时处处都在关注儿童"当下的"观念系统，但是，其目的并不是为了刻画当下认知结构的"静态画面"，而是为了准确把握其未来发展的可能性。学习是为了将"可能性"变为"现实性"，但更是为了在"现实性"的基础上，朝向更加广阔、更加深刻的未来的无限可能性。就如同一棵苗壮成长的大树，它当然需要从脚下的土壤中汲取营养和水分，但是，它却总是宁静而热烈地朝向无限辽阔与自由的天空生长！

最后，传统教学只评估学生，而不评估老师，或者说，只依据学生成绩去评估教师；而发生学课堂学习模式既要评估学生之学的意识状态，更要评估教师之教的意识状态。在发生学的评估反馈中，对学生而言，既在无意识中接受来自教师的评估，也要努力学会自我评估——也就是反思性学习。传统教育总是引导教师评估反思"怎么教"，新策略、新方法虽然层出不穷，但只不过是被自然态度裹挟着从一个"锤子"变成另一个"锤子"，生命本身仍然是虚妄的，几乎找不到存在论意义上的方向感和价值感！有少数教师走上了评估反思"教什么"的道路，与前者相比，这自然是前进了一大步。不过，由于将学科知识视为纯粹客观存在的"外物"而长期习焉不察，缺乏哲学态度的先验发生学分析，所以，他们的生命和意识状态总是与学科知识割裂的，这当然也直接导致他们与儿童的生命和意识状态总是有隔膜的，从而在课堂教学中只顾自己讲得痛快，成为儿童意识发展与成长中的匆匆过客，时间久了，也就成了典型的"教书匠"。一旦教师开始评估反思"为什么教"，也许才算是真正从教育之自然态度转向教育之哲学态度。作为成年人的教师，身体的生理性指标难免处于逐年下降之中，但是，我们面对的却是"如日初升"的儿童和青少年，所以，我们有必要将自己的精神生命调试到与儿童同样的"正－反－合"的生长循环之中，否则，将很难有真正的教育发生！反思"为什么教"，自然包含着思考"怎么教"和"教什么"，所以，发生学所强调的教师自我评估，既是一种专业化的教育生活方式，更是一条建构师生双方生命意义的必经之路。

三、对"对话式课堂"的补充说明

接下来，我们将结合《多边形的面积》第一课时的课堂教学片段①，对"对话式课堂"做一点补充说明。"对话式课堂"并不仅仅局限于课堂四十分钟，如同"意识的晕圈"，它含蕴着课前挑战，且前摄着课后探索。此处的教学片段包括以下三个板块：

---

① 课堂实录初稿由开封贞元学校宋亚男老师提供。

第一板块：学生自主挑战"初级好问题"，教师结合学生的典型认知冲突，确定课堂对话需要聚焦的"高级好问题"。

本节课的"初级好问题"与本章第二节提供的"章前评估题组"完全相同，此处略过。教师在分析学生已经完成的"初级好问题"（也就是"课前挑战单"）的基础上，确定了以下两个"高级好问题"：

1. 将一个长（正）方形分割成两个三角形，是为了得到三角形的面积，但是有些同学忽略了这是直角三角形，而不是任意三角形，如下：

沿着它们的对角线，可以利用正方形或长方形求出三角形的面积。

图3-17

2. 由于班级组建时间不长，部分最新插班入学的孩子对整个挑战单的"内在逻辑"缺乏足够清晰的领会，所以，如何将"初级好问题"之间的"内在逻辑"清晰地显现出来，成为课堂对话需要真正聚焦的"高级好问题"。

第二板块：聚焦"高级好问题"，以意识激活意识，在对话中生成新观念。

师：好，现在我们来看第一个问题——这种分割变换对于解决平面图形的面积问题有何帮助？这是两位同学完全不同的观点，你认同哪位同学的观点呢？

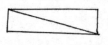

如果人家没说这个长方形的长和宽，只说了这个直角三角形的面积，你只用除以二就好了

沿着它们的对角线，可以利用正方形或长方形求出三角形的面积。

图3-18

旭：我认同第二位同学的观点，第一位同学可能把逻辑搞反了，因为直角三角形的面积我们还没有学，怎么能用直角三角形的面积来求长方形和正方形的面积呢？而第二位同学的思路是根据正方形或长方形的面积来求三角形的面积，这个是可行的。

（大家纷纷点头，表示对旭同学的支持，这时涵同学举手表示有不同观点。）

涵：我感觉稍微有点小问题，虽然可以用正方形或长方形的面积求出三角形的面积，但前提是长方形分割出来的两个三角形必须是"完全相同"的。

师：对呀，这里能够保证分割后的两个三角形"完全相同"吗？

生（众）：只需沿着长方形的对角线进行切割即可。

涵：对的，沿着长方形的对角线可以将其分割成两个完全相同的三角形，所以，用长方形的面积除以2，就可以求出三角形的面积。

师：也就是说，根据长方形的面积就可以直接求出任意三角形的面积，是吗？

（老师着重强调"任意"两个字，全班同学陷入了沉思，这时，一向严谨的寒同学表示有话要说。）

寒：我们现在求的只是直角三角形的面积，如果是非直角三角形该怎么办呢？

（刹那间，同学们恍然大悟，意识到刚才的思路并不严谨！）

宥：是啊，沿着长方形的对角线分割出来的三角形都必定是直角三角形啊！

星：所以，通过这个分割变换，我们只能求出直角三角形的面积！

师：这意味着什么？

生（众）：要测量任意一个直角三角形的面积，我们只需知道这个直角三角形的两条直角边的长度。

师：为什么？谁能再解释一下？

睿：将刚才的分割操作反过来，我们可以把这个直角三角形补成一个长方形，那么这两条直角边就是这个长方形的长和宽，求出长方形的面积，再除以2，当然就是原来直角三角形的面积。

师：现在，对于面积度量问题，我们的"工具箱"中增加了哪个工具？

旭：直角三角形的面积公式。

烨：那锐角三角形和钝角三角形的面积又该怎么求呢？

（同学们先是陷入沉思，随后又展开热烈的讨论，很快又重新跃跃欲试！）

寒：过顶点作钝角三角形的高，就可以将这个钝角三角形分割成两个完全一样的直角三角形，先求出一个直角三角形的面积，然后再乘2，就可以求出钝角三角形的面积。

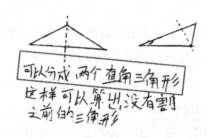

图3-19

舒：我不认同寒的观点，只有等腰三角形或者等边三角形才可以沿着它的高分割成两个完全一样的直角三角形，而一般的钝角三角形沿着高只能分割成两个不一样的直角三角形。

师：是吗？怎么办？

瀚：分别算出分割后的两个直角三角形的面积，然后将它们的面积相加，就是原来任意三角形的面积。

（同学们都有恍然大悟之感！）

师：是任意的吗？

睿：不是。不过，锐角三角形的问题可以同理解决。

（大家纷纷表示认同。）

师：此刻，我们的"工具箱"中又添加了哪件新工具？

睿：钝角三角形的面积和锐角三角形的面积。

瀚：简单来说，就是任意三角形的面积。

师：好，现在我们就可以沿着"课前挑战单"的顺序继续探索了，大家认同下面这位同学的观点吗？

图3-20

旭：不认同，这位同学想通过分割一个平行四边形，进而求三角形的面积，可是平行四边形的面积我们还不会求呀！

良：根据刚才的讨论，这位同学弄反了，其实只需要利用三角形的面积就可以求出平行四边形的面积。

（大家纷纷点头表示认同。）

师：好，大家现在是否认同下面这位同学的做法呢？

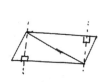

图3-21

睿：他想把这个平行四边形分割成两个锐角三角形，然后再把两个锐角三角形分别切割成两个直角三角形。

寒：好像是这样，但是他到底想干啥呢？

瀚：他可能不会计算锐角三角形的面积，想利用直角三角形的面积来解决问题，可是我们现在已经会求任意三角形的面积了，所以并不需要第二次分割了。

良：对的，只要把这两个锐角三角形的面积相加就可以了。

涵：不需要把两个三角形的面积都求出来，只要求出其中一个三角形的面积，再乘2就可以了。

良：但是我有个问题，如果平行四边形分割的两个三角形的面积不一样怎么办？

涵：不可能，平行四边形的两条对边互相平行且相等，分割出的两个三角形的大小和形状肯定是一样的。

良：不可能，一定有特殊的情况！

（大家争论不休，有人提议画图或者用实物操作一下，很快，"风波"又起……）

舒：分割得到的两个三角形的面积之所以不一样，是因为你们画的平行四边形不标准！

旭：是的，虽然平行四边形的对角线并不是它的对称轴，但是，沿着对角线分割得的两个三角形，只需要再旋转一下，也是可以完全重合的。

瀚：对的，虽然平行四边形不是轴对称图形，但是它却是中心对称图形，两条对角线的交点就是它的对称中心，将其中一个三角形绕着中心点旋转180度，两个三角形可以完全重合。

（看到大家不再有异议，老师开始接着追问……）

师：是否存在其他的分割方法，也可以得到平行四边形的面积？

（同学们兴奋地争相举手！）

涵：我给大家画图演示一下吧，任意一个平行四边形都可以分割成一个矩形和两个面积相等的直角三角形，如下图所示：

图3-22

寒：我认同涵的方法，但是又觉得太麻烦了，其实可以把其中一个直角三角形进行平移，就可以把平行四边形变成一个长方形，而长方形的面积我们是会求的。

（寒边说边走到讲台前画图演示。）

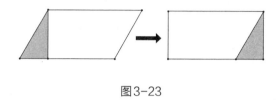

图3-23

瀚：根据寒同学的思路，我发现了一个特别好玩的地方：我们可以在矩形面积的基础上，通过割补和平移变换，直接求出平行四边形的面积，进而再沿着对角线分割，就可以解决任意三角形的面积了，这个思路与上面的过程有些不同！

（同学们纷纷点头表示认可，有人甚至喊出了"条条大路通罗马"！）

师：真棒！我也突然冒出了一个新问题：这种利用割补法将平行四边形变成矩形的方法是唯一的吗？

（同学们再次陷入沉思，过了一会儿……）

瀚：如下图所示，假设点 E 是平行四边形 CD 边上的一个动点，过点 E 向边 AB 作垂线，就可以将平行四边形割成两个直角梯形，再将左边的梯形平移到右边，总是可以将平行四边形补成一个矩形。寒同学的方法只是一个特例而已。

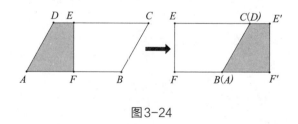

图3-24

师：好，现在我们已经会求哪些多边形的面积了？

生（众）：正方形、长方形、三角形和平行四边形。

师：那么，我们能否求任意一个梯形的面积呢？

生（众）：沿着对角线分割成两个三角形，因为三角形的面积我们已经会求了。

师：还可以怎么办？

旭：可以把梯形分割成一个平行四边形和一个三角形，如下图所示：

图3-25

良：不认同！只有等腰梯形才可以这样分割，任意的梯形就不一定了。

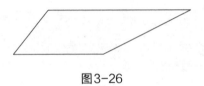

图3-26

（大家显然对此有争议，所以，课堂再次进入自由探索和小组讨论时刻……）

瀚：可以的，只要过 C 点作 AB 的平行线就可以了，如下图所示：

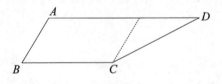

图3-27

（这个操作过程显然说服了良同学。）

第三板块：拓展延伸，让鲜活的意识活动"再飞一会儿"。

师：这位同学的"新问题"可以给你怎样的启发？

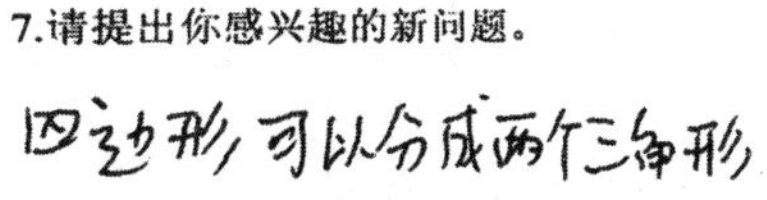

7.请提出你感兴趣的新问题。

四边形，可以分成两个三角形

图3-28

良：任意的四边形都可以分割成两个三角形。

涵：哦，那样我们就可以求出任意四边形的面积了！

师：再大胆一点，任意五边形呢？

生（众）：都可以分割成几个三角形，我们去年玩过这样的分割游戏！

（瀚同学在黑板上分享自己的观点，如下图所示。）

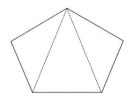

图3-29

（烨同学又分享了不一样的分割方法：在五边形内部任取一点进行分割。如图3-30。）

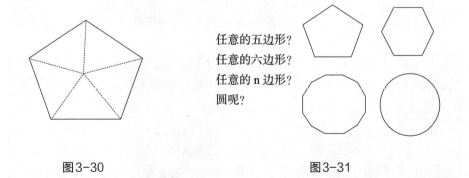

任意的五边形？
任意的六边形？
任意的 n 边形？
圆呢？

图3-30　　　　　　　　　　　　图3-31

师：六边形呢？十二边形呢？

生（众）：当然都可以将它们分割成若干个三角形来求。

瀚：那圆形呢？

（孩子们又开始了更激烈的争论，教室里吵成了"一锅粥"，但是，他们已经开始有了一点点无限分割的感觉……）

宋老师在章末反思中写道：本章并没有按照以往的步骤一节课一节课地学习，浪漫阶段主要是学生动手操作，在几何变换中浪漫感知多边形面积之间的关系。因为多数学生在此之前已经建构生成了长方形和正方形的面积测量观念，所以，如果他们能够通过合理的割补变换、平移变换、旋转或翻折变换等，沟通三角形、平行四边形、梯形和长方形与正方形之间的关系，那么，常见多边形的面积测量问题显然也就可以迎刃而解了。精确部分以及综合部分，全部是通过"小组讨论＋分享交流"完成的，孩子们基于操作经验，通过形式化的"代数推理"获得各种多边形的面积公式，并探讨了不同多边形面积公式之间的内在逻辑关系。

周末，感兴趣的孩子还挑战了数学小论文。

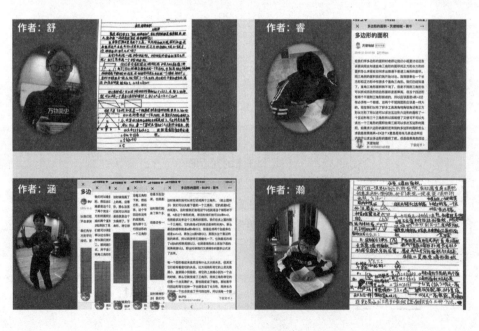

图3-32　孩子们的小论文

瀚同学不仅挑战了论文,还自己制作了PPT,希望在几天后的班级期末庆典上与大家一起分享,在PPT的最后部分,他有机地梳理了各个多边形面积公式之间的内在逻辑关系,着实惊艳到我。是呀,我们学了这么多看似完全不一样的平面图形的面积公式,其实无非就是一个长方形面积公式——长乘宽的问题。

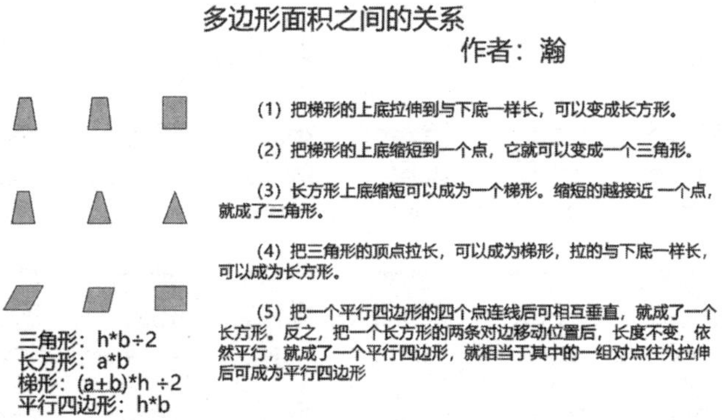

多边形面积之间的关系

作者:瀚

(1) 把梯形的上底拉伸到与下底一样长,可以变成长方形。

(2) 把梯形的上底缩短到一个点,它就可以变成一个三角形。

(3) 长方形上底缩短可以成为一个梯形。缩短的越接近一个点,就成了三角形。

(4) 把三角形的顶点拉长,可以成为梯形,拉的与下底一样长,可以成为长方形。

(5) 把一个平行四边形的四个点连线后可相互垂直,就成了一个长方形。反之,把一个长方形的两条对边移动位置后,长度不变,依然平行,就成了一个平行四边形,就相当于其中的一组对点往外拉伸后可成为平行四边形

三角形: h*b÷2
长方形: a*b
梯形: (a+b)*h ÷2
平行四边形: h*b

图3-33 瀚同学梳理的多边形面积之间的关系

作为奖励,我邀请瀚同学参加六年级"圆的周长和面积"探索之旅,由于刚刚探索过多边形面积,在探索"圆的面积"时,他竟然是最早一批探索成功的人,并激动地与六年级孩子分享了自己的观点,同时利用元旦假期完成了"圆的面积"的论文挑战。

图3-34 瀚同学的论文——《圆的面积》

一节课，或者说一个单元的学习活动就这样结束了，可是孩子们的探索热情有增无减，探索的欲望也随着时间的脚步而绵延不绝……

最后，结合《多边形的面积》的表现性评估量表，瀚同学获得如表3-4所示的评估结果。当然，这个结果并不是单元学习结束时一次性完成的，而是伴随着整个单元学习的历程。

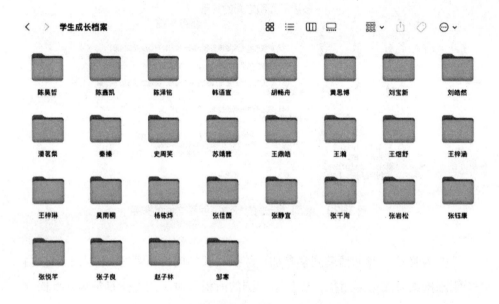

图3-35　橄榄树班学生成长电子档案

事实上，这张量表并不能完全涵盖瀚同学本单元学习的全貌。在本单元的学习过程中，他不仅乐于挑战，积极参与课堂对话，高质量地完成围绕二维度量观念建构历程的论文写作，并制作 PPT，在班里以演讲的方式与同学们分享。而且，他还独立探索了圆的周长和面积的度量方法，并被六年级的师生邀请去参加相关问题的探讨。最后，他还写出探索性论文《圆的面积》，这显然已经超越了本单元的学习目标。他之所以在自评时，等级多数为"优秀"，是因为他对自己有更高的要求。同时，由于自己挑战数学问题时总是感到轻松愉快，所以，他有时不能很好地理解其他同学所遭遇的困难，以至于在小组合作学习中，容易表现出急躁的情绪，这从老师评价和同伴互评中可以得到直接的体现，这种最为及时的反馈，相信会为瀚同学的健康成长指明方向。当然，这也是一个值得每一位教育者关注的大难题：如何为优秀儿童提供更加适宜的发展环境？需要说明的是，限于篇幅，这里仅以瀚同学为例，但是事实上，每一个孩子都拥有自己独一无二的"成长档案"，如图3-35所示。

电子档案并不是一堆客观的、僵化的资料，它具有丰富且鲜活的生长性，是"学生之学的意识"得以有效激活的表现性证据，也是"教－学"意识得以有效联结的最直观、最有效的表现性证据。

表3-4 瀚同学《多边形的面积》单元表现性评估结果

教学阶段	表现性证据	评估等级		
		自评	师评	互评
章前评估	第一阶段：单元大浪漫			
	1. 章前评估题组	卓越（ ）优秀（✓）突破（ ）	卓越（ ）优秀（✓）突破（ ）	
章中评估	第二阶段：多边形的面积度量			
	1. 课前挑战题组	卓越（ ）优秀（✓）突破（ ）	卓越（ ）优秀（✓）突破（ ）	
	2. 课堂对话	卓越（ ）优秀（✓）突破（ ）	卓越（ ）优秀（✓）突破（ ）	
	3. 课后挑战性作业	卓越（ ）优秀（✓）突破（ ）	卓越（ ）优秀（✓）突破（ ）	
	4. 小组合作学习	卓越（ ）优秀（✓）突破（ ）	卓越（ ）优秀（✓）突破（ ）	
	第三阶段：面积公式的应用			
	1. 应用面积公式解决综合问题	卓越（ ）优秀（✓）突破（ ）	卓越（ ）优秀（✓）突破（ ）	
	2. 课堂对话	卓越（ ）优秀（✓）突破（ ）	卓越（ ）优秀（✓）突破（ ）	
	3. 课后挑战性作业	卓越（ ）优秀（✓）突破（ ）	卓越（ ）优秀（✓）突破（ ）	
	4. 小组合作学习	卓越（ ）优秀（✓）突破（ ）	卓越（ ）优秀（✓）突破（ ）	
章末评估	第四阶段：制作思维导图			
	1. 单元思维导图	卓越（✓）优秀（ ）突破（ ）	卓越（✓）优秀（ ）突破（ ）	卓越（✓）优秀（ ）突破（ ）
	2. 课堂对话	卓越（✓）优秀（ ）突破（ ）	卓越（✓）优秀（ ）突破（ ）	卓越（✓）优秀（ ）突破（ ）
	3. 围绕单元核心观念建构历程的论文写作	卓越（✓）优秀（ ）突破（ ）	卓越（✓）优秀（ ）突破（ ）	卓越（✓）优秀（ ）突破（ ）
	4. 小组合作学习	卓越（ ）优秀（✓）突破（ ）	卓越（✓）优秀（ ）突破（ ）	卓越（✓）优秀（ ）突破（ ）
	第五阶段：单元综合挑战			
	1. 挑战性论文写作	卓越（ ）优秀（✓）突破（ ）	卓越（ ）优秀（✓）突破（ ）	卓越（✓）优秀（ ）突破（ ）
	2. 综合测试	卓越（ ）优秀（✓）突破（ ）	卓越（ ）优秀（✓）突破（ ）	卓越（✓）优秀（ ）突破（ ）
	3. 小组合作学习	卓越（ ）优秀（✓）突破（ ）	卓越（ ）优秀（✓）突破（ ）	卓越（✓）优秀（ ）突破（ ）

第四章　中小学数学教师专业意识发展的路径

在第三章，我们结合"单元教学整体设计模型"和"课堂对话模型"如其所是地呈现了中小学数学教育"教－学"意识得以有效联结的真实面貌。现在，我们需要进一步追问：这样的实践性模型具有普遍性吗？其逻辑居先的构成性条件和基础是什么呢？这个追问的核心涉及中小学数学教师专业意识发展的根本路径。事实上，在"教师－知识－学生"三位一体的教育生活世界中，"教－学"意识之所以能够有效联结，正是因为教师之教的意识与学生之学的意识得以同步激活，而且在最根本处，教师之教的意识是逻辑居先的构成性条件和基础。教师之教的意识主要包括了教师之教的数学意识与教师之教的学生意识，本章将沿着这两个方向尝试探索中小学数学教师专业意识发展的普遍原理与可能性路径。

第一节　经由现象学反思激活教师之教的数学意识

中小学数学教师的数学意识是其专业意识的核心，所以，激活教师之教的数学意识是教师专业意识发展的必由之路。数学意识不是教师对客观的数学知识的量的占有，而是数学教师经过现象学反思，在自己的意识活动中，对中小学数学的每一个概念进行先验发生学的分析与构造，形成自己独特的数学素养。唯有如此，教师之专业才有可能具有不可替代的专业性。

一、由现象学的"身体性"反思教师之教的数学意识的源头

思及"教师之教的数学意识"，首先就会碰到一个大难题：数学是什么？常识认为，数学是研究数量关系和空间形式的科学。在基础教育阶段，此说法似乎已是定论。"数量关系"对应着小学的算术和中学的代数，无非是加减乘除、乘方、开方，还有四则混合运算，当然还包括方程、不等式、函数、微积分初步等；而"空间形式"则主要对应着整个欧氏几何。在高中阶段的解析几何和向量初步中，开始强调"数"与"形"的结合。但问题是，"数量关系"和"空间形式"是从哪里冒出来的呢？它是本来就隐藏在客观世界中，等待着人们以考古学的方式去不断地发现它的呢，还是本来什么也没有，纯粹是被历史上那些最伟大的数学家，待在一个与世隔绝的空屋子里"无中生有"的呢？

如果数学本来就存在于客观世界或者教材与数学书籍之中，那么，成人能否像倒一杯水一样，把数学知识轻松地"倒进儿童的大脑里"呢？虽然很多人坚信数学知识就隐藏在客观世界中，并试图寻找最有效的灌输方法，但是他们的努力效果并不太好，甚至往往会导致悲剧的发生。在应试教育盛行的时代，大量的事实表明，"灌输"与"倾倒"的想法并不可靠，它不仅效率不高、效果不佳，而且甚至导致对学习者身体和心灵的严重异化。

那么，数学是纯粹的主观创造之物吗？如果没有父母的早期陪伴和教育，没有幼儿老师的启发和引导，也没有任何数学书籍可供阅读……就仿佛儿童的生活完全跟数学绝缘，那么，儿童可以独立"创造发明"最简单的十以内的加法运算吗？实践表明，这好像也是不可能的。今天，虽然越来越多的人相信，儿童天生就是发明者和创造者，但是，儿童只有在最适宜的教育环境中，才能创造数学、发明数学，一旦成长环境不良或恶化，不仅是数学，他们的整体智能与人格发展，都往往会全面落后于正常成长环境中的儿童，极端情况下甚至会出现"狼孩儿"！

又或者，数学既不是完全源于客观世界，也不是完全源于人类的创造发明，而是人类（主观）与客观世界交互作用的产物呢？从人类学习数学所面

临的疑惑与困难来看，"主客交互"看上去是一个不错的答案。

但是，"主客交互"又是什么意思呢？在胡塞尔看来，认知心理学讨论的"主客交互"显然是不究竟、不彻底的，因为它仍然具有二元对立的嫌疑，仍然无法解答"主体如何超越自身去有把握地切中客体"等传统认识论哲学的"疑难杂症"，所以，他试图通过"意向性"，在"意识主体"与"对象世界"之间建立一种超越传统二元论的现象学联系。同时，当他通过先验现象学还原，进入先验的意识世界时，他还试图通过移情和交互主体性避免唯我论的陷阱。晚期，他还涉及意识主体的"身体性"，但并未进行深入讨论。

不过，由于胡塞尔的思考始终停留在"先验意识领域"，这就难免不被质疑为仍然是传统形而上学之"遗毒"。所以，他的学生兼同事海德格尔在《存在与时间》中宣称：此在在世界之中存在，并通过操持、操劳、操心描述此在的存在样态。虽然操持、操劳、操心都离不开身体，但是很显然，海德格尔也没有真正去聚焦"身体性"问题。直到梅洛－庞蒂的出现，他在《知觉现象学》中指出："我不是在我的身体前面，我在我的身体中，更确切地说，我是我的身体。"[①]他不仅认同海德格尔的"此在就是在世界之中的存在"，也高度认同胡塞尔有关意向性的分析。但是，他同时认为胡塞尔的意向性不太关心意识活动的背景，而在他看来，丰富的背景显然是意向性活动居先的条件和基础。当然，真相也许是梅洛－庞蒂其实已经注意到晚期胡塞尔开始关注意识发生的背景或视域问题，但是，他认为胡塞尔对视域的解释缺乏足够的自明性。梅洛－庞蒂正是在此基础上断言：唯有身体才可以真正绽出意识活动之背景。他甚至宣称："我"不在我身体的前面，"我"就在我的身体中，或者说"我"就是我的身体。

身体活动具有定向性，它可以自如地完成具体情境中的各种复杂活动，这一点是不言而喻的。我们的眼睛总是看向或近或远或高或低的某个东西，我们的耳朵总是听着或近或远或清晰或模糊的某种声音，我们总是通过自己的身体去筹划世界，在筹划的过程中，空间性因此而绽放出来。换句话说，我们之所以能够进行意向性活动，正是因为我们的身体在情境中对问题或者

---

① 　莫里斯·梅洛－庞蒂：《知觉现象学》，姜志辉译，商务印书馆，第198页。

任务进行着筹划，没有身体的先行定位，就不会有意向性活动的展开。如此一来，在梅洛－庞蒂看来，世界不再是传统的主客二分的二元世界，也不是胡塞尔通过意向性所显现的整体性的现象学世界，而是一个三元世界，即，由"意识主体－身体－客观世界"所构成的有机世界。以此三元世界为条件和基础，胡塞尔的意识世界才能如其所是地显现出来。

梅洛－庞蒂以一个精神病人施奈德的例子进一步说明身体在意识活动中的基础性地位。施耐德可以毫不费力地从口袋中拿出手绢擦鼻涕，但是他却不能按照他人的要求，用手指出自己的鼻子的位置。这表明，正常人的身体就如同一个可以进行空间定位的雷达系统，它可以运用自如地一圈儿一圈儿地向外自由拓展，直至抵达整个世界。斯奈德虽然有正常的视觉，但是，他的"雷达系统"却损坏了（精神性失明），这使得他可以极化自己的身体——无意识地运用自己的身体在生活情境中自如地完成任务，但是却不能极化世界——在清晰的意识活动中使得自己与世界可以相互显现。这一切都表明，"身体性"相对于意识活动而言具有更为基础的地位，意识主体在显现身体性的过程中，其权能——也就是主观能动性——可以回溯至更为本源的层面，即：意识主体之权不仅能体现在清晰的意识构造活动中，而且可以在背景性的无意识活动中找到其更为本质的源头。

总之，作为意识活动的背景，空间和世界是被身体带出来的，虽然它们充满神秘性与混沌性，但是只有在此基础之上，世界才能在我们的意识活动中进一步被筹划。世界的筹划首先表现为一种"类化"，而"类化"主要表现为以下两种形式：一种是对具体事物的类化。在此基础上，数量的多少会逐步成为意识的焦点，这也许就是"数与算术"的源头。另一种是关于我们对事物所施加的动作的类化。在此基础上，形状及对形状的操作会逐步成为意识的焦点，这也许就是"几何图形与图形运动（平移、对称、旋转等）"的起源。

由此看来，我们之所以找不到"数学是什么"这个问题的标准答案，也许正是因为我们错误地将其视作自然态度中的问题，从而导致探索路径与形形色色的答案都不过是经验杂多，而难以触及真正的本质。唯有以哲学态度重新发问：数学观念诞生的源头在哪里？然后一路回溯至"身体性"，才有可能打开一个崭新的视域，并重新拥有思及这个问题的新的可能性，这是教师之教的数学意识发展的源头，也是中小学数学教师专业意识发展的源头。

二、构建几何观念先验发生学模型，探索教师之教的数学意识的发展路径

（一）对图形运动观念的发生学分析

在由身体极化所提供的意识活动的背景中，世界也逐步得以极化或类化。首先，世界中的事物通过侧面、视角面与轮廓直观自明地给予"我"，这些给予虽然呈现出多种样态，但是，"我"总是能够透过这些自明性的给予看到更多，特别是看到多种样态背后的同一性。不同类别的同一性在移情与交互主体性的作用下得以命名，如直线、射线、线段、三角形、四边形、圆、正方体、长方体、圆柱……其次，我们总是可以根据生存的需要，对形形色色的图形施加操作性动作，并且通过范畴直观对它们的运动状态加以描述，例如：一根晾晒衣服的木棍可以沿着一个确定的方向移动一段距离；一块圆形的布料可以沿着某条直线折叠，折叠后的两部分可以完全重合；院子中的栅栏或者房屋的门窗总是可以按照生活的需要随意转动……所有这些于我而言皆具有原初意义和原初自明性的活动，可以顺其自然地构造出平行、对称、旋转等图形运动之原初观念。

（二）对一维度量观念的发生学分析

借助先验想象，我们再次追溯至"原初生活世界"。最初，我们的生活世界中充斥着各式各样的形状，在为生计而劳碌的过程中，那些可以用来有效打猎或采集野果的木棍，会直观自明地直接给予我们，那些最早具有理论意识的几何学家可以在自己的意识中自由地思义这些"直木棍"，具有原初意义和原初自明性的"直木棍意识"也就由此诞生了！随后，我们用一个特别的声音符号——"mù gùn"在共同体中交流它。我们在生活中也很快意识到木棍具有长短差异，最聪明的部落酋长尝试用自己的身体部件去精确地

刻画这种差异：张开大拇指和中指，于是创造发明了"拃"；水平张开两只手臂，于是创造发明了"庹"；一前一后自然地迈开双脚，于是创造发明了"步"……在此过程中，平移变换的意识也悄然诞生。

后来，随着生活世界的不断拓展，最初的几何学家去世了，为了便于传承，新的几何学家们又在声音符号的基础上创造了文字符号和图形符号。不过，由于间隔的时间还不是太久，加之生活世界也具有高度的相似性，所以，原初意识虽然具有了"肉身化"——客观性——的声音符号、文字符号和图形符号，但是，它的原初意义和原初自明性对于我们来说，仍然是显而易见的，构成了我们意识活动内在的、鲜活的动力。

随着部落和城邦的联合，以部落酋长的身体部件为标准的"拃""庹""步"不再能够满足客观交流的需要了，我们在逻辑自明性的加持作用下，创造出更加客观的"寸""尺""丈"等，以及不同基准之间的换算关系。而木棍的度量问题也顺其自然地变成了更加客观、更加抽象的线段的度量问题，即"一维度量问题"，其核心显然有三：第一，确定基准；第二，运用平移变换或者拉伸变换进行度量；第三，明确不同基准之间的换算关系。

当我们面对一个一维测量对象时，首先确定基准，然后运用平移变换，确定待测对象与基准之间的关系——平移的次数即为度量结果，或者，运用拉升变换，想象自己手中或者脑海中有一根可以自由伸缩的橡皮筋，先将橡皮筋压缩至基准的长度，然后再将其拉伸至待测物体的长度，进而明确拉伸结果与基准之间的"拉伸系数"，即可得到度量结果了。如果测量过程中出现了盈余或不足，我们就可以自然而然地逼出更大或者更小的基准，结合十进制，也可以轻松推知不同基准之间的关系。如此一来，一维度量观念也就在持续不断的意识活动中生长起来了。

与此同时，在每一天的实践生活中，某物的长、宽、高，打猎地点与家的距离，旷野上两棵树之间的远近，等等，所有这些有趣的活动，无非都是打着精确测量的幌子，去进行一场"估测"的游戏，我们很快就能洞悉其中的奥秘：在实际生活中，估测能力显然更有威力；不过，一旦离开了精确测量的意识生长活动，估测就可能会荒腔走板、失去意义。

也就是说，在意识主体之权能与直接给予的原初意义和原初自明性的综合作用下，一维度量观念得以如其所是地生长。

（三）对二维度量观念的发生学分析

在我们的意识活动中，伴随着一维度量观念的生长，如何度量一个二维封闭图形的大小，慢慢从混沌的意识边缘区域走到舞台中央，成为意识活动的焦点。不过，在一维度量观念的基础上，我们很容易就能找到解决问题的路径，核心仍然有三：第一，确定基准；第二，运用平移变换或者拉伸变换进行度量；第三，明确不同基准之间的换算关系。这仿佛就是一维度量问题的重演，不过，事实就是如此！例如，当我们面对一个矩形时，首先确定一个小方块为基准，然后运用平移变换，分别沿着矩形的长和宽进行平移，如下图所示：

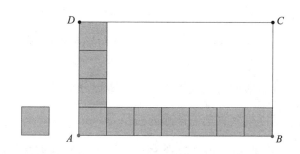

图4-1　利用平移变换度量矩形面积

在上面的平移变换中，沿着水平方向和竖直方向，分别平移了7次和4次，我们易知：以目前选定的小方块为基准时，矩形 $ABCD$ 的面积就是28。特别地，如果小方块的边长为1cm，规定它的大小是1cm^2，那么，矩形的面积就是28cm^2。在此基础上，我们可以自明地推知：如果矩形的长与宽分别是 a 与 b，那么，其面积就是 ab；如果正方形的边长为 a，其面积就是 a^2。

我们也可以用拉伸变换理解：想象一个有弹性的橡皮泥小方块，先压缩成基准的模样，然后沿着矩形的水平方向拉伸，确定拉升系数为 a，再沿着矩形的竖直方向拉伸，确定拉升系数为 b，则相对于基准而言，最终的拉伸

系数 ab 就是矩形的面积。如下图所示：

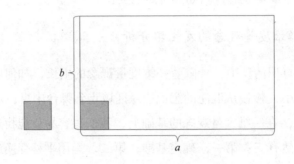

图4-2 利用拉伸变换度量矩形面积

最后，如果测量过程中出现了盈余或不足，类比一维度量观念，我们自然可以相应确定更大或者更小的面积基准，并进而推知不同基准之间的关系。

现在问题是：二维图形相对于一维直线而言，显然要复杂许多，所以，二维度量问题也要复杂一些，例如，现在我们该如何度量一个三角形的面积呢？

事实上，沿着矩形的对角线可以将一个矩形分割成两个面积相等的直角三角形，所以，可以得到直角三角形的面积为 $\frac{1}{2}ab$。反过来，如果给出任意一个直角三角形，其两条直角边分别为 a、b，那么，我们总是可以将其补成一个矩形，从而可以推知任意一个直角三角形的面积公式。

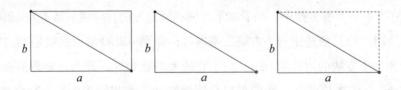

图4-3 度量直角三角形的面积

任意一个三角形的面积又该如何度量呢？是的，只需将其分割成两个直角三角形即可，如下图所示：

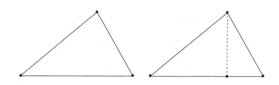

图4-4　度量任意三角形的面积

任意一个平行四边形呢？对于任意一个平行四边形来说，既可以沿着对角线分割成两个三角形，也可以通过割补法拼接成一个等底等高的矩形，进而度量其面积，如下图所示：

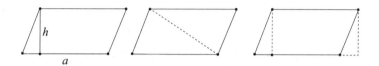

图4-5　度量任意平行四边形的面积

任意一个梯形呢？是的，与梯形相遇时，我们会更加自由。沿着对角线可以分割成两个三角形；沿着上底的两个端点作下底的垂线，可以分割成两个直角三角形和一个矩形；连接上底一个端点和相对一腰的中点，延长并与下底延长线交于一点，就可以将梯形转化为一个面积相等的三角形，进而度量其面积。如下图所示：

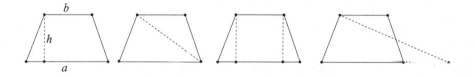

图4-6　度量任意梯形的面积

而且，如果把梯形想象成一块可以自由伸缩的橡皮泥，当把上底拉伸到一定程度（$b=a$），梯形就会变成一个矩形，从而有效沟通梯形与矩形面积公式之间的内在联系，即：梯形面积 $=\frac{1}{2}(a+b)h=\frac{1}{2}(a+a)h=ah$。当把梯形上底压缩为极端状态——一个点时（$b=0$），梯形就会变成一个三角形，从而有效沟通了梯形与三角形面积公式之间的关系，即：梯形面积 $=\frac{1}{2}(a+b)h=\frac{1}{2}(a+0)h=\frac{1}{2}ah$。

任意一个多边形呢？从 n 边形的一个顶点出发作对角线，总是可以将其分割成（n-2）个三角形，从而根据三角形面积公式度量多边形的面积。

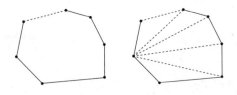

图4-7　度量任意多边形的面积

圆形的面积又该如何度量呢？显然，这需要首先度量圆的周长。多边形的周长看上去不过是一个一维度量问题，但是，度量圆的周长（c）则有着本质的不同，因为它需要我们具有"化曲为直"的洞察力，我们可以采用以下步骤进行探索：

第一步：通过画图操作，猜测 c 与 r（圆的半径）之间应该具有某种关系。

第二步：用圆规画出半径分别为2cm、3cm、4cm、5cm、6cm的圆，用"绳测法"量出圆的周长，并填写下表：

表4-1　圆的周长与直径之间的关系

半径 r（cm）	2cm	3cm	4cm	5cm	6cm
直径 d					
周长 c					
c/d					

第三步：猜测 c/d 可能是一个接近3.1的定值，之所以每一次得到的结果不一样，可能是测量误差造成的。

第四步：利用几何画板作图软件，用圆的内接正多边形逐步逼近圆的周长，进一步体会 c/d 的特殊性；在此基础上，提供一些利用超级计算机测量 c/d 的相关资料，引导儿童进一步体会 c/d 的特殊性——其小数点之后部分的不规则性，并不是测量误差导致的，而是我们遇到了一个以前从未遇到过的奇特的数——无限不循环小数，它如此奇特，所以它值得拥有一个独一无二的名字，这就是 π！

第五步：得到圆的周长公式，即：$c=\pi d=2\pi r$。

现在，我们可以开始探索圆的面积。首先，通过圆内接正方形和外切正方形，估测圆的面积"大于 $2r^2$"，且"小于 $4r^2$"，如下图所示：

图4-8　估测圆的面积

其次，将圆平均分割成16份，拼接成一个平行四边形，进而得到圆的面积为 πr^2，如下图所示：

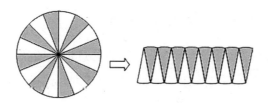

图4-9　用割补法近似度量圆的面积

然而，这个拼接而成的平行四边形显然有些怪异——底边并不是直线段，怎么办呢？是的，如果分割的次数越来越大呢？如果分割次数趋近于无穷大呢？通过想象力，我们可以直观自明地体会到：当分割次数趋近于无穷大时，拼接结果就会趋近于一个标准的平行四边形了！有了这种"无限分割"的想法之后，我们可以重新返回圆的内接正 n 边形，就会发现，随着边数的增加，一则误差会越来越小，二则如果以圆心为顶点，也可以将内接正 n 边形分割成 n 个小三角形，从而根据三角形的面积近似求出圆的面积。特别地，随着探索的深入，我们还会有更加惊人的发现：当 n 趋近于无穷大的自然数时，小三角形的底边就可以与圆周无限重合，利用圆的周长公式，就可以将 n 个小曲边三角形的面积之和求出来，从而得到圆的面积公式。在这次"思维探险"历程中，我们可以明显感受到我们的心跳在加速，可以隐隐约约地感受到"无限分割"和"极限思想"正在朝我们神秘地招手！如下图所示：

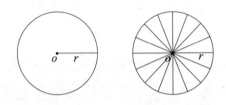

图4-10　用"无限逼近"思想理解圆的面积公式

现在，我们甚至可以追问：任意一个曲边平面图形的面积都可以度量吗？经由无限分割思想，我们几乎已经触及微积分的边缘了。

（四）对三维度量观念的发生学分析

基于一维度量和二维度量观念，我们的意识活动就可以继续生成三维度量观念。其核心问题仍然有三：如何确定基准？选择怎样的几何变换去度量？不同基准之间具有怎样的换算关系？

因为三维的长方体可以视作是二维的长方形在竖直方向上做平移变换时留下的轨迹，所以，具体的度量过程简洁而又清晰。我们只需要：选定一个单位小正方体为基准，然后进行平移变换——沿着长方体之长的方向平移基准，结果为 a；沿着长方体之宽的方向平移基准，结果为 b；沿着长方体之高的方向平移基准，结果为 c。那么，待测长方体显然就包含了 abc 个基准

（当然也可以进行拉伸变换）。如果结合长方体是如何从长方形动态变换而成的过程，我们也可以选择"$a \times b \times 1$"的长方体为基准，然后沿着竖直向上的方向进行平移或拉伸变换，从而也可以有效沟通体积与底面积和高之间的关系。

旋转体的体积问题显然要复杂一些，不过这并不影响我们探索的乐趣，圆柱、圆锥，还有球体都是非常好玩儿的几何体！我们可以用矩形、直角三角形和圆形为基础零件，通过各种有意思的旋转变换，实际操作加上思想实验，就可以利用想象力构造出各种旋转几何体；利用展开和拼接活动，也可以有效沟通平面图形与立体图形之间的关系。在这些丰富的游戏经验的基础上，我们就可以继续展开"创造发明"之旅了——以一个单位圆形为基准，利用平移或拉伸变换，就可以轻松得到圆柱的体积公式。圆锥的体积令我们颇费周折，综合数学和科学的双重功力，先猜想，然后再运用科学实验——排水法，可以验证：一个棱锥或圆锥的体积是其等底等高的棱柱或圆柱体积的三分之一。

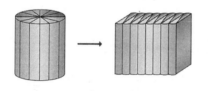

图4-11　用割补法度量圆柱体积

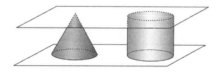

图4-12　用实验法度量圆锥的体积

利用无限分割的思想，我们可以初步体会创造球体体积公式的可能性路径，如下图所示：第一步，将球半径平均分成n等份，沿着水平方向，将半球切成n个小薄片，显然，半球体积等于n个小薄片的体积之和；第二步，如果小薄片的厚度无限趋近于0，那么，小薄片本身就无限趋近于一个圆柱体，所以，我们可以利用圆柱体的体积公式表示小薄片的体积，进而求和得到半球的体积。当然，这个过程已经涉及极限和微分思想了。

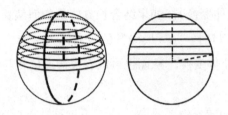

图4-13　用切割小薄片的方法探索球体体积公式

在得到球体体积公式的基础上，我们可以将球面进行"无穷分割"，然后以球心为顶点，以分割之后的球面上的小方块为底面，从而将整个球体分割成无限个曲底面小锥体，再综合锥体和球体体积公式，就可以推导出球面面积公式了。如下图所示：

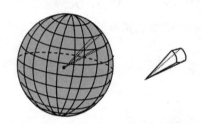

图4-14　用切割小锥体的方法探索球面面积公式

不难看出，在生成二维度量观念和三维度量观念时，除了意识主体之权能，以及直接给予的原初意义和原初自明性的综合作用，我们从中已经不难发现逻辑思维的力量了，不过，这并不是我们通常所说的欧氏几何的逻辑推理证明，因为，这里的逻辑都蕴含在操作性的动作之中，仍然具有直观的、直接给予的自明性。

（五）对欧氏几何观念的发生学分析

截止到目前，我们通过无意识的身体极化、意向性的感性直观与范畴直观，以及在此基础上的度量观念的建构生成，基础教育中的原初几何观念事实上都已得到了很好的立义和充实，这是一个基于原初意义和原初自明性的原初观念之建构生成过程。现在，我们以此为构成性的条件和基础，就可以着手建构欧氏几何观念了。其核心有二：第一，通过想象变更进一步充实已有几何观念；第二，基于意识主体已经建构生成的观念，在显现逻辑自明性的基础上，构建生成欧氏几何公理化系统。

1. 通过想象变更，充实点、线、面、体等基础性的欧氏几何观念

对于抽象化、形式化的欧氏几何而言，以度量为基础的前欧氏几何观念并不是谬误，恰好相反，它们应该是欧氏几何观念建构生成的前提和基础。前欧氏几何观念带有情境性，它们是具体的、可以操作的，在这个层次的意向活动中，我们可以自明地觉察到：点很小很小，直线很细、很直、很长，平面很薄、很大……但是，我们现在对这样的描述显然不太满意：一个点到底能够小到什么程度？一条直线到底能够细到什么程度，长到什么程度？一个平面到底可以薄到什么程度，大到什么程度？形形色色的多面体和旋转体到底是粗糙的手工制造物，还是完美的意识想象物？是的，这些问题仅仅凭借感性直观就有些无能为力了，但是，借助现象学的想象变更，我们就可以自明性地洞察到：无论一个点有多小，我们总是可以屏蔽其一切无关因素，使其在我们的想象中小一点、更小一点！而且，在这种想象变更中，"点"作为生活世界中的一个对象可以无限极化，最后，我们完全可以直观自明地洞察到：一个点想要多小，就可以多小，以至于它其实根本就没有大小——是的，没有比"一个没有大小的点"更加完美的点了！

同样的道理，一条直线可以很细，但是它总是可以在此基础上更细一点；它可以很长，但是它总是可以在此基础上更长一点。在这样的想象变更中，我们完全可以直观自明地洞察到：直线其实是没有粗细的，而且它可以无限延长，以至于它可以想要多长就可以多长，或者说，它总是可以比我们能够想象的长度更长一点——是的，没有比这"没有粗细、可以无限延长的直线"更加完美的直线了！

对于平面来说同样如此，它可以很薄，但是无论它多么薄，它总是可以再薄一点；它可以很大，但是无论它已经多么大了，它总是可以在此基础上进一步向四周延伸。在这样的想象变更之中，我们完全可以直观自明地洞察到：平面是没有厚薄的，而且可以向四周无限延伸——是的，没有比这更完美的平面了！

而且，我们还可以通过想象变更，进一步洞察点、线、面、体之间的本质关系。通常，点动成线、线动成面，这一切都仿佛是显而易见的。在特别的情况下，一个完美的长方形沿着一个与它垂直的方向平移一段距离，其运动轨迹就可以构成一个完美的长方体，而一个完美的圆沿着与它垂直的方向平移一段距离，就可以构成一个完美的圆柱。当然，我们还可以换一个思路，当一个长方形沿着它的一条边旋转一圈时，其轨迹也可以构成一个完美的圆柱；而一个完美的直角三角形沿着它的一条直角边旋转一周，其轨迹就可以构成一个完美的圆锥；一个圆沿着它的一条直径旋转半圈，其轨迹就构成了一个完美的球（面）……这一切都是直观自明地给予我们的。

当然，这些完美的欧氏几何观念并不是柏拉图意义上的"理型"，因为在柏拉图的世界中，不完美的"现象"与完美的"理型"是二元对立的。但是，通过现象学的立义和充实而构建起来的几何观念，彻底打破了二元对立的困局，它们从最初的情境化的身体经验，到感性直观的自明性给予，再到范畴直观的自明性给予，然后通过操作性的度量活动和基于想象变更的无限极化，每一个几何观念都从最初的本质性现象逐步生长成充实而丰盈的、直观而完美的欧氏几何观念。

2. 欧氏几何的公理化系统

一般认为，欧氏几何的公理化系统大致如下图所示：

图4-15　欧氏几何的公理化系统

这里的基本事实显然不应该是教材中的定义，或者通常所说的不证自明的公理。换句话说，它们是否构成了我们认知活动的基本事实，判断的标准不应该是外在的，我们需要针对教材中的每一个基本事实应用现象学还原的办法，回溯至原初生活世界，以直接给予的自明性为判准，追问其原初意义和原初自明性。在此基础上，通过范畴直观以及前文提到的图形运动和度量活动，使得每一个基本事实真正经历了一个不断得以立义和充实的过程，直至最终成为直接给予我们的、自明性的基本事实。

这里的探索与猜想也与常规说法有所不同。我们当然可以借助通常所说的操作性活动引导学习者进行探索与猜想，但是，通过上述分析，在整个几何观念建构生成的过程中，图形运动与几何变换应该是更为重要的探索与猜想之工具。例如，当我面对一个菱形的时候，我们可以借助平移运动，直观地洞察到两组对边的平行关系；我们也可以借助对称变换，直观地洞察到菱形有两条对称轴，以及两组对角分别相等，两条对角线不仅相互垂直且平分，而且每条对角线还可以平分相应的一组对角等；我们还可以借助旋转变换，直观地洞察到菱形是一个中心对称图形，对角线的交点就是菱形的对称中心……也就是说，进入欧氏几何以后，图形运动与几何变换思想应该成为最为重要的探索工具。

基于以上分析，我们显然已经意识到，这里的"证实或证伪"并不是通常所说的客观的形式逻辑推理，而是在原初意义和原初自明性的基础上得以进一步充实和丰盈的逻辑自明性。如果不能通过现象学还原，回溯至原初生活世界，使得遮蔽已久的原初意义和原初自明性如其所是地显现出来，那么，客观形式化的逻辑推理证明就可能陷入极端技术主义和功利主义，进而造成胡塞尔所说的"科学危机"。反之，如果能够基于原初意义和原初自明性使得逻辑自明性如其所是地显现出来，那么，作为意识主体的"我"，不仅可以如其所是地建构生成欧氏几何观念，而且，还可以成为理性精神的责任人与承担者，从根本上解决科学危机，甚至真正避免科学危机的出现。

最后，当我们证实或证伪了一个命题之后，我们自然可以同步考虑它的逆命题，并应用上述思路去证实或证伪它。

（六）欧氏几何的先验发生学模型

基于以上分析，我们可以得到如下"欧氏几何的先验发生学模型"：

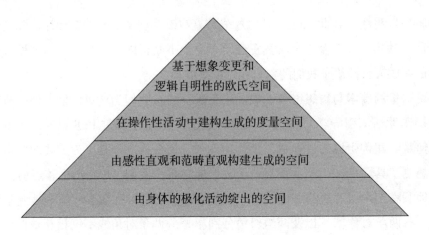

基于想象变更和
逻辑自明性的欧氏空间

在操作性活动中建构生成的度量空间

由感性直观和范畴直观构建生成的空间

由身体的极化活动绽出的空间

图4-16　欧氏几何的先验发生学模型

　　这个模型的最底层是由梅洛－庞蒂的《知觉现象学》所揭示的"身体绽出的空间"，在具体的生活情境中，我们无意识地极化自己的身体，或者说自如地运用自己的身体解决问题与承担任务，在此过程中，意识主体通过自己的身体绽出了一个"独特的空间"——既不同于由笛卡尔和牛顿所界定的"客观空间"，也不同于一般心理学意义上的"主观性空间"，但是，它却构成了"客观空间"和"主观性空间"得以被理解和解释的居先的条件和基础。这显然是最新的认知心理学和传统的认识论哲学都忽略了的自明性事实。

　　在由身体绽出的空间中，意向性意识活动得以展开。事物的空间性通过感性直观和范畴直观得以自明性地向我们显现，在具体的操作性意识活动中（例如前文提到的一维度量、二维度量和三维度量等），事物的空间性得到进一步的证实或证明。虽然胡塞尔并没有特别关注"身体问题"，但是，此模型下面三层所涵盖的无意识与意向性活动显然都是由原初意义和原初自明性所推动的。当然，在有些操作性的意向性活动中，显然已经有了逻辑自明性的萌芽。

　　在欧洲文明的长河中，欧氏空间看似一种完全客观化的空间，它的科学性建立在以逻辑推理证明为核心的公理化系统之上，但是，这恰恰造成了胡塞尔所说的"欧洲科学危机"！在上面的模型中，我们可以沿着欧氏几何公理化系统的起点——公理（或基本事实）继续回溯到原初生活世界，让遮蔽已久的原初意义和原初自明性如其所是地显现出来，并以此作为我们意识活动的内在推动力，进而借助想象变更和逻辑自明性，就可以建立基于先验现象学发生学的新欧氏几何学。

而在传统的几何教学中，面对点、线、面、体这样的观念，多半认为是不需要思考、只需要记住的"客观定义"。这样的教育观点显然是贻害无穷，因为它从一开始就严重忽视了学习者作为意识主体的权能或主观能动性。当然，如果我们追问定义是何以可能的，经验论者会认为，这些定义不过是对后天经验的归纳与综合。然而，变动不居的经验并不可靠，在休谟看来，经验之间的因果性只不过是建立在习惯之上的联想，这必然会导致最彻底的怀疑主义。胡塞尔在康德理论理性批判的基础上，通过现象学的先验还原，进入先验意识活动的原初生活世界，将意识主体的权能（内在的能动性）与意识对象的直观自明的直接给予性作为一切意识活动的"绝对起点"，从而揭示了基于原初自明性与逻辑自明性的意识生成规律。唯有经历了这个先验发生学分析之历程，教师才有可能真正激活"教师之教的几何意识"。

限于篇幅的原因，有关数与代数部分的先验发生学分析就不在这里赘述了。至此，我们可以宣称：在"教师－知识－学生"三位一体的教育生活世界中，教师已经从观念知识的角度，先验地抵达"教之先对教的拥有"，激活了教师之教的数学意识。但是，真正的教育是一个双意识主体相互激活的"教－学"结构，所以，如果教师不能从学生认知发展规律的角度抵达"教之先对教的拥有"——也就是还不能有效激活教师之教的学生意识，那么，教师之教的意识就还不能算是真正被激活，当然就更不可能以教师之教的意识有效激活学生之学的意识了。所以，我们还需要继续进行个体发生学分析。

第二节　经由认知心理学激活教师之教的学生意识

教师之教的数学意识虽然是教师专业意识的重要组成部分，不过在"教师－知识－学生"三位一体的教育生活世界中，教师必须有效激活学生之学的意识，这就需要教师深入了解不同年龄阶段儿童的认知发生发展规律——一旦教师不能了解儿童脑海中的已有经验，以及儿童的认知发展规律，那么，教师就不可能有效激活学生之学的意识，这一切正是教师之教的学生意识的全部内涵。由此可知，教师之教的学生意识也同样具有逻辑在先性，只不过它并不等同于通常所说的"经验性地了解学生"。本研究表明，唯有经过个体发生学分析，才有可能真正激活教师之教的学生意识。

提及个体发生学，我们无法绕开皮亚杰的认知心理学或发生认识论，但是，这里的分析并不会仅仅限于皮亚杰的视野。一方面，由于我们与皮亚杰的研究目的不同——早期皮亚杰的焦点是关注不同阶段儿童的认知发生发展规律，而我们是希望借助洞察儿童认知发生发展规律，然后在此基础上开创出理想的数学教育，或者说，我们会在关注儿童认知发生发展规律的基础上，特别强调教育的价值，这就使得我们的临床诊断与分析自然地拥有了维果茨基的视角。另一方面，不管皮亚杰怎样强调自己并不是心理学家，而是发生认识论者——他强调自己所创立的学问是发生认识论哲学，而不是自然科学意义上的心理学。但是无论如何，他的研究方法是倾向于实证的、经验的，所以，如果以胡塞尔的视角观之，皮亚杰的研究过程及其成果肯定带有浓厚的自然态度之色彩。经由第一章的分析，我们已经知道，由"教师－知识－学生"构成的三位一体的教育生活世界，既不是纯粹的先验世界，也不是仅仅由感性杂多所构成的经验世界，而是超越先验和经验的实践性的教育生活世界。所以，这里论述的"个体发生学"其实是一座桥梁，桥梁的一头是由先验发生学构成的先验世界，桥梁的另一头则是实践性的教育生活世界。先验发生学是个体发生学存在的基础，其逻辑在先性决定了：如果教师不能经由先验发生学激活教师之教的数学意识，那么，个体发生学就有可能陷入经验杂多的泥沼之中，以至于寸步难行；反之，在明晰的先验发生学的基础上，个体发生学不仅可以超越皮亚杰的发生认识论——仅仅聚焦儿童当下已经拥有的认知发展水平，而且，也可以超越维果茨基的认知发生学——儿童在"最近发展区"中所具有的可能性。事实上，唯有扎根于先验发生学的个体发生学才有可能真正激活教师之教的学生意识，从而使得在"教师－知识－学生"构成的三位一体的教育生活世界中，教师之教的意识激活学生之学的意识成为可能，"教－学"意识的有效联结成为可能。而这一切正是中小学数学教师专业意识发展的真正靶心。

一、以3~12岁阶段的几何游戏为例，探索教师之教的学生意识的发展路径

对于刚刚降生的婴儿来说，他自己就是他的"全部世界"，他的全部世界也就是"他自己"，这是一个主客不分的混沌世界。然而，皮亚杰却指出："如果说儿童能部分地解释成人，那么我们也能说儿童的每一发展阶段能部分地解释随后发生的各个阶段。这在语言还未出现时期是特别明显的。我们称这一时期为'感知－运动'时期，因为婴儿还缺乏象征性的功能，即是说，当某人或某物不在前面时，他还不能引起对这人或这物的表象。尽管他有这样的不足之处，但他的头十八个月的心理发展是特别重要的，因为在这一期间他建成了所有的认识基础，作为他日后知觉发展和智慧发展的起点。"[①]也就是说，婴儿的混沌期并未持续太久，突然有一天，当妈妈将他的玩具用床单盖住时，他就会哇哇大哭。再过一段时间，当妈妈重复这个动作时，儿童不再哭了，而是自己动手，掀开床单，重新把玩具拿在手中。在0~2岁期间，婴儿看似什么也不懂，但是事实上，他们每一天都在发生着惊人的变化。随后，在3~6岁期间，随着儿童的模仿、早期绘画、游戏，特别是语言能力的发展，儿童会形成一个"表象性的空间观念"。

（一）3~6岁阶段的几何游戏

游戏1：给老师（或妈妈）和自己画像

游戏材料：画笔，纸张若干。

适龄儿童：3~6岁。

游戏参与者1：M3（3岁5个月）。

---

① J. 皮亚杰、B. 英海尔德：《儿童心理学》，吴福元译，商务印书馆，第5页。

图4-17　M3的老师画像

当老师请M3给她自己画像时，她回答说"不会"。在老师的帮助下，她开始描述自己给老师画的像：最上面的两个圆圈（中间有点）是老师的两只"眼睛"，眼睛下面的一条横线是"嘴巴"，嘴巴左右的线是"两只手"，眼睛下面的竖线是"长长的脖子"。一分钟之后，她又在最下面补上了两只"脚"。

分析：以皮亚杰的视角观之，M3的空间几何观念，处于"拓扑几何"阶段。拓扑几何的空间位置关系，主要包括：相邻、次序、分离、封闭、连续等。在M3的作品中，两只眼睛是相互临近的（相邻关系），眼睛在嘴巴的上面，脖子在嘴巴的下面（次序关系），两只手在左右两边（分离关系），等等。这些特征都表现出了几何图形中各元素之间的拓扑关系。以现象学的哲学态度观之，M3不仅可以通过感性直观自明地获得"老师作为一个事物"所给予她的多种样态，并从这些多种样态中"看"到老师最初的同一性。而且，她还能够通过范畴直观，诸如"这是老师的眼睛""这是老师的脖子""这是老师的脚"等，对老师这个意识对象进行持续地立义和充实。她之所以不能"给自己画像"，是因为她虽然一直在具体的情境中有效运用自己的身体，但是，她此时只能运用自己的身体去极化世界——"她自己的身体"实在太过特殊了，完全不能如同"老师的身体"或者情境中其他事物，可以直观自明地给予她。

游戏参与者2~3：小瀚（5岁6个月），维维（5岁9个月）。

图4-18 一家人

上面左图是小瀚的作品，他表达的意思是：天空晴朗，太阳发出光芒，爸爸、妈妈和小瀚去一个果园采摘苹果。右图是维维的作品：在茫茫的大海上，有一个大大的石头，三条美人鱼(左边是妈妈，右边是爸爸，中间是自己)站在石头上跳舞。

分析：以皮亚杰的视角观之，两个儿童几乎是完美地运用了自己的拓扑几何观念——临近、分离、次序和封闭等关系都得到了清晰地体现。同时，画中的果树、鲜花、草地、石头、海浪等，也具有了一些写实的特征，而与写实对应的几何学，往往就被认为是欧氏几何。不过，这个阶段儿童的欧氏几何观念，并不是通常人们所说的纯粹形式化的欧氏几何观念，而是生活化的、具体的、物理性的前欧氏几何观念，在作品中体现为一个完整的、情境化的、充满想象力的生活世界。同时，由于他们内在认知结构处于静态的表象阶段，所以，他们通过视觉感知到的外部世界的形态，能够在改变时间和空间之后，依据头脑中的表象结果，通过绘画的方式呈现出来。但是，他们暂时还不能"看到"自己，或者说，他们内在认知结构的发展水平，还不足以表象出他们"自己的个性"。所以，他们画出的自己是"无自我"的，只不过是"小一号"的爸爸或妈妈。以现象学的哲学态度观之，两个儿童不仅可以借助直观自明地觉察到爸爸、妈妈各自的同一性，而且，借助移情和交互主体性，他们也能够直观自明地觉察到他们与父母具有"家族相似"的同一性。

游戏2：触摸图形

游戏材料：20厘米长的细木棍，纸板裁剪而成的三角形、正方形、长方形、圆形、椭圆形、菱形、普通四边形、五角星，折尺，等等。

游戏步骤：

（1）设置一个屏风，在屏风上打开两个圆孔，儿童的两只手可以穿过圆孔到达屏风的背面。

（2）老师在屏风后面提供一个玩具给儿童，儿童只能用自己的双手触摸玩具，而不能用眼睛看到玩具。

（3）等儿童充分触摸之后，请儿童说出玩具的名称，并在纸上画出他们刚才摸到的玩具。

适龄儿童：4~6岁。

游戏参与者：越越（4岁11个月），小瀚（5岁7个月）。

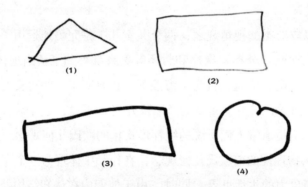

图4-19　越越盲摸之后画出的平面图形

以上四幅图是4岁11个月的越越通过盲摸之后在纸上画出的图形。图（1）是三角形，图（2）是正方形，图（3）是长方形，图（4）是圆。他不能区分直角三角形与非直角三角形。当他摸到一个圆形纸板时，他说是"椭圆"，但是他在纸上画出来的图形却又更接近圆形。而且，当他摸到菱形、梯形和五角星时，他回答说："不知道这是什么图形。"

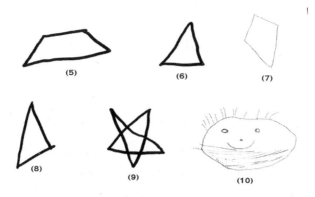

图4-20 小瀚盲摸之后画出的平面图形

图（5）~（10）是5岁7个月的小瀚的作品。图（5）是梯形，图（6）是一般三角形，图（7）是菱形，图（8）是直角三角形，图（9）是五角星，图（10）是椭圆（画好椭圆之后，他可能觉得不好看，就继续将其"加工"成了一张笑脸）。事实上，对于小瀚所摸到的所有常见平面图形，他都可以画出来。不过，虽然他能够通过盲摸区别直角三角形和非直角三角形，而且他画出来的两个图形也具有明显的区别，但是当老师问他图（6）、图（7）叫什么时，他的回答都是"三角形"。当他摸到正方体、圆柱和圆锥时，他画出来的图形如下：

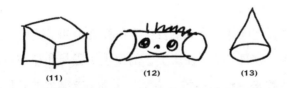

图4-21 小瀚盲摸之后画出的立体图形

图（11）是正方体，图（12）是圆柱体，图（13）是圆锥体。当越越摸到这几个图形时，他能说出它们的"名字"，但是，他直接告诉老师说："我不会画。"而小瀚的作品已经具备了一点点儿"立体感"，只不过，这种立体感是视觉和静态表象相结合的产物，而不是依靠抽象的欧氏几何观念表现出来的。

　　一般来说，4~7岁的儿童，开始从"拓扑空间"阶段向"前欧式（物理）空间"阶段过渡。前文已经提到，前运算阶段的儿童（3~6岁），一开始只能建构生成拓扑式的图形观念。但是，儿童何时能在一个圆内画出它的内接三角形呢？何时能够画出两圆相切或者相离呢？何时能够准确地画出菱形，而不是仅仅将两个三角形拼接在一起呢？这些问题看似只需要临近、分离、封闭等拓扑关系就可以解决了，但其实不然，儿童画出这些图形，的确需要体现某些拓扑关系，但更需要刚性的欧氏几何观念。但是，刚性的欧氏空间观念仅仅依靠"观看"是远远不够的，它需要儿童对物体施加动作，以及对自己的动作本身进行协调——儿童需要通过手指，沿着物体的轮廓在空间中进行触摸，以及对触摸动作的协调，才能构造出形状观念。而且，偶然性的动作并不能达到构造形状的目的，儿童的动作必须有一个参照点——儿童在触摸时，可以从一个点出发，沿着顺时针或逆时针绕行一周，能够重新回到起点，这个点就是"参照点"，以此检验和协调图形中的各种关系。在这样的活动过程中，儿童的动作必须要能够返回到参照点，这显然是一种具有可逆性的动作。儿童的内在认知结构只有具备了可逆性，他们才能根据直线与曲线、角度的大小、边的长短、平行或者相交等刚性关系表象图形，构造出初步的欧氏几何图形。通过前面的游戏和游戏分析，我们可以清晰地看出儿童表象性空间观念的生长脉络。

　　皮亚杰对儿童空间几何观念的发生学研究得出如下结论：一方面，几何学（也包括代数、物理学等）在历史上的发生历程与儿童在自己的大脑中建构几何观念的历程是一致的；另一方面，儿童在2~4岁的几何观念几乎全部是拓扑性质的，而随后几年，儿童的拓扑观念逐步消失，最终形成欧氏几何空间观念。但是在几何学历史上，拓扑几何学的诞生却是近现代的事情，远远晚于欧氏几何的诞生。这到底是怎么回事呢？这个问题几乎成了几何发生学研究领域里的一个"悬案"！从数学发生学的角度讲，任何知识都不是预成的，而是在主客交互作用的"动作"或"运算"中，由主体"创造发明"的。那么，3岁左右儿童的拓扑空间观念，是否是儿童主动建构生成的呢？4

岁以后的儿童，为何在拓扑空间观念的内在认知结构的基础上，"创造发明"了前欧氏几何空间观念，而不是更加抽象化和形式化的高级拓扑几何理论呢？之所以称之为"悬案"，是因为皮亚杰指出了这个现象，但是并没有给出合理的解释。而柯普兰在《儿童怎样学习数学》一书中，只是用实验重复验证了皮亚杰提出的现象，在解释层面仍然没有丝毫的突破。而根据我们的研究，这种略显反常的现象也许可以解释为：对于感知运动阶段的儿童来说，虽然他们像成人一样生活在一个由各种玩具、家具、房屋、父母亲人、有限的物质生活空间等构成的一个刚性的欧氏几何空间里，但是由于他们内在认知结构的简单和弱小，这个刚性的物理空间对他们是"没有意义的"，他们的"有意义的世界"（关乎他们的情绪、情感、需求、游戏、认知发展等）是碎片化的、动画片式的魔幻世界。所以，当他们从挥动画笔乱涂乱画并自得其乐，到可以画连续的弧线，再到创作出能够清晰显现临近、分离、次序、封闭、连续等关系的拓扑式绘画时，一方面体现了儿童认知客观世界的巨大进步，另一方面也有力地反驳了传统的"预成论"——既不是儿童头脑中先天的"完美世界"在某个特定时刻被唤醒并突然涌现，也不是客观世界被儿童的大脑像照相机一样，直接地如实反映在儿童的头脑中。儿童的几何观念，是在主客交互的动作中，由儿童自己建构生成的，或者说想象的、"创造发明"的。3岁左右的儿童，依据自己的内在认知结构所创造的空间观念世界，就是一个"拓扑性的世界"。然后随着初期绘画、游戏、模仿、语言等表象能力的发展，儿童进入前运算阶段，这个阶段的表象智慧一方面表现为"静态性"，另一方面表现为一定程度的"整体性"。而恰恰是静态性，使得儿童之前的"动画片式的世界"得到某种程度的固化；"整体性"使得儿童之前的"碎片化的世界"，获得某种程度的系统性和连续性；至于临近、分离、次序、封闭等拓扑关系，也同步表现为一种欧氏空间关系。但是，由于这个阶段儿童的思维还不具备可逆性，所以当他们的空间观念逐步向欧氏几何过渡时，某些拓扑几何特性仍然保留着，一直持续到8~9岁。所以，我们认为：低龄儿童的"拓扑空间观念"并没有消失，消失的只不过是碎片化的、动画片式的低级图形特征；而以临近、分离、次序等为表现特征的拓扑关系，持续发展成为更加高级的欧氏几何空间观念。低龄儿童的拓扑空间观念本质上是一种"前欧氏几何空间观念"，它的更高级的形态不是抽象的、形式化的理论拓扑几何。恰恰相反，理论化的拓扑几何系统，应该是形式完备的欧氏空间的更加高级的发展形态。也就是说，儿童的几何观念发展遵循的规律是，从早期具体的拓扑几何空间观念，到欧氏几何空间观念（包括6~12岁的前欧氏几何空间观念），再到理论化的拓扑几何空间观念。我们的个体发生学实验研究可以很好地证实这一点。

也许，以上研究和分析具有不可避免的自然态度的色彩，如果以现象学的哲学态度观之，我们自然会问：儿童何以会有如此表现？在内外交互的活动中，儿童作为意识主体的主体性何以体现？或者说，具有权能的意识主体是如何萌芽并生长的？当然，这些问题也许溢出了先验意识发生学的范畴，不过，当我们试图贯通先验发生学与个体发生学时，这些问题又根本无法避免！事实上，面对这些问题，胡塞尔的先验现象学也许的确"捉襟见肘"。但是，梅洛－庞蒂的"身体现象学"却具有无与伦比的洞察力：儿童总是在无意识中运用自己的身体，在每一个具体的生活情境中试图"解决"他们遇到的问题，他们在极化自己身体的同时，也在同步极化着世界。也就是说，正是儿童无意识的极化身体和世界的活动，形成了他们有意识的意识构造活动的构成性条件和基础。

这一领会对于幼儿和小学低段的几何教育"教－学"意识的联结，具有重要的启发意义：

第一，这个阶段的几何课，其实就是绘画课和手工创作课，试图将欧氏几何观念提前下移的做法是无效的。课程的形态是活动的、游戏的、自由的，那些展示性的、语言说教性的做法，应限制在课程可以正常展开的限度之内。

第二，对于年幼儿童，活动是绝对自由的，他们可以通过乱涂乱画乐在其中。对于年龄稍大的儿童，如5~8岁，绘画和手工作品是他们的另一种语言，他们通过自己的作品，自由地表达自己的情绪、情感、思维活动和意识想象。作品完成时，父母或老师可以引导儿童用语言描述一下他们"创作的故事"，但绝对不能用"像不像""对不对""是不是真实""合不合理"等成人标准，对儿童的作品横加评价。儿童用他们自己的内在认知结构解释和描述他们的世界，而他们的认知结构跟成人有着本质性的差异。当成人用自己的标准去对儿童的作品评头论足时，对儿童的隐形伤害是致命的，而且几乎是不可逆的！其实，每一个儿童天生就是一个天才的画家，我们成人之所以看不懂他们的作品，不是因为儿童太蠢、太笨、太低能，恰恰相反，是因为我们自己已经丧失了那颗金子般的、最最纯真的童心，且不自知！

第三，父母与老师应该同时把握好自由、兴趣爱好与挑战性、自我成就感之间的关系。前者是儿童健康成长的基础，但是，一旦缺失了后者，儿童就会"缺钙"，过度溺爱会把儿童培养成温室中的花朵，甚至是"一头快乐的小猪"！就拿绘画来说，当儿童9岁左右时，色彩搭配原理、透视、写生等就应该可以学习了，这是与儿童内在认知结构的发展相一致的，提前了，会拔苗助长；滞后了，会扼杀儿童无限的可能性。二者皆不足取。

（二）6~12岁阶段的几何游戏

在人们的习惯性思维中，基础数学教育中的几何问题，都属于欧氏几何的范畴，这种认识是否合适呢？欧氏几何学具有怎样的特征呢？整个小学阶段的空间几何观念，具有怎样的特点呢？它们是怎样在儿童的头脑中慢慢生长起来的呢……相信通过下面一系列好玩的游戏，我们能够对以上问题拥有更为清晰的认识。

游戏3：离散量守恒

"离散量"，简单说就是相互之间是独立存在的量。比如围棋子，即便它们紧紧地贴在一起没有分开，它们仍然属于离散量，而一根木棍则可以看作"连续量"。"离散量守恒"，简单来说就是一些独立存在的物体，它们的排列次序或者摆放形状虽然改变了，但是它们的数量却保持不变。

游戏材料：磁力棒、围棋子若干（可用其他材料代替）。

适龄儿童：4~7岁。

游戏参与者1：冬冬（4岁2个月）。

游戏过程：

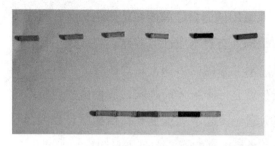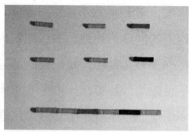

图4-22　冬冬的磁力棒游戏

冬冬手里有6根磁力棒（因相互吸引而连接在一起），妈妈也拿出6根磁力棒（也是连接在一起的），妈妈让冬冬数清楚，并确认妈妈和她的磁力棒一样多。然后妈妈把自己的磁力棒隔开摆放（如上左图的上边一行）。

妈妈："我们的磁力棒一样多吗？"

冬冬："不一样。"

妈妈："谁的多？"

冬冬："妈妈的多吗？"（显得很不确定，想寻求妈妈的确认）

妈妈："你可以数一数啊，看看妈妈有几个磁力棒？"

冬冬用手指点起数来，但是隔着一定的距离，并没有逐一指到每一根磁力棒。

冬冬："7个。"

妈妈表示质疑，让她再数，她还说7个。

妈妈用手指逐一指着每一根磁力棒，让她来数。

冬冬："6个。"

妈妈："我们一样多吗？"

冬冬开始试图把自己的磁力棒，也像妈妈一样分开摆放。但是因为磁力棒之间会彼此吸引或排斥，摆弄了一阵儿没成功，于是她放弃了。转而把妈妈的磁力棒又连接起来。

冬冬："一样多！"

妈妈再把自己的磁力棒隔开摆放。

妈妈："一样多吗?"

冬冬："一样多。"(同时又把妈妈的磁力棒连接起来)

妈妈把自己的6根磁力棒分成两组,每组3根,如图4-22的右图,然后问:"一样多吗?"

冬冬："一样多。"(同时又把妈妈的磁力棒连接起来)

分析:冬冬妈妈说,冬冬以前在点数一堆物体的数量时,基本不会出错,她不太明白的是,冬冬一开始数磁力棒时,为什么会两次数错。而在靠后的几次提问中,冬冬又都能比较稳定地回答"一样多",并试图把妈妈的磁力棒,变成和自己的磁力棒相同的形状,说明冬冬想要通过自己的操作活动,来验证答案。

现在的问题是,冬冬是否建构生成了离散量守恒观念呢?为什么一开始会数错,而后来的回答又基本没有问题呢?这种前后不一致的现象怎么解释呢?一般来说,"离散量守恒"与"科学的数观念"是同步发生的,从游戏过程来看,冬冬还不能理解科学的数观念。她以前点数物体数量时之所以不会出错,可能是因为她把"机械计数"本身当成了一种游戏,而且能够从这种游戏中无意识地获得某种乐趣(诸如:节奏、韵律等),所以她才不会出错。但是,这一次却不同。冬冬需要借助"机械计数"这个工具,去做出一个认知判断:排列不一样的两行磁力棒的数量是否相等?这对冬冬来说,显然是一个新挑战,所以她才会出错。冬冬妈妈说:"冬冬尝试把自己的磁力棒也分开摆放,是一种动作尝试,虽然由于其他原因失败了,但能看出这是她的动作智慧。"真实的情况也许是,她的尝试其实只是试图模仿妈妈的动作,模仿肯定算是一种"动作智慧",但依此判断冬冬已经能通过动作——把分开摆放的磁力棒恢复为连续的——来证实自己磁力棒和妈妈的磁力棒一样多,也许是过度分析,因为纯粹的模仿与有意识的证实行为,有着本质的差异。单纯的模仿不需要可逆性,而证实必须建立在可逆性的基础上。冬冬后来多次回答"一样多",并想要通过改变磁力棒的形状进行验证,其实仍然不是验证,而是模仿,这种模仿一方面是因为多次重复游戏导致的,另一方面磁力棒之间的吸引力可能对冬冬的模仿行为是一种无意识的诱导,应该还不是冬冬主动的、有意识的验证行为。一般来说,4岁儿童还无法理解"离散量守恒"，更不能理解"长度守恒"。当然，从冬冬妈妈的描述过程来看，冬冬在整个游戏过程中是愉悦的，这种愉悦来自她通过模仿解决问题之后的成就感。

游戏参与者2：小瀚（5岁4个月）。

游戏时间：2014年11月22日。

游戏过程：

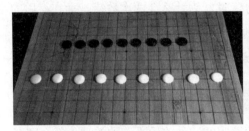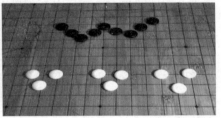

图4-23　小瀚的离散量守恒游戏

老师先在桌子上摆了一行黑棋子，共9颗（上左图中的黑棋子），然后对小瀚说："请摆出一行同样数目的白棋子。"小瀚居然摆出了出人意料的形状（上左图中的白棋子）！

老师："为什么摆成这样？"

小瀚："一样多啊，白棋子看上去要长一些，只是它们之间距离大一些，我数过了，都是9颗。现在你闭上眼睛吧。"

过了一分钟，当老师听从小瀚的"吩咐"睁开眼睛时，居然看到了上右图的图形。老师大吃一惊地问道："这是什么意思啊？"

小瀚非常肯定地说："白棋子和黑棋子的形状虽然不一样，但它们肯定是一样多的！"

分析：这个游戏，小瀚已经很熟了，老师以前陪他玩过多次，只不过每次都是由老师或者小瀚按照老师的要求，改变棋子排列的形状，然后由小瀚回答问题。今天的游戏活动说明：

（1）小瀚经过多次游戏活动已经理解，白棋子的排列变长了，只是因为间距变大了，黑棋子与白棋子的数量其实是一样的，他已经理解了离散量守恒观念。

（2）他已经不再满足于被动地回答问题，而是试图自己去"掌控"游戏活动。虽然这种掌控，还带有某种模仿的性质，但从儿童探索世界的主动性而言，仍然具有某种突破性。

（3）游戏活动可以有效地协助儿童建构数学观念。一般来说，儿童在6岁左右才能建构生成离散量守恒观念，从时间上来说，小瀚显然是提前了。

儿童的离散量守恒观念，一般会经历三个发展阶段。

第一个阶段是萌芽期。儿童可以通过"一一对应"的方法，判断形状或排列不同的两堆物体的数量是一样的。但是，如果让儿童直接判断，他会在视觉影响下做出错误的判断。甚至，即便儿童已经通过"一一对应"的方法，判断物体数量是"一样的"，随后再接着询问"是否一样多"时，儿童仍然会回答"其中一堆多一些（视觉）"，仿佛前面做出"一样多"的判断跟他毫无关系。但是，不管怎么说，儿童已经可以运用"一一对应"的观念，判断两堆（行）形状不一样的物体，在数量上是相同的，这就说明，"守恒观念"已经在儿童的脑海中，冒出了"嫩芽儿"。

第二个阶段是生长期。虽然儿童在直接判断的情况下，会认为"看上去"数量不同的两堆（或行，或其他形状）物体，就是不一样多的，但是，儿童不仅能够用"一一对应"的方法，而且能够使用"机械计数"的办法，判断两堆物体的数量的确是一样多的。而且，如果随后再直接追问"是否一样多"时，儿童能够克服视觉上的影响，做出跟"视觉结果"完全相反的判断。

第三个阶段是成熟期。儿童可以不经过动作操作，就能够克服视觉上的影响，直接根据物体的数量做出准确的判断。而且，儿童还能够应用此观念尝试解决其他问题。

游戏4：木棍的长度

游戏材料：大约1.5米长的木棍。

游戏步骤：

（1）请儿童跟木棍比高矮。

（2）把木棍移动到较远的地方，请儿童判断木棍的长度是否发生改变？

游戏目的：协助儿童建构生成长度观念。

适龄儿童：5~7岁。

游戏参与者：小瀚（5岁4个月）。

游戏过程：

老师出示一根约1.5米长的木棍，问："小瀚，这根木棍比你高还是比你矮？"

小瀚拿过去跟自己比了比，然后说："比我高啊。"

老师把木棍拿到离他大约40米之外的地方，问："小瀚，木棍现在变高了，还是变矮了，还是没变化？"

小瀚："没变化。"

老师："为什么？"

小瀚："看上去好像变矮了，但是，还是原来那根木棍啊。"

老师："当我们站在马路边上，看到红色的小汽车越跑越远，而且也会变得越来越小，这是为什么呢？"

小瀚："如果我们也开车，而且跟它一样快的时候，它就没有变啊。"

分析：儿童2岁左右，就已经获得了"永久客体"观念。当然，那是静态的客体不变性。这个实验，跟透视问题相关，而且涉及动态的客体不变性问题。不管是远离的木棍，还是远离的红色汽车，视觉上，越变越小是一个"铁一样的事实"，但是，小瀚已经可以克服视觉上的干扰因素，而依据自己的内在认知结构，做出正确的判断。我最后提出的那个问题，的确有点儿强人所难了，因为这涉及眼睛（凸透镜）的成像原理。但是小瀚依据自己的日常生活经验（妈妈每天都会开车接送他上幼儿园），给出了"神奇的答案"！

游戏5：蚂蚁走路

游戏材料：磁力棒、珠子和火柴若干。

游戏步骤：

(1)假设让两只蚂蚁分别通过三组由磁力棒或火柴组成的道路（如图4-24、图4-25所示，每组有两条道路），问：两只蚂蚁走过的道路是否一样长？

（2）将路径改为直接画在纸上的直线和折线，询问：两只蚂蚁走过的道路是否一样长？

适龄儿童：4~7岁。

游戏参与者1：冬冬（4岁5个月）。

游戏过程：

图4-24 冬冬的"蚂蚁走路"游戏

妈妈（指着磁力棒问）："我用磁力棒和珠子摆了如上左图的形状，小黑蚂蚁和小白蚂蚁分别沿着两条路比赛跑步，比赛结束时，它们跑得一样远吗？"

冬冬："一样远。"

妈妈："我把一组磁力棒变换了形状，结果如上中图，它们跑得一样远吗？"

冬冬："不一样远。"

妈妈："谁跑得远呢？"

冬冬："小黑蚂蚁。"

妈妈再把磁力棒变回左图的模样，重复上述过程，冬冬给出的答案是"一样远"。

妈妈再把磁力棒调整为右图的模样，重复上述问题，冬冬仍然说小黑蚂蚁跑得远。

分析：按照冬冬妈妈的说法，冬冬肯定不具备长度守恒观念，不管是回答"一样"（左图）或者"不一样"（中图），冬冬的判断依据都是视觉化的。在冬冬的内在认知结构中，还没有形成"长度守恒观念"。在左图中，冬冬依据视觉回答说"一样"，如果妈妈继续追问"为什么"，冬冬可能会说，它们看上去就是一样的。当然，如果妈妈继续追问，她也可能去"点数"，或者"手拉手，找朋友"（一一对应），然后做出"一样"的判断。这些认知过程表面上不一样，但是，本质上并无差异，都是冬冬内在认知发展水平的真实反映。在中图，冬冬之所以会回答"小黑蚂蚁跑得远"，是因为在图片上端，相对右侧赛道而言，左侧赛道向上延伸得更多一些，看上去的确"更远一些"。如果妈妈引导冬冬观察图片下端，估计冬冬也会做出同样的回答，因为凑巧左侧赛道下方也要延伸得多一些。如果妈妈保持图片上端两个点的相对位置不变，而将右侧赛道的起点向下延伸得多一些（相对左侧赛道的起点而言），冬冬可能就会改口说，小白蚂蚁跑得远一些。这一切都说明，当儿童处于与冬冬类似的认知发展阶段时，他们的距离观念还深受视觉因素的影响和控制。

游戏参与者2：小瀚（5岁4个月）。

游戏时间：2014年11月22日。

游戏过程：

图4-25　小瀚的"蚂蚁走路"游戏

老师提供了火柴若干，并摆成上面显示的三组图形，每组图形有两条道路。

老师："这里有两条道路（上左图），两只蚂蚁各走一条道路，它们走的路程一样吗？"

小瀚："肯定一样啊，两条路都是由5根火柴组成的呀。"

老师："如果道路变成这样呢？"（上中图）

小瀚："还是一样的，虽然这条路（右侧）拐弯了，但还是用5根火柴组成的。"

老师："如果变成这样呢？"（上右图）

小瀚略微迟疑了一下，然后说："一样的，两条路都是弯的，不过，它们都是由5根火柴组成的。"

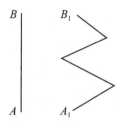

图4-26 小瀚的变式"蚂蚁走路"游戏

然后，老师在一张白纸上画出上面这组图形，问："一只小蚂蚁从点 A 爬到点 B，另一只蚂蚁从点 A_1 爬到点 B_1，谁爬的路程远一些？"

小瀚："一样远啊。"

老师非常惊讶，一条道路是直线，另一条是弯路，再加上前面的回答都"毫无问题"，现在怎么出现问题了呢？太意外了！但是，老师还是努力掩饰了一下自己的惊讶，继续问道："真是一样远吗？你用手比划比划怎么样？"

小瀚的确用手比划了一下，然后说："如果把这一条（右侧）'拉直了'，它就远一些；如果不动，两条路就是一样远的。"

分析：这的确是个令所有成人都惊讶不已的现象，为什么会这样呢？我认为原因也许有两点。其一，前一个问题中，火柴棍是具体的物体，儿童不仅可以"看到"，而且可以操作它、摆弄它，是一个可以通过"动作"进行认知的问题。在后一个问题中，道路 AB 和 A_1B_1 是老师画在纸上的，儿童只能通过视觉"看到"它，而不能通过具体动作"操作"它。这再次说明，早期儿童的智慧，是偏向"动作性"的，而非成人式的"大脑运算"。其二，在前一个问题中，单个火柴实际上充当了"测量单位"的作用，儿童总是首先"会使用"某种工具或者观念，但是，一开始的使用，往往是"无意识"的，他们还不能有意识地对"测量单位"进行聚焦。也就是说，"一根火柴棍"还没有被儿童内化为一种"测量单位"。在后一问题中，潜在的测量单位消失了，由于儿童脑海中，还没有形成有关测量单位的观念，所以，他自然不会主动地去寻找新的测量工具，在这种情况下，他的思维活动，重新退回到较为低级的认知水平——根据视觉做出判断！

值得一提的是，有一位5岁男孩的妈妈，看过我的上述记录之后，提出：能否将上述两个问题的次序颠倒一下呢？我完全理解这位妈妈的潜在逻辑：将画在纸上的折线图，作为第一个问题提出来，先引起儿童强烈的认知冲突；然后再引出由火柴棍构成的折线问题，引导儿童在具体的操作中解决实际问题，并进而化解最初的认知冲突。这是一个看似合情合理的教学设计，然而其背后的教育学模型是"教师视角"，而非"儿童视角"。"教师视角"的教学设计考虑的是客观知识逻辑，而忽视儿童当下的认知起点和认知发展的可能性。所以，"教师视角"看上去非常符合逻辑，但是往往事倍而功半！相反，"儿童视角"关注的焦点问题是：儿童当下的认知起点和认知发展的可能性。也就是说，关键不是"有没有"认知冲突和是否符合客观性的知识逻辑，而是认知冲突是否处于儿童的"最近发展区"，不在"最近发展区"的认知冲突，一律是无效的！通过游戏活动，我们可以判断，画在纸上的折线长度问题，显然处于5岁4个月儿童的"最近发展区"之外，所以，调换两个问题顺序的教学设计，并不合理。

游戏3至游戏5都与线段的长度（两点间的距离）有关，而线段的长度又与一维度量问题有关。儿童一维度量观念的发展，也可以大致分为三个阶段：

第一阶段是萌芽期。大约在3~4岁，儿童就可以定性地描述一根木棍是"长的"或"短的"。随后，他们也可以定性地比较两根木棍的长度，比如：这根木棍长一些，那根木棍短一些。同时，他们也可以利用"一一对应"或"机械计数"的方法，初步判断两个物体的长度是相同的或不同的。

第二阶段是生长期。大约在6岁，儿童首先建构生成了"离散量守恒"观念，随后是"物质的量的守恒"观念。在此基础上，儿童能够逐步定性地描述"连续量守恒"的问题，比如，小瀚在火柴游戏中的表现。一根一根的火柴本来是"离散的"，但是如果把它们连接在一起，就变成了一个特殊的与长度相关的"连续量"问题。当把连续的5根火柴，分别摆成直线和折线时，6岁左右的儿童，就能判断它们是"一样长的"，但是如果面对画在纸上的直线和折线，此阶段的儿童往往还难以做出准确的判断。也就是说，儿童还没有真正建构生成"长度守恒"观念。

第三阶段是成熟期。大约在7~8岁，儿童可以形成长度和距离的守恒观念，而且，他们不仅能够理解"一拃""一步"等与长度度量相关的日常概念，而且也能够选择合适的基准（度量单位）和几何变换，进行科学的长度度量。

游戏6：用棋子构造图形

游戏材料：围棋子若干。

游戏步骤：

（1）老师先在桌面上摆好间距为6厘米的一黑一白两颗棋子。

（2）请儿童在桌面上摆放其他的白棋子，使得新摆放的白棋子到黑棋子的距离都等于6厘米。

适龄儿童：5~7岁。

游戏时间：2015年2月16日。

游戏参与者：小瀚（5岁6个月）。

游戏过程：

老师："你看到了什么？"（首先在棋盘上放置了一黑一白两颗棋子）

小瀚："一颗黑棋子，一颗白棋子。"

老师："它们之间的距离有多长？"

小瀚："这么长。"（他用手比划给老师看）

老师："好，我们现在固定这个距离不动（相距大约6厘米），你能再摆放一些白棋子，让新加进来的白棋子到黑棋子的距离与开始的两颗棋子间的距离相等吗？"

小瀚："可以啊。"边说边在另一边，也就是大致与最初的白棋子对称的位置，摆了一颗白棋子。

老师："还能接着摆放吗？"

小瀚："可能行吧，我试试。"他在左右两侧（对称的位置）放上两颗白棋子，并用自己的食指和大拇指构成了一把"临时的尺子"量了一下，并微调了一下各个白棋子的位置，以确保它们到黑棋子的距离都是相等的。

老师："还能摆放更多的白棋子吗？"

小瀚："应该能。"接下来，他一口气就摆成了下图的模样。

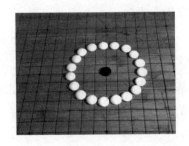

图4-27　小瀚用围棋子摆出的"圆"

老师："白棋子构成了什么形状？"

小瀚："一个圆啊，太好玩了，居然是一个圆！"

老师："所有这些白棋子都有什么样的共同点啊？"

小瀚："它们到中间那颗黑棋子的距离都是一样的。"

老师："如果我们把每一颗白棋子都看成一个小小的点，那么，会有多少个小点点都符合这个条件呢？"

小瀚："我数数啊，哦，一共有19个。"

分析：我跟与小瀚基本同龄的儿童也做过类似的游戏，多数儿童只能在中间黑棋子的四周放4颗白棋子（依次相连，正好可以构成一个正方形），然后就宣告"完成任务"。而8岁半的小浩在参与这个游戏时，整体进程跟小瀚差不多，只是最后一个问题的答案具有显著的差异。他说："这样的小点有无数个，因为小点是很小很小的。"其实，以"圆"为主题，我做过一系列实验，从中可以清晰地发现，儿童建构生成圆观念的基本过程。

如果要将儿童圆观念的发展也界定为三个阶段的话，4岁以前就是萌芽期，儿童只是通过视觉对某类特殊的图形进行命名；4~8岁期间，儿童可以通过绘画、手工制作、构造等途径得到圆，儿童得到的是一个"整体性的圆"，他们还不会有意识地去关注图形的局部特征；大约在11岁，儿童的圆观念发展进入成熟期，他们可以开始学习圆的初步定义，以及圆心、半径、直径、周长、面积等局部性质。

游戏5并不仅仅与圆相关，实际上，我是想借助这个游戏说明另一个重要的几何观念——图形构造的发展历程。图形构造观念的发展，也可以分为三个阶段：

5岁以前是萌芽期。在此期间，父母最好不要只是展示各种常见几何图形让儿童辨认，而是要有意识地引导儿童通过绘画、拼接、剪切、彩泥制作、木棍搭建等各种方法仿制常见的几何图形。

5~16岁期间是生长期。这个漫长的阶段又可以分为两个时期：生长前期和生长后期。5~9岁期间，老师可以引导儿童按照某个条件动手"创作"几何图形，也就是说，儿童事先并不知道结果是什么，等创作工作结束时，儿童会惊叹"居然就是……"！正如游戏5的效果。10~16岁期间，儿童进入几何图形局部性质的研究和学习，并能依据给出的部分特征，绘制出相应的几何图形。图形构造的成熟期一般要推迟到高中阶段。在此期间，任意给出（或构造）一个含有变量 x, y 的方程，他们能够一边探索方程的性质，一边手工绘制或者借助信息技术手段，构造出对应的几何图形。

整体上讲，儿童经历了离散量守恒、物质的量的守恒、长度守恒等一系列一维测量活动，以及大量的绘画、游戏、建造等活动之后，就可以为二维测量和空间立体观念的建立，奠定浪漫的基础。在这个阶段，儿童可以以动作、绘画、语言、模仿等方式，表达自己的空间几何观念。但是，这种表达其实是无意识的，他们还不能清楚地意识到自己的几何空间与物理性几何空间之间的差异。从某种程度上讲，他们当下的几何空间观念，仍然非常容易受到视知觉的影响和干扰，不是纯粹形式化的欧氏几何观念，而是具有很多物理特性的前欧氏几何观念（具体的、视觉化的、可操作的）。

游戏7：面积守恒（1）

游戏材料：预先用绿色画笔，在两张同样大小的正方形纸板上，画出两片草场；用大小相同的10个小木块（或棋子）放在草场中，表示绿草被小羊吃掉。分别将木块相邻放置和散开放置（图4-28中的草坪和小羊都是小瀚画的）。

游戏步骤：询问儿童，如果两只小羊每天吃掉的草场相同，都用一个小木块表示，那么，10天之后，两块草场剩下的面积是否相等？

适龄儿童：6~10岁。

图4-28 "面积守恒"游戏

游戏参与者1：小瀚（5岁6个月）。

游戏时间：2015年1月1日。

游戏过程：

老师："现在有大小一样的两块草场，你有一只小羊，我也有一只小羊，它们每天吃掉的青草一样多。过了十多天，你的小羊比较听话，吃掉的草场连成了一片（图4-28的左图），而我的小羊比较调皮，吃掉的草场比较凌乱（图4-28的右图），那么，剩下的草场谁多谁少呢？"

小瀚："一样多啊。"

老师："为什么？"

小瀚："开始的草场一样大，每天吃的草场也一样大小，最后剩下的当然也一样多。"

游戏参与者2：小浩（8岁6个月）。

游戏时间：2014年12月28日（刚刚学习矩形的周长公式，还没有正式接触面积测量问题）。

游戏过程：

老师："现在有面积一样大小的两块草场，你有一只小羊，我也有一只小羊，它们每天吃掉的青草面积一样多。过了十多天，你的小羊比较听话，吃掉的草场连成了一片（图4-28的左图），而我的小羊比较调皮，吃掉的草场比较凌乱（图4-28的右图），那么，剩下的草场面积谁多谁少？"

小浩："一样多啊。"

老师："为什么?"

小浩："开始的草场面积一样大,每天吃的草场面积也一样大小,最后剩下的面积当然也一样多。"

老师："草场的'面积'是什么意思?"

小浩："草场的面积就是草场的大小啊。"

老师："大小又是什么意思?是指草场多长、多宽么?"

小浩："长加上宽,然后再乘2,得到的是草场的周长。周长跟面积应该是有关系的,但是,面积不是周长,面积是'里面'(用手比划给老师看)这一片的大小。"

分析:表面上看,小瀚和小浩回答问题的水平是一样的。其实不然!小浩已经能够区分"面积"和"周长"的不同,而且也已经基本建立了"面积守恒"的观念。只不过,他当下显现出来的面积观念还是定性描述,而非定量测量的,他需要借助具体直观的实物或模型才可以描述面积;一旦脱离具体的情境,"面积"其实是没有意义的。然而正是这种不太稳定的面积观念,为他进一步建构生成测量化面积观念奠定了浪漫丰富的认知背景——他已经为正式学习面积做好了充分的准备。而小瀚的"面积"其实就类似于某个物体的名字,还不具备物理测量的意义(这也是我为何没在游戏过程中提及"面积"一词的原因)。在他看来,草场的面积就是他直观看到的"草场的大小",而小羊吃掉的"草场面积"(用小木块表示),并非是"小木块的面积之和"(他还不能理解这一点),只不过是小木块的"个数"。小瀚当然已经基本建构生成了离散量守恒观念,所以他能够依据自己内在认知结构的发展水平给出自己的解释。但是,这仅仅是"数量守恒"的起点,随后是一维长度测量的连续量守恒(小学一、二年级),再后才是二维面积测量的连续量守恒(小学三年级)。尽管如此,这样的游戏仍然是适合小瀚参与的,只是父母或老师要以理解和尊重儿童当下的认知发展水平为前提,而不要随意拔高,甚至强行灌输。

游戏8:面积守恒(2)

游戏材料:白纸一张,正方形小木块若干。

游戏步骤:

（1）用小木块摆成一个较大的长方形。

（2）改变长方形的形状，询问面积是否发生变化。

适龄儿童：7~9岁。

游戏时间：2014年12月28日（刚刚学习矩形的周长公式，还没有正式接触面积测量问题）。

游戏参与者：小浩（8岁6个月）。

游戏过程：

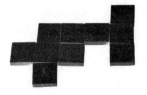

图4-29　小浩的"面积守恒"游戏

老师："你能把这些小木块组成一个长方形吗？"

小浩迅速完成任务（上左图）。

老师："你能把这个图形改成别的形状吗？"

小浩得到上右图所示的形状。

老师："它的面积有没有变化？"

小浩："有变化，估计是变大了。"

小浩开始计数，结果数到4的时候，突然说："不对，是周长变大了，而面积其实没有变化。"

老师："为什么？"

小浩："因为不管怎么变，总面积其实都是10个小木块的面积之和。"

分析：改变一个规则的长方形的形状，其实并不难，但是，小浩显然是有意识地将图形变得更难一点儿。他经常会向别人"宣告"："太简单的问题实在太没意思了！"当他一开始回答说"面积变大了"，这种错误一方面是他刚刚学习周长问题之后的正常现象——学习者总是试图运用自己已有的知识和技能去解决新问题，但是这种行为往往会导致已有知识和技能被过度使用（不过，这有什么关系呢，探索总会犯错误，没有错误就不会有新的创造和发明）。另一方面也说明，周长是一个一维测量问题，而面积是一个二维测量问题，对于认知主体（人）的建构活动而言，后者（二维问题）总是要迟于前者（一维问题）。

游戏9：面积测量（1）

游戏材料：长方形白纸一张，正方形小木块若干。

游戏步骤：

（1）用正方形小木块度量长方形白纸（长与宽正好是小木块的整数倍）的面积。

（2）得到长方形白纸的面积公式。

（3）用正方形小木块度量长方形白纸（长与宽不是小木块的整数倍）的面积，造成认知冲突。

（4）化解冲突，得到任意长方形的面积公式。

适龄儿童：8~9岁。

游戏时间：2014年12月28日（刚刚学习矩形的周长公式，还没有正式接触面积测量问题）。

游戏参与者：小浩（8岁6个月）。

游戏过程：

图4-30　小浩的"面积度量"游戏

老师："这里有一张白纸，你能用这些小木块测量出这张白纸的面积吗？"

小浩："应该能吧。"然后他开始沿着白纸的外边缘摆放小木块（上左图），接着数出长为 10 个小木块，宽为 7 个小木块，并计算出白纸外圈的面积为（10+7）×2=34。但是，他又迅速说："不对，又算成周长了。"最后他通过计数得到 30。

老师："但是，看上去就是横着两行各 10 个小木块，竖着两列各 7 个小木块啊，就应该是 10×2+7×2，等于 34 啊，这是怎么回事？"

小浩又数了一圈，结果发现事实就是 30，而不是 34。他又反反复复摆弄了几下小木块的行和列，终于获得重大发现："我明白了，每个拐角处的小木块被重复使用了，一共重复了 4 次，所以 34 应该减去 4，这样就一致了。"然后，他在临近的内圈又摆放了一圈小木块，直到小木块覆盖住整张白纸为止，最后依次将每一圈小木块的数量相加，30+22+14+4=70，确认白纸的面积为 70（当然，这是以小木块的面积为单位面积的计量结果）。

老师："最终结果（70）与白纸的长（10）和宽（7）有何关系呢？"

小浩："应该有关系，对，就是 10×7=70。"

老师："是巧合，还是必然呢？"

小浩："我明白啦，这张白纸上一共摆了 7 行小木块，而且每一行都有 10 个，所以一共就是 7×10=70 个。"

老师："如果把这种白纸放大，这种计算方法还管用吗？"

小浩："当然管用啊，先用小木块量出白纸的长，再用它量出白纸的宽，然后相乘就好啦。这个宽就对应着有'多少行'，而长就对应着每一行有'多少个'，所以，不管白纸有多大，结果都是'长×宽'啊！"

老师："真的吗？有没有例外？"

小浩想了想之后，非常肯定地说："绝对没有例外！"

老师："那你测量一下这张白纸的面积，如何？"（更换了一张白纸）

小浩测量白纸的长度时，立马出现了问题：原来，白纸最后剩下的一小部分，不放小木块肯定不行，放一块，却又超出了白纸的边界。摆弄了一会儿之后，他说："如果小木块更小一些，就不会出现这种问题了。"

老师："不会出现什么问题？"

小浩："对了，我知道了，根本就用不着小木块，而应该直接用直尺测量出白纸的长和宽就行了，直尺的单位是国际统一的，用小木块可不行，各个国家的小木块大小不一样怎么办?!我现在可以确定地说:长方形的面积就是'长乘宽',而正方形的面积就更简单了,'边长乘边长'就好了。"

分析:可以确定的是,在进行这个游戏之前,小浩的内在认知结构中,已经具备了以下观念:一维长度的测量(精确的、量化的,而非定性的描述)、二维面积的定性描述(非精确的和量化的)。但是,小浩还不能对以上两个观念进行充分的协调,并建构生成一个新观念——二维面积的定量测量。或者说,正是这个游戏才真正提供了一个"外部刺激",小浩原有的认知结构无法解决这个新刺激,他需要将自己原有的内部观念投射到一个更高的层面,并努力对其进行协调与重组,从而创造一个崭新的观念,即"长(正)方形的面积测量"。需要注意的问题是:外部刺激并非总是有效的,只有那些真正处于儿童"最近发展区"的刺激,才可能为儿童创造和发明新观念提供可能性。离开了老师或父母依据儿童认知发展水平所精心营造的学习情境,和儿童自己真实的游戏操作活动,就很难有真正的儿童的发明和创造。传统教学中,长方形与正方形的面积公式,基本都是以"不证自明的公理"直接灌输给儿童的,儿童只需机械记忆公式,并熟练而准确地解决老师或教材提出的面积计算问题就好了。

游戏10:面积测量(2)

游戏材料:平行四边形、三角形、梯形、任意四边形的纸板若干。

游戏步骤:

(1)探索平行四边形的面积公式。

(2)探索任意三角形的面积公式。

(3)探索梯形的面积公式。

(4)探索任意四边形的面积公式。

(5)探索任意多边形的面积公式。

适龄儿童:8~9岁。

游戏参与者:小浩(8岁7个月)。

游戏过程:

老师:"这是什么图形?"(指图4-31)

小浩:"应该是平行四边形。"

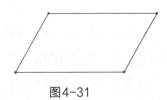

图4-31

老师："你会求它的周长吗?"

小浩："会,量出这两条边(相邻)的长,然后相加,再乘2。"

老师："那你会求它的面积吗?"(小浩陷于思考之中)

老师提示道:"你已经求会哪些图形的面积?"

小浩："长方形的面积等于'长 × 宽',正方形的面积等于'边长 × 边长'。"(他是通过一个月之前的游戏学会的,学校教育的进度要慢一些)

小浩居然自己画出了右图! 他随后解释

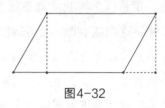

说:"只需将左侧的小三角形移到右侧的位置,就可以把平行四边形变成一个长方形,而长方形的面积等'长 × 宽',所以平行四边形的面积也就求出来了。"

图4-32

老师："任给一个平行四边形,你都可以通过这种方法求出面积吗?"

小浩："当然可以啊。"

老师："你现在会求哪些图形的面积了?"

小浩："长方形、正方形和平行四边形。但是,三角形的面积是怎么回事呢?"

老师："是啊,该怎么求三角形的面积呢? 三角形跟长方形有没有关系呢?"

小浩一阵涂涂画画之后,画出下面的三组图形,他说:"不管是长方形,还是正方形和平行四边形,都可以将它们分成两个相等的三角形,先求出大图形的面积,然后除以2,就可以得到三角形的面积。"

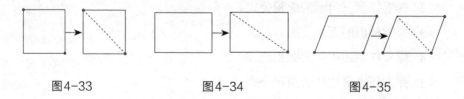

图4-33   图4-34   图4-35

老师："想法真不错! 不过,我一开始给你的是三角形,而不是长方形、正方形或平行四边形啊。"

小浩："哦,这个很容易,只需倒过来就行了。如果是直角三角形,我们总是可以把它补成一个长方形(或者正方形);如果三角形没有直角,我们就可以把它补成平行四边形，然后求出大图形的面积，再除以2。"

老师："现在你会求梯形的面积吗?"

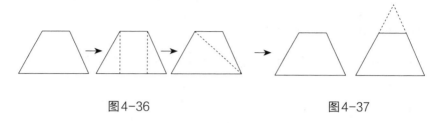

图4-36   图4-37

小浩："这个应该不难。"他随后画出如上两组图形，并解释说："可以把一个梯形分成一个长方形和两个小三角形，也可以直接将它分成两个三角形，先分别求面积，然后再相加。当然，我感觉梯形只不过是将一个三角形截掉一个角得到的，所以，可以将梯形先补成一个大三角形，然后用大三角形的面积减去小三角形的面积。"

老师："如果一个四边形既不是正方形和长方形，也不是平行四边形和梯形，你会求它的面积吗?"

小浩："会，因为一个四边形总是可以分成两个三角形。不，等等，如果是这种四边形怎么办?"他随后画出下图。

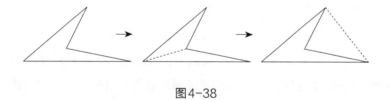

图4-38

小浩很快打消了自己的顾虑，他说："即便是这样的四边形也没关系，它的面积仍然可以分成两个三角形的面积之和，或者变成两个三角形的面积之差。"

老师："如果是五边形，或者六边形，或者边数更多的图形呢?"

小浩在纸上画了一个五边形和一个六边形，简单操作之后，他说："它们的面积总是可以求的，因为，它们总是可以分成几个三角形；边数越多，计算起来越麻烦，但是面积总是可以求的。"

游戏11：圆的周长和面积测量

游戏材料：细棉线、直尺、圆形纸板或其他圆形器物等。

游戏步骤：

（1）如何利用细棉线测量圆的周长。

（2）如果只有直尺，如何测量圆的周长，探索圆的周长公式。

（3）如何测量圆的面积，探索圆的面积公式。

适龄儿童：9~11岁。

游戏时间：2015年2月17日。

游戏参与者：小浩（8岁7个月）。

游戏过程：

老师："你会求圆的面积吗？"（指图4-39）

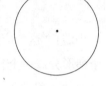

图4-39

小浩："这个我不会，不过，我会测量圆的周长。"

老师："你是怎么测量的？"

小浩："用一根细棉线绕圆一周，然后用直尺测出细棉线的长度，也就得到了圆的周长。"

老师："如果你手头没有细棉线，而只有一把带刻度的直尺，你能用直尺直接测出圆的周长吗？"

小浩："不能，用直尺只能测出圆的半径和直径。"

老师："那你知道圆的直径与周长之间有什么关系吗？"

小浩："直径越大，周长越大；反过来，直径越小，周长越小。"

老师："好像是这样，不过，你知道圆的直径与周长之间更为精确的关系吗？比如，既然周长一定会大于直径，那么，周长可能会是直径的几倍？"

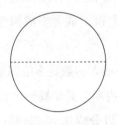

图4-40

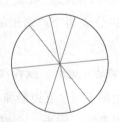

图4-41

　　小浩先画出图4-40，然后说："上面的半圆比直径长一些，下边的半圆也比直径长一些，所以，我知道圆的周长应该比直径的2倍大一些，其他的就不知道了。"

　　老师："的确，圆的周长大于其直径的2倍，这是显而易见的事实，但是，'大于2倍'这个说法太笼统啦，能否更精确一些？"

　　小浩："这个需要好好地测一测了，否则是没办法的。"

　　老师："好，你自己回去试着测一测，过两天咱们再聊聊。"

　　老师："对了，刚才一直在说周长，你有没有办法求圆的面积呢？"

　　小浩画出图4-41，说："可以先把圆分成几个三角形，然后通过三角形的面积求出圆的面积。"他同时画了一个图，不过，思考一会儿之后，他又说："好像不行，因为分成的不是三角形，其中一条边不是直的，它是弯曲的，所以，求出来的只能是近似值。"

　　一天之后，小浩告诉我，他测量了他们家的碗、脸盆、药瓶口的周长和直径，最后发现，周长除以直径的结果，要么比3小一点点儿，要么比3大一点点儿，他估计自己的测量不够准确，实际可能就是"3倍的关系"，而且非常确定地告诉我："圆的周长应该等于直径的3倍。"

　　分析：小浩的认知结构具有高度的敏感性，一旦遇到合适的刺激，新的认知建构活动都能顺利地发生！不过，这些顺利发生的认知活动，务必是处于"最近发展区"之内的，否则仍然是无效的。小浩能够很好地理解通过"有限分割"求面积的方法，但是一旦需要"无限分割"，他就无能为力了，因为这个问题超出了他的"最近发展区"。这个时候，游戏就要适可而止，否则有趣的游戏活动，就可能演变成令人憎恶的机械灌输。

　　游戏7~11都与面积有关。面积度量观念是前欧氏几何的重要观念之一，通过系列游戏活动及分析，我们可知，儿童建构生成面积观念，大致会经历以下三个阶段：

　　首先，6岁左右的儿童可以在具体的操作活动中，建构生成面积守恒的观念。这是面积观念发展的萌芽期。

　　其次，10岁左右的儿童可以通过具体的操作活动，发明测量各种规则平面图形面积的方法（天赋较好的儿童，这个阶段可以大大提前，比如实验中的小浩）。这是面积观念发展的生长期。

最后，12岁左右的儿童，可以在操作活动的基础上，结合形式化的推理，从而获得各种平面图形的面积公式。这是面积观念发展的成熟期。

需要注意的是，儿童如果还不能理解"用字母表示数的意义"，也就是还没有从"算术阶段"正式进入"代数阶段"，他们是不能推导出各种图形的面积公式的。传统教学中，儿童记住的只不过是一堆僵死的、毫无意义的字母符号，这种做法显然需要摒弃。另外，"圆"也许是一个例外，因为它是一类极其特殊的平面图形：一方面，其面积问题涉及无限分割和极限问题，另一方面，它还是一类特殊的"圆锥曲线"，这都导致儿童的"圆的面积"观念，还会在后续学习中得到持续的深化和发展。

二、构建几何观念个体发生学模型，进一步探索教师之教的学生意识的发展路径

（一）几何观念个体发生学模型

基于我们的游戏活动与分析，可以清晰地看出：儿童的几何观念具有明显的个体发生学特征。也就是说，以皮亚杰和维果茨基的视角观之，一个儿童的几何观念并不是一次性构造完成的，而是在岁月中不断发生、发展，直至最终成熟、完善的。例如，就"圆"观念而言，两岁左右的儿童能分辨红色的圆和白色的圆。不过，他们分辨的其实是颜色，而不是形状。3岁左右的儿童能够识别什么样的图形是"圆"，也就是说，他们能够按照物体的形状（常见的）对物体进行简单分类。但是，如果你让他们在纸上画一个"圆"，他们一般会画成"椭圆"，并确信自己画的就是"圆"。实际上，只要是封闭图形，他们画出来的图形，基本上都是类似的。4岁多的儿童不仅可以识别圆形，而且也可以在纸上画出比较标准的圆。当然，"圆"只是作为一个整体性的图形被他们所认知，他们还不能识别圆的局部几何特征，例如圆心、半径等。5岁多的儿童可以用某种材料（如棋子）自己动手构造一个圆，但圆心和半径还没有作为一个主题凸显出来。所以，他们还不会产生对圆的局部特

征进行命名的愿望。但是在操作过程中，儿童已经在应用这些概念了。在漫长的具体运算阶段（6~12岁），儿童学会了对圆心、半径的命名，以及对周长和面积的测量与计算。初中阶段，学生学习了很多有关圆的知识，其中最重要的无疑是圆的"科学概念"——到定点的距离等于定长的点的集合。而到了高中，圆则意味着与一个代数方程——$x^2+y^2=r^2$（$r \neq 0$）之间建立了一一对应关系，而且，学生还可以通过代数方程，去研究关于圆的几何性质——这些性质往往隐藏于某个运动变化的过程之中。所以，他们会建构新的"圆"观念，即到定点的距离等于定长（非零）的动点的轨迹。再往后，"圆"就会跑出纯粹数学的范畴，圆满，圆滑，内方外圆……"圆"拥有了某些文化的意味。综上所述，我们可以清晰地发现，不同年龄阶段的儿童，建构生成的"圆"是完全不同的，而这种不同又是极其独特的，体现了数学个体发生学上的生长性和创造性。

难道只有"圆"是这个样子的吗？不，几乎所有的数学观念都具有这种生长性。它们就像是一株株会生长的树苗，最初只是一粒粒小小的种子，在园丁精心的照料下，慢慢地在儿童的思维活动中破土萌芽，继而生干抽枝，最后，向着天空绽放出一朵朵美丽的花……

由此，我们可以获知儿童的几何观念大致经历了以下4个发展阶段：3岁以前是未分化的动作游戏阶段，3~6岁是拓扑性几何观念，6~12岁是物理性度量几何观念，12~18岁是欧氏几何观念。其关系如下图所示：

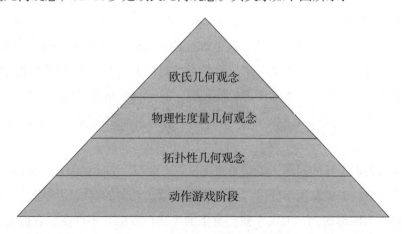

图4-42　几何观念个体发生学模型

（二）儿童在小学阶段（6~12岁）生成的空间观念为什么不是欧氏几何空间观念？

一般认为，小学阶段的几何内容就是原本属于中学阶段的欧氏几何内容的下移。然而，我们通过大量的几何游戏活动分析得出：事实并非如此。学前、小学、中学，不同阶段的儿童所建构生成的几何观念具有本质上的不同！如果一定要言说它们的相同点，那就好比是种子、树苗与花朵的关系，是同一生命在不同阶段所呈现出来的不同形态。

我们知道，欧几里得的《几何原本》（通常简称为"欧氏几何"），一开始就直接给出了23个定义、5个公设和5个公理，就像是建造一座大楼必得首先打下地基，这些定义、公设和公理其实就是欧氏几何大厦的地基。在这个地基中，"点"被规定为"没有大小的图形"，"直线"是"没有粗细、可以向两端无限延长的图形"，"平面"是"没有厚薄、可以向四周无限平直延伸的图形"。在直线的基础上，规定"线段"是"直线上两点之间的部分"（由此也可以得知，欧氏几何中的线段虽然可以有长短，但是不能有粗细）。

我们的疑问是：一条铁轨是直线吗？笔直的电线杆子是直线，还是线段，还是什么都不是呢？最常见的作图工具——三角板，是三角形吗？显然，答案全都是否定的，因为这些日常生活中最为常见的物体既有粗细，又有长短，而且它们都是"有限的"，而不是"无限的"！由此，我们可以进一步追问：当7岁儿童拿自己的直尺去量一根小木棍的长度时，这根小木棍是"线段"吗？9岁的儿童用"长乘宽"求出数学书的封面面积时，这个面积是欧氏几何中所说的一个封闭的平面图形的面积吗？答案仍然是否定的，因为，不管木棍多么细，它总是有粗细的；不管数学书的封面多么薄，它也总是有厚薄的。

这些看似奇怪的问题，实际上涉及我们平时习以为常的欧氏几何的本质。根据第一节的先验发生学分析，我们知道，欧氏几何的直线、线段、三角形等各种平面图形观念，其实在我们有限的生活世界中并不存在。它们也许跟客观世界中的物体形态有关，但是，它们并不直接存在于这些客观物体之中，更不是对客观物体的直接的、简单的抽象之物。那么，它们到底在哪里才能拥有自己的立锥之地呢？是的，它们原本只能存在于意识主体的想象世界之中。如果仅仅凭借我们的感官，它们既看不见也摸不着。然而在我们的意识构造活动中，它们又可以直观自明地给予我们。

是的，面对一棵高耸入云的参天白杨，你可以通过观察直接得到有关颜色、形态等各种物理性质，但是，你却无法从中直接抽象出一条欧氏几何范畴内的"直线"，因为"直线"并不预先就存在于白杨树中。提供一堆各式各样的几何体模型（柱、锥、台、球等），看似能够从中抽象出"圆柱"概念（或其他），但是，这并不意味着"圆柱"作为一种欧氏几何观念预存于模型中。事实上，模型其实仅仅提供了一种外在的认知刺激。我们也许可以说，模型中已经蕴含了模型制造者的某种几何观念。但是，对于最初的几何学家来说，模型是不存在的，他们看到并且生活于其中的只是一个具体的、物理性的生活世界。他们创造了"直线"观念，从客观性来讲，几乎就是无中生有；从主观性来讲，他们其实已经对生活世界中某种重要的物理形态进行了聚焦和思考，然后，在他们的意识活动中，经历无限的、开放的、丰富的想象性构造活动，"直线"观念才最终被创造出来！换句话说，最初的几何学家创造出几何观念，既是无中生有，又不完全是无中生有：前者说明，几何观念不是客观存在之物，而是主观创造之物；后者说明，几何学家的创造离不开客观物质世界的刺激——直观自明的直接给予，也就是说，这里的创造并不是凭空捏造。

既然如此，为什么我们在日常生活中却难以觉察呢？这是因为，在漫长的人类文化进化历程中，人类创造了一系列的"中介符号"来表达这些观念（这也正是胡塞尔所说的"语言肉身化"的基本含义），有"文字语言符号"，如"直线""线段""三角形"等，也有"数学图形符号"，如：

图4-43

在前文的游戏活动中，不管是一维度量中的长度、距离等观念，还是二维度量里的面积等观念，所有"几何概念"几乎无一例外地对应着客观世界中具体的物理性物体。我们虽然可以用"文字语言""符号语言"和"图形符号"表示它们，但是，它们离真正的欧氏几何观念相距甚远。欧氏几何观念是抽象的、无限的、形式化的，而6~12岁儿童创造的几何观念却是具体的、有限的、物理性的，这正是我们将小学阶段的几何观念称之为"前欧氏几何空间观念"的主要原因。厘清这个问题，对于当前几何教育改革至关重要，因为我们至少需要明白：小学几何与中学几何有着质的差异。

不过，"前欧氏几何空间观念"与"欧氏几何空间观念"虽然在本质上完全不同，但是它们却可以使用相同的名字，即"文字符号"和"图形符号"。正如前文提到过的"圆"观念，对于3岁、6岁、12岁、18岁、40岁的人来说，名字是完全相同的——都是"圆"，但是关于"圆"观念的本质，却又是完全不同的！这种不同，不是存在于教科书中的、客观性的不同，而是不同年龄阶段的学习者，在意识活动中生成的几何观念的发展水平是不同的。

（三）前欧氏几何空间观念具有怎样的生长方向呢？

显然，我们可以将前欧氏几何观念的生长过程分为以下三个阶段：一维度量空间观念、二维度量空间观念与三维度量空间观念。其本质特征就是：具体性、操作性、物理性。从目前正式发行的各种版本的教材内容来看，平面欧氏几何的主要内容，甚至包括柱、锥、台、球等立体图形的测量（表面积与体积）、三视图等内容，在小学期间几乎全部有所涉及。这种教材编排的合理性有一个必不可少的前提：以个体发生学为依据，对全部教材内容进行深入的发生学分析，使之成为儿童发明几何、创造几何的鲜活素材，而不是将其视作把传统欧氏几何内容"下放"到小学阶段，并强迫儿童提前学习和接受的欧氏几何。

从个体发生学的角度讲，前欧氏几何阶段是正式欧氏空间观念形成的"浪漫阶段"——整体初步感知，初中的欧氏几何学习属于欧氏空间观念建构生成的"精确阶段"——精确地建构生成观念，而高中的解析几何（包括向量几何）则属于欧氏几何空间观念形成的"综合阶段"——综合应用提升。

如果缺少了这种个体发生学的维度，无论教材版本如何调整，也无论教材内容如何花样翻新，一旦落实到教学实践，符合儿童认知发展规律的、有意义的、创造发明式的学习活动都难以真正发生。

一旦拥有了个体发生学的视角，当下基础教育几何课程安排无疑是比较合理的。这种合理性具体表现在：欧氏几何是一种假设性的、公理化的几何体系，而儿童内在的认知结构一般只有到了12岁以后，才能将思维活动真正建立在假设的基础上，才能进行真正纯粹形式化的逻辑演绎推理。低龄儿童也会说"假设""未来""理想"等词汇，成人往往会认为儿童只是不切实际地瞎说，或者把他们的话语当作充满童趣的生活调剂品。但是事实上，儿童有自己的逻辑。当他说"我长大了要当科学家"时，也许只是因为他刚刚听了一个有关科学家的有趣故事，或者刚刚看了一个有关科学家的有趣影片；当他说"我长大了要做清洁工"时，也许只是因为他刚刚在楼下院子里玩耍时，一位和蔼可亲的清洁工阿姨帮他把掉进灌木丛中的皮球捡了出来……原本建立在假设基础上的"可能性"，对于低龄儿童而言，与他们当下的"现实性"几乎是等同的。直到大约12岁以后，可能性与现实性才有了质的分别，而且与逻辑必然性紧密相关了。青少年可以在假设的基础上形成"可能性"，但是，这种"可能性"只有经过严格的科学试验或者演绎推理的证实，也就是在拥有了"逻辑必然性"之后，"可能性"才能成为更高形式的"现实性"。这就是我们通常所说的伟大人物的创造性，本质上不同于儿童式的"胡思乱想"，他们的可能性和创造性总是具有某种逻辑必然性。基于这种观点，我们认为：儿童物理性的、前欧氏几何空间观念，虽然本质上不同于欧氏几何空间观念，但是，后者既是前者的可能性，又是前者的必然性，其关系类似种子、树苗和花朵的关系。

个体发生学是激活教师之教的学生意识的有效路径，它意味着教师由"经验思维"转向了"理论思维"，是中小学数学教师专业意识发展的新路径。

第三节　汇通先验现象学与认知心理学，梳理中小学数学教师专业意识发展新路径的若干特征

在本章第一节，我们通过先验现象学构建了基础数学教育"图形与几何"部分的先验发生学模型；在本章第二节，我们通过认知心理学构建了"图形与几何"部分的个体发生学模型，这是一条中小学数学教师专业意识发展的新路径。现在，我们需要进一步追问：二者之间具有怎样的本质关系？这条新路径具有哪些重要特征？

一、数学教师专业意识发展新路径的特征之一：重新理解时间

一般说来，"发生学"必定跟时间有关，但是，先验发生学与个体发生学对时间的理解却有着本质的不同。关于"时间"，一般存在以下三种理解。第一种是客观意义上的时间，也就是由笛卡尔和牛顿所规定的公共性的客观时间，它可以被匀质分割，且能够用机械工具进行精确度量。第二种是主观时间，属于私人性的心理学意义上的时间，例如：当我们觉得时间过得很慢时，会说"度日如年""一日不见如隔三秋"等，而当我们觉得时间过得很快时，会说"转瞬即逝""白驹过隙"等。第三种是现象学的内时间意识，这其实是一种由"超越性自我"所绽出的本质性时间：意识主体的存在，本质上就是时间性的，其意识活动就是在绝对时间之流中涌现出来的。换句话说，作为意识主体的"我"，本身就是一种时间性的存在。

"先验发生学"属于"内时间意识"的现象学发生学，而源自皮亚杰与维果茨基的"个体发生学"则是伴随着儿童的年龄增长、在客观的时间和岁月中经验性的认知发生学。绝对的内时间意识是一种居先的、构成性的条件和基础，只有当意识主体——我——本身作为一种时间性的存在时，才能真正理解主观时间和公共的客观时间。否则，私人性的主观时间只不过是心理学层面的一种经验杂多，而客观时间则是一种客观经验——基于自然态度之科

学理性主义的度量结果。以胡塞尔的视角观之，不管是皮亚杰把儿童认知发展的起点界定为客观时间之流中的三项基本的本能行为——注视、吮吸与抓握，还是维果茨基为了研究思维与语言之间的关系而一直回溯至"前思维言语"与"前言语思维"，这些做法都是自然态度的"还原法"，它们本质上遮蔽了意识主体之权能，无法解释人之为人的独特性，特别是属于人的高级意识活动之发生发展规律。

而一旦进入现象学哲学态度的反思之中，我们势必就会追问：在本能活动的背后，作为意识主体的主体性或权能到底体现在哪里呢？在这里，梅洛–庞蒂的身体现象学显然有着更为深邃的洞察。在"意识主体–身体–客观世界"这样的三元结构中，儿童最初就能够在具体的情境当中，虽然是无意识地，但是却很好地应用自己的身体完成与生存密切相关的任务。也就是说，正常儿童在一开始就可以在极化自己身体的同时，也让世界空间同步得以极化。如果我们把这样的极化活动仅仅理解为一种生物性的本能活动，就可能在意识活动的起点处让意识主体的权能处于遮蔽之中，这是一切心理学，当然也包括皮亚杰与维果茨基的认知心理学的危险或含混之处。当然，我们并不否认个体发生学的价值与意义。无论如何，在我们的经验中，一个儿童总是在岁月或客观公共的时间中不断地发生发展着，这个显而易见的事实也是直观自明地直接给予我们的，谁也无法否认。我们在此只是强调，如果拥有了内时间意识之视角，我们就能够对个体发生学拥有更深刻的洞察和领会。

重新理解时间性，是中小学数学教师专业意识发展新路径的特征之一。

二、数学教师专业意识发展新路径的特征之二：重新理解主体与客体的互动模式

在皮亚杰的认知心理学中，对主体与客体的互动关系有非常精彩的描述。皮亚杰虽然非常重视不同年龄阶段儿童认知发展的基本规律，特别是终其一生都在探讨儿童内在认知图式通过反省抽象的建构生成之历程，但是，他其实并没有忽视主体与客体之间的良性互动关系。当然，相对而言，同为认知心理学家的维果茨基，从历史文化与学校教育的角度对主客之间的互动关系

做了更为精彩的论述。但是毫无疑问，不管是皮亚杰还是维果茨基，他们的研究都是一种自然态度的成果，采用的方法也是近现代数学与自然科学所普遍采用的数学化与科学实证主义的方法。所以，不管他们将主体与客体之间的互动关系描述得多么复杂和精妙，一个潜在的前提仍然是"主客二分"的。也就是说，他们忽略了更为深刻的西方认识论哲学的一个传统难题：如何以哲学反思的态度彻底解决主客二分的认识论困局？

但是在现象学视域中，不管是胡塞尔的意向性结构分析，还是梅洛－庞蒂所论述的"三元世界"，意识主体与意识对象之间的鸿沟已经被有效祛除了：一方面，世界总是在不同的层次上直观自明地给予"我"；另一方面，作为意识主体的"我"，也总是能够基于自身之权能，通过有效的意向性活动，借助世界所给予我的多种样态直观自明地看到它们背后的同一性本质。也就是说，世界自明性地向"我"显现它的真理，而"我"也通过自身之权能，自明性地去洞察和领悟世界之真理。在这样的意识活动中，意识主体与世界不再是传统的二元对立的关系，而是相互显现、相互成就的现象学关系："我"是世界之真理的逻辑在先的构成性条件，而"世界"也总是在我的具有权能的意向性活动中如其所是地显现其自身。

不过，由于胡塞尔现象学带有明显的"超验性"，它如何走进经验世界，终究是个无法回避的问题。所以，主客关系之难题的有效解决，有必要进一步走进海德格尔的"因缘世界"——存在论意义上的现象学洞见，以及伽达默尔基于视域融合的解释学循环。本研究也将经由先验发生学和个体发生学，进一步走进"教师－知识－学生"三位一体的教育生活世界，通过有效建立"教－学"意识的联结，尝试超越教育实践中的主客二元对立之困局。

重新理解主体与客体的互动模式，是中小学数学教师专业意识发展新路径的特征之二。

三、数学教师专业意识发展新路径的特征之三：要素而非实体的关系

关于部分与整体的关系，自古以来都有讨论。以自然态度观之，我们通

常认为二者之间要么是物理性的无机关系，要么是生物性的有机关系。例如，一栋大楼是一个整体，而构成这栋大楼的每个楼层与每个房间皆属于部分，这里的部分与整体显然就是一种无机的物理性关系。再如，如果我们将一个生命体视为一个整体，细胞、组织、器官与系统视为部分，那么这里的整体与部分之间则是一种有机的生物性关系。认知心理学反对将世界视作一种机械的物理性关系，而主张将世界视作一种有机的生物学关系。

不过，现象学哲学对于部分和整体之间的关系有着更为深刻的洞察，它不再以"是否具有有机性"为判别标准，而是以"是否能够独立存在"为标准。例如，果实（部分）虽然长在果树（整体）上，但是果实离开果树之后仍然可以独立存在，像这样的部分与整体之间的关系属于"实体性关系"。以此观之，不管是物理性的无机关系还是生物性的有机关系，只要它们能够彼此独立存在，就是一种实体性关系。然而，类似身体与精神（或者灵魂）、意识活动与意识对象之间的关系则会显得非常特别。一方面，不存在没有身体的精神，也不存在没有精神的身体；另一方面，意识总是对某物——意识对象——的意识，而意识对象也总是某意识主体之意识活动的对象。二者之间是一种相互成全的、不可分割的关系——要素关系，一种完全不同于实体关系的新型关系。如果误把要素关系理解为一种可以相互独立自存的实体关系，势必会造成遮蔽和异化。

特别地，我们的研究表明：先验发生学与个体发生学之间也构成了一种要素关系。如果教师无法对数学学科在先地进行先验发生学分析，那么在应用皮亚杰的"临床诊断法"进行个体发生学分析时就会遭遇到诸多尴尬。我们改进之后的"临床诊断法"不再是纯粹皮亚杰原本意义上的"旁观、记录与建立数理逻辑模型"，而是加进了维果茨基的维度——以儿童"最近发展区"中的问题引导儿童持续思考，进而观察和评估儿童在此过程中显现出来的认知发展水平。也就是说，不仅仅是如实评估儿童原有的认知发展水平，更是评估儿童在一个有意义的教育情景中，认知发展的潜在可能性。然而，即便如此，我们仍然发现评估者经常会遭遇一个令人尴尬的问题：对话经常并不能持续深入地展开。评估者很多时候没有办法通过有效的问题引导儿童思考，进而推动对话的深入进行。事实上，如果评估者不能成为对话推动者，反过来就会成为对话终结者——儿童常常会说：这个游戏不好玩，我不想玩了！为何会如此呢？

我们认为，如果教师能够居先地对数学观念系统进行先验发生学分析，在与儿童对话的时候，就能够根据儿童当下的反应敏感地捕捉到：什么样的问题可以推动儿童的思考，怎样的持续追问可以让对话过程既有趣好玩又充满惊奇感。唯有如此，我们才能够创造性地了解不同年龄阶段儿童的认知发生发展之特点与规律，而不是僵化地生搬硬套皮亚杰的认知心理学理论。这个事实表明，先验发生学与个体发生学之间并不存在所谓的天堑或鸿沟——不是来自互不隶属的、相互割裂的两个完全不同领域中的问题，恰恰相反，前者是后者逻辑在先的、构成性的条件和基础。

另一方面，对于中小学数学教学改革而言，先验发生学分析虽然是至关重要的，但是无论如何，在"教师－知识－学生"三位一体的教育生活世界中，教师之教的意识要想有效激活学生之学的意识，并最终有效建立"教－学"意识的联结，对不同年龄儿童的数学认知发展水平进行深入的个体发生学分析，显然也具有不可替代的价值与意义。只不过，由于个体发生学分析是偏向经验的、实证科学的，所以它必然无法回避自然态度所带来的工具理性主义的危机。而要想有效解决这个危机，应以哲学态度回溯至前科学的原初生活世界——这其实正是现象学先验发生学的领域。也就是说，胡塞尔经由先验现象学揭示出经验世界之科学危机，并不意味着先验世界与经验世界的割裂与对立，恰恰相反，他只是深刻地意识到：仅仅停留在经验世界之自然态度的思考或反思中，根本无法解决经验世界的科学危机，唯有通过艰辛且充满风险的"回溯之旅"——一种彻底的先验现象学之哲学态度，才能在旅程的终点处，解决经验世界的问题或危机。所以，在根本处，个体发生学其实是对先验发生学的持续拓展与生成，两者不是彼此割裂的、完全无关的两个领域。这种独特的关系决定了：先验发生学不再彻底地将自己封闭于先验领域，而是以充满生机与活力的形态进入个体发生学；同时，个体发生学也不再是纯粹经验的，而是总能以先验发生学为其逻辑在先的构成性条件和基础。

由此可见，先验发生学与个体发生学之间并不是彼此独立自存的"实体关系"，而是一种不可分割的、可以相互成全彼此成就的"要素关系"。这种关系也同时证明了我们在本章第二节开头处做出的猜想：个体发生学是联结先验发生学与教育生活世界的桥梁。现在，桥梁的一端（先验发生学）与桥梁自身（个体发生学）都已清晰地显现出来，这意味着，教师之教的数学意识与教师之教的学生意识都已得到充分的激活。那么，桥梁的另一端，也就是由"教师－知识－学生"构成的实践性的教育生活世界，又会显现出一副怎样的风景呢？这个谜底其实在第三章已经揭晓。

　　先验发生学与个体发生学之间的要素而非实体的关系，是中小学数学教师专业意识发展新路径的特征之三。在此基础上，我们进一步明确了先验发生学、个体发生学与数学教育发生学之间的关系：先验发生学是个体发生学逻辑在先的构成性条件和基础，同时，先验发生学与个体发生学又共同构成了数学教育发生学逻辑在先的构成性条件与基础。三者之间的具体关系如下图所示：

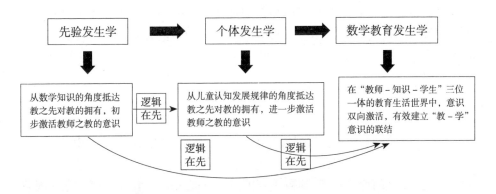

图4-44　先验发生学、个体发生学与数学教育发生学之间的关系

第四节　中小学数学教师专业意识发展意味着"教－学"意识联结的持续立义和充实

　　本研究的核心问题是"让儿童的数学认识发生，建立'教－学'意识的联结"，这个难题的有效解决，显然为中小学数学教师专业意识发展指明了

一条清晰的路径，即：数学"教-学"意识联结的持续立义和充实。"立义"意指意识活动的内在动力机制，"我"——意识主体之权能、理性精神的自觉承担者和传承者——始终在场。需要特别指出的是，这里的"权能"并不仅仅意指通常所说的"主观能动性"，而是说在"我"的意识构造活动中，相对于意识对象直观自明地给予"我"的东西（例如正方体的某个侧面），"我"总是能够看到更多（例如整体性的正方体）——这是人之为人的理性精神的真正源头。"充实"意指意识活动的构成性与生长性，而且，作为意识主体的"我"的观念的诞生与发展总是建立在自明性的基础之上。"持续"则是相对"不持续"而言的，假如不可持续，则意味着遮蔽与异化，意味着胡塞尔所说的"科学和社会的危机"，对我们而言，则意味着基础数学教育的危机。

表面上看，本研究涉及教师之教的意识、学生之学的意识，以及"教-学"意识的联结，而且通过前文的论述，我们已然清晰"教-学"意识的有效联结应该以前两者同时得以激活为前提——两个盲目的或者沉睡中的意识不太可能建立有效联结，不过"教-学"意识的联结并非仅仅是一个孤立的终点，本质上，它也是一个持续立义和充实的过程。而且这个过程有一条明线，同时还有一条暗线，它们具有虽然复杂但却清晰可见的内在互动关系。

一、数学教师专业意识发展应该以"意识的激活"为明线

在追问"激活教师之教的数学意识何以可能"时，我们运用了先验现象学的还原法，而非自然科学的还原法，这是因为自然科学的还原法以实证主义为原则，最后一般要还原到最基础的客观因果性，特别是将人的认识活动最终还原到"本能"或"神经元的连接"等生物性因素。我们熟知的皮亚杰的发生认识论，就是将儿童观念建构的内在机能一直还原到呱呱坠地的儿童的三项本能——注视、抓握与吮吸；而脑科学则将人类的认识与信息加工还原到神经元的连接。然而，许多高等哺乳动物所具有的本能并不弱于人类的儿童，其神经元的连接机制也与人类相差无几，但是它们不管是在纯自然状态，还是在人为设计的实验环境中，都无法发展出人类所特有的、复杂的高

级意识活动，这一切都表明自然科学的还原法具有显而易见的局限性。胡塞尔的先验现象学还原法则完全不同，他从我们既习焉不察又变动不居的经验领域直接还原到先验意识领域，直至前科学的原初生活世界，然后将在自明性的直观中获得的原初意义和原初自明性作为意识发生的起点，同时以先验意识主体的意识发生之权能作为意识发生构成性的条件和基础，进而分析先验意识的构造和发生机制。贯通两种还原法，对于探索意识发生的机制显然更具启发意义。

　　正是基于这样的思路，我们通过先验现象学分析，探索了激活教师之教的数学意识的可能性路径——从学科内容的角度抵达"教之先对教的拥有"；以此为基础，我们又运用个体发生学，探索激活教师之教的学生意识的可能性路径——从了解儿童认知发展规律的角度抵达"教之先对教的拥有"；在此基础上，教师可以设计"初级好问题"，为儿童——作为另外一个独立的意识主体——搭建激活学的意识的支架；学生在独立探索"初级好问题"的基础之上，学的意识得到初步激活；同时，教师之教的意识也通过确定"高级好问题"得到进一步的激活；最后，在正式的课堂对话中，师生双方围绕"高级好问题"展开课堂对话，从而使教的意识与学的意识得到最为充分的相互激活，并最终有效建立"教－学"意识的联结。这条明线如下图所示：

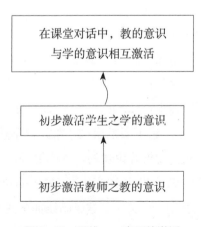

图4-45　明线——意识的激活

显然，"意识的激活"是中小学数学教师专业意识发展的一条明线。

二、数学教师专业意识发展应该以"发生学分析"为暗线

本研究还有一条暗线：从"先验发生学"到"个体发生学"，最后再到"数学教育发生学"。具体来说，"先验发生学"是针对第二章提出的教师之教的数学意识处于遮蔽之中而展开的，其根本目的就是"祛除遮蔽"——让数学的原初自明性和逻辑自明性能够如其所是地显现出来，从而从学科内容的角度激活教师之教的数学意识。此乃基础数学教育最为重要的，也是最易被忽视的、逻辑居先的构成性条件和基础。先验发生学是一趟极其艰辛的思维长征，它不仅要找到基础数学教育阶段每一个知识与概念在"唐古拉山"的"三江源"——以原初意义和原初自明性为判准的原初观念，而且还要以逻辑自明性为判准，厘清每一个原初观念从"三江源"抵达"入海口"的清晰路径！那些拒绝思维长征，试图获得对随机相遇的数学知识或概念的本质直观能力的做法，有可能将先验发生学变为充满神秘主义的玄学。

"个体发生学"是对第二章提出的"教师之教的学生意识处于遮蔽之中"的问题做出的回应，它涉及皮亚杰和维果茨基的建构主义认知心理学，但并不是对经典皮亚杰理论的机械应用，也不是对皮亚杰与维果茨基认知心理学的简单综合，而是以胡塞尔先验发生学为居先的基础，进而展开的个体发生学分析。换句话说，唯有在教师之教的数学意识得以初步激活的前提下，才可以展开个体发生学分析，否则，个体发生学分析就将成为自然态度下的心理学，甚至是工具理性主义取向的方法论而已。

"数学教育发生学"是对第二章提出的"'教－学'意识的联结处于遮蔽之中"的问题做出的回应，它主要是通过"单元教学整体设计发生学分析"与"课堂对话发生学分析"而展开论述的。本质上讲，"教－学"意识能否真正建立联结，是衡量数学教育发生学能否真正发生的唯一标准；或者说，二者本就是一体两面、相互印证的关系。这条暗线如下图所示：

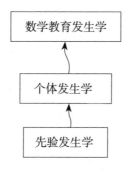

图4-46 暗线——发生学分析

在此，"发生学分析"构成了中小学数学教师专业意识发展的一条暗线。

三、数学教师专业意识发展应该实现明线与暗线的汇合

从表面上看，明线与暗线是在最终的课堂对话中才得以真正汇合的，这种汇合也就意味着"教－学"意识的联结得以真正的建立。但是，这样的理解显然过于简单了。从意识的激活与发生的角度讲，教师之教的意识、学生之学的意识、"教－学"意识的联结，它们都拥有自己的从种子到花朵、再从花朵到果实的发生学历程。换句话说，教师之教的意识在先验发生学分析时第一次得以立义和充实；在个体发生学分析时第二次得以立义和充实；在初步激活学生之学的意识的过程中，它第三次得以立义和充实；在苏格拉底式的课堂对话中，它第四次得以立义和充实；在与学生课后探索与创造的互动中，它第五次得以立义和充实……

同样的道理，学生之学的意识在学习者自主探索教师提供的"支架"——"初级好问题"的时候，第一次得以立义和充实；在围绕"高级好问题"展开课堂对话的过程中，学生之学的意识可以进一步得到立义和充实；在课后拓展和自主创造的过程中，学生之学的意识有可能达到立义和充实的高峰……

特别地，从某种程度上讲，我们完全可以说："教－学"意识联结在先验发生学分析的过程中，已经得到第一次立义和充实。试想，如果一位教师没

有意识到学生之学的意识，那么，他试图激活自己的教师之教的数学意识的目的何在呢？同样的道理，如果一位教师没有意识到学生之学的意识，那么，他对儿童进行个体发生学分析的价值和意义又是什么呢？这就表明，"教－学"意识联结在个体发生学分析时得到了第二次立义和充实；而在课前挑战"初级好问题"、初步激活学生之学的意识的过程中，它第三次得到立义和充实；在结合典型认知冲突、确定"高级好问题"的过程中，它第四次得到立义和充实；在围绕"高级好问题"展开课堂对话时，它第五次得到立义和充实……

　　而且，需要特别指出的是，以上论述仅仅涉及"教－学"意识联结在横向维度上的立义和充实。事实上，在发生学的纵向维度或者说历史性维度上，"教－学"意识联结还会沿着螺旋上升的状态持续得到立义和充实。换句话说，教师之教的意识、学生之学的意识、"教－学"意识的联结，并不是像通常想象的那样，仅仅在课堂对话中才第一次汇合到一起，而是在每一个环节，教的意识与学的意识总是在一起的、不可分割的、彼此成全的。它们的关系如下图所示：

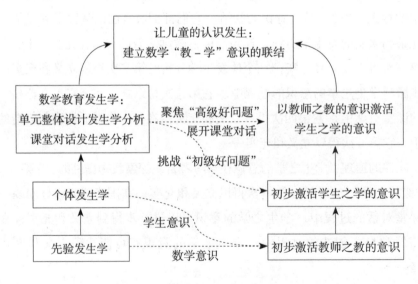

图4-47　"明线"与"暗线"的汇合

明线和暗线汇合的过程，如果以"学生之学"的视角观之，就是让儿童的数学认识得以如其所是地发生；如果以"教师之教"的视角观之，其实就是"教师的专业意识"得以持续立义和充实的过程。也就是说，在教师专业意识激活与生长的过程中，学生之学的意识不能缺位，"教－学"意识的联结更不能缺位，否则教师专业意识中的"专业"又该如何体现呢？或者说，这里的"专业"也许就与教育无关了。

至此，我们可以清晰地看出中小学数学教师专业意识发展的根本路径，即"教－学"意识的持续立义和充实。此路径的起点是带有先验性质的教师之教的意识，即：教师作为意识主体，如何基于自身之权能，以自明性为判准，让数学教科书中的客观知识系统去客观化——在自己的意识构造活动中清晰地呈现每一个数学观念"从种子到大树"的发生学历程；以及让儿童的认知发展规律去客观化——在自己的意识构造活动中清晰地呈现不同年龄阶段儿童的认知发生发展之规律，特别是对儿童朝向未来的认知发展之可能性的洞察与领会。此路径的终点是超越先验与经验对立的教育生活世界中"教－学"意识的有效联结。显然，这里的"起点"与"终点"并不是相互对立的两件事，也不是客观时间上前后相继的两件事，甚至也不是逻辑上前后相继的两件事。因为，作为起点的教师之教的意识总是具有能动性和发生性，它总是指向学生之学的意识与"教－学"意识的有效联结，否则它就会落于虚寂和玄想。也就是说，教师之教的意识只有在教育实践的运用中才能如其所是地显现为教师之教的意识。而作为终点的"教－学"意识的有效联结，不能指向外在的分数与升学率，甚至不能指向通常所说的对客观化的具体数学知识的理解与掌握，而应该指向学生之学的意识的激活与数学观念的建构和生成，这也正是作为起点的教师之教的意识的本质属性与特征。起点只有在持续向着终点运动的过程中才能成其为起点，终点也只有在持续回归起点的过程中才能成其为终点，它们之间的这种属性——既动态发生又合二为一的关系，也正是中小学数学教师专业意识的持续立义和充实的过程。

综合上述思考，我们构建了一条中小学数学教师专业意识发展的可能性路径。在第三章结束时，我们通过构建单元教学整体设计发生学模型与课堂对话发生学模型，在"教师－知识－学生"三位一体的教育生活世界中构建了数学教育发生学。我们在本章接着追问：是谁构成了数学教育发生学逻辑居先的构成性条件和基础？然后通过先验发生学激活教师之教的数学意识，通过个体发生学激活教师之教的学生意识。同时，在汇通二者内在关系的基础上，明确此二者正是中小学数学教师职前专业意识发展的可能性路径。在此基础上进一步指明：中小学数学在职教师可以通过哲学态度的实践性反思，踏上一条"职前－职后"一体化的专业意识发展道路。其关系如下图所示：

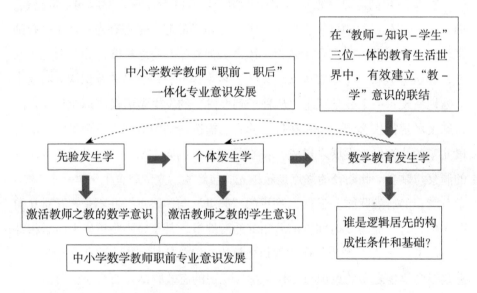

图4-48　中小学数学教师"职前－职后"一体化的专业意识发展道路

致　谢

　　历经千辛万苦，本研究终于完成了，在此之际，我要向所有支持和帮助过我的人表示诚挚的谢意。

　　首先，我要感谢我的导师朱晓宏教授，她给予了我选题、研究方向和学术写作等方面的指导和帮助。她的耐心指导和严格要求让我受益匪浅，不仅让我更加深入地理解了本研究所涉及的问题，而且坚定了我献身基础教育事业的决心和信念。同时，我也要特别感谢张景斌老师、刘晓玫老师、张菁老师、王攀峰老师、岳欣云老师和鞠玉翠老师在研究过程中给予我的指导和帮助。

　　其次，我要感谢我的家人和朋友们。他们给予了我精神上的鼓励和物质上的支持，没有他们的支持，我很难完成这个研究。特别是我的儿子王瀚同学，他从三岁开始，就与我一起玩过上千个数学游戏，不仅让我享受到亲子陪伴的快乐，而且让认知心理学的"灰色理论"变为鲜活的实践体验。

　　再次，我要感谢参与本研究的开封市贞元学校的老师们和同学们。他们的积极参与和配合是本研究能够顺利进行的关键。他们不仅为本研究提供了宝贵的基础数学教育案例，而且也让本研究从起始处就具有了一定的实践意义。

　　最后，我还要特别感谢漓江出版社的文龙玉先生与本书的编辑潘潇琦老师，没有她们的大力支持和辛勤劳作，就不会有本书的面世。

参考文献

A.1 普通图书

1. 曹才翰，章建跃．数学教育心理学 [M].北京：北京师范大学出版社，2006.

2. 冯友兰．中国哲学简史 [M].赵复三，译．北京：世界图书出版公司，2013.

3. 黄秦安．数学哲学与数学文化 [M].西安：陕西师范大学出版社，1999.

4. 金良年．孟子译注 [M].上海：上海古籍出版社，2004.

5. 李其维．破解"智慧胚胎学"之谜：皮亚杰的发生认识论 [M].武汉：湖北教育出版社，2001.

6. 李泽厚．论语今读 [M].天津：天津社会科学院出版社，2007.

7. 罗义俊．老子译注 [M].上海：上海古籍出版社，2012.

8. 牟宗三．中国哲学十九讲 [M].吉林：吉林出版集团有限责任公司，2010.

9. 牟宗三．中西哲学之会通十四讲 [M].吉林：吉林出版集团有限责任公司，2010.

10. 宁虹．重新理解教育：来自教师发展学校的报告 [M].北京：教育科学出版社，2010.

11. 钱穆．论语新解 [M].北京：生活·读书·新知三联书店，2005.

12. 史宁中．基本概念与运算法则 [M].北京：高等教育出版社，2013.

13. 史宁中．数学思想概论：1~4辑 [M].长春：东北师范大学出版社，2009.

14. 杨柳桥 . 庄子译注 [M]. 上海：上海古籍出版社，2007.

15. 郑毓信 . 数学哲学与数学教育哲学 [M]. 南京：江苏教育出版社，2007.

16. 柏拉图 . 理想国 [M]. 张竹明，译 . 南京：译林出版社，2021.

17. 洛克哈特 . 度量：一首献给数学的情歌 [M]. 王凌云，译 . 北京：人民邮电出版社，2015.

18. 布卢姆 . 教育目标分类学 [M]. 罗黎辉，等译 . 上海：华东师范大学出版社，1986.

19. 布鲁纳 . 布鲁纳教育文化观 [M]. 宋文里，黄小鹏，译 . 北京：首都师范大学出版社，2012.

20. 沃兹沃斯 . 皮亚杰的认知发展理论 [M]. 周镐，等译 . 武汉：华中师范大学出版社，1986.

21. 苏泽 . 人脑如何学数学 [M]. 赵晖，等译 . 上海：上海教育出版社，2019.

22. 杜威 . 民主主义与教育 [M]. 王承绪，译 . 北京：人民教育出版社，2001.

23. 杜威 . 学校与社会：明日之学校 [M]. 赵祥麟，等译 . 北京：人民教育出版社，2004.

24. 杜威 . 我们怎样思维·经验与教育 [M]. 姜文闵，译 . 北京：人民教育出版社，2005.

25. 杜威 . 经验与自然 [M]. 傅统先，译 . 北京：商务印书馆，2015.

26. 埃里克森 . 同一性：青少年与危机 [M]. 孙名之，译 . 北京：中央编译出版社，2015.

27. 弗赖登塔尔 . 作为教育任务的数学 [M]. 陈昌平，等译 . 上海：上海教育出版社，1995.

28. 波利亚 . 数学与猜想：合情推理模式 [M]. 李志尧，等译 . 北京：科学出版社，2012.

29. 赫尔巴特 . 普通教育学 [M]. 李其龙，译 . 北京：人民教育出版社，2015.

30. 胡塞尔 . 第一哲学：上下卷 [M]. 王炳文，译 . 北京：商务印书馆，2010.

31. 胡塞尔 . 现象学的观念 [M]. 倪梁康，译 . 北京：人民出版社，2007.

32. 胡塞尔 . 欧洲科学的危机与超越论的现象学 [M]. 王炳文，译 . 北京：商务印书馆，2001.

33. 怀特海 . 教育的目的 [M]. 庄莲平，等译 . 上海：文汇出版社，2012.

34. 皮亚杰，英海尔德 . 儿童心理学 [M]. 吴福元，译 . 北京：商务印书馆，1980.

35. 皮亚杰 . 教育科学与儿童心理学 [M]. 傅统先，译 . 北京：文化教育出版社，1981.

36. 皮亚杰 . 发生认识论 [M]. 王宪钿，等译 . 北京：商务印书馆，1981.

37. 皮亚杰 . 结构主义 [M]. 倪连生，等译 . 北京：商务印书馆，2006.

38. 皮亚杰，加西亚 . 心理发生与科学史 [M]. 姜志辉，译 . 上海：华东师范大学出版社，2005.

39. 皮亚杰 . 走向一种意义的逻辑 [M]. 李其维，译 . 上海：华东师范大学出版社，2005.

40. 皮亚杰 . 可能性与必然性 [M]. 熊哲宏，译 . 上海：华东师范大学出版社，2005.

41. 伽达默尔 . 真理与方法：哲学解释学的基本特征 [M]. 洪汉鼎，译 . 北京：商务印书馆，2007.

42. 加拉格尔 . 解释学与教育 [M]. 张光陆，译 . 上海：华东师范大学出版社，2009.

43. 康德 . 纯粹理性批判 [M]. 邓晓芒，译 . 北京：人民出版社，2004.

44. 康德 . 实践理性批判 [M]. 邓晓芒，译 . 北京：人民出版社，2016.

45. 夸美纽斯 . 大教学论 [M]. 傅任敢，译 . 北京：人民教育出版社，1984.

46. 任钟印 . 夸美纽斯教育论著选 [M]. 任宝祥，等译 . 北京：人民教育出版社，2005.

47. 泰勒 . 课程与教学的基本原理 [M]. 施良方，译 . 北京：人民教育出版社，1994.

48. 帕尔默 . 诠释学 [M]. 潘德荣，译 . 北京：商务印书馆，2012.

49. 维果茨基 . 思维与语言 [M]. 李维，译 . 北京：北京大学出版社，2010.

50. 查尔斯沃斯 .3~8 岁儿童的数学经验 [M]. 潘月娟，译 . 北京：人民教育出版社，2007.

51. 克莱因 . 数学：确定性的丧失 [M]. 李宏魁，译 . 长沙：湖南科学技术出版社，2001.

52. 海德格尔 . 存在与时间 [M]. 陈嘉映，王庆节，译 . 北京：生活·读书·新知三联书店，2014.

53. 范梅南，莱维林 . 儿童的秘密：秘密、隐私和自我的重新认识 [M]. 陈慧黠，曹赛先，译 . 北京：教育科学出版社，2014.

54. 范梅南 . 生活体验研究：人文科学视野中的教育学 [M]. 北京：教育科学出版社，2003.

55. 梅洛 – 庞蒂 . 知觉现象学 [M]. 姜志辉，译 . 北京：商务印书馆，2001.

56. 诺丁斯 . 教育哲学 [M]. 许立新，译 . 北京：北京师范大学出版社，2008.

57. 柯普兰 . 儿童怎样学习数学：皮亚杰研究的教育含义 [M]. 李其维，康清镳，译 . 上海：上海教育出版社，1985.

58. 梯利 . 西方哲学史 [M]. 葛力，译 . 北京：商务印书馆，2000.

59. 劳黑德 . 哲学的历程：西方哲学历史导论 [M]. 郭立东，丁三兰，译 . 北京：中国轻工业出版社，2017.

60. 伍鸿熙 . 数学家讲解小学数学 [M]. 赵洁，林开亮，译 . 北京：北京大学出版社，2016.

61. 多尔 . 后现代课程观 [M]. 王红宇，译 . 北京：教育科学出版社，2015.

62. 布兰思福特等 . 人是如何学习的：大脑、心理、经验及学校 [M]. 程可拉，等译 . 上海：华东师范大学出版社，2013.

63. 安吉莱瑞. 如何培养学生的数感 [M]. 徐文彬，译. 北京：北京师范大学出版社，2007.

64. 佐藤学. 学习的快乐：走向对话 [M]. 钟启泉，译. 北京：教育科学出版社，2004.

A.2 期刊

1. 陈亚军. 实用主义的现象学意蕴 [J]. 学术月刊，2020（1）.

2. 陈立强，曹建华. 关于发生认识论对数学教学影响的认识和思考：由《发生认识论》、《发生认识论原理》想到的 [J]. 科学教育，2002（4）.

3. 陈兆绪. 具身认知视角下初中数学实验教学的构建 [J]. 中学数学，2021（10）.

4. 陈瑶. 心理学家皮亚杰对教育科学的建议：《教育科学与儿童心理学》导读 [J]. 教育科学研究，2015（3）.

5. 蔡春. 现象学精神及其教育学意蕴 [J]. 教育研究，2009，30（8）.

6. 蔡春. 教师的哲学诉求：兼论教师教育的路径问题 [J]. 教育研究，2018（3）.

7. 党亭军. 中小学数学教学改革中的基本矛盾分析及对策研究 [J]. 内蒙古师范大学学报（教育科学版），2010（3）.

8. 董巧芬. 透过皮亚杰的认知发展理论看低年级计算教学 [J]. 小学科学：教师，2011（6）.

9. 何浩平. 为什么用先验现象学能够更好地做数学哲学 [J]. 现代哲学，2016（2）.

10. 何永江. 将数学史引入日常教学，再现"火热的发现" [J]. 空中英语教室（社会科学版），2011（7）.

11. 蒋颖. 什么是几何学的起源：德里达对胡塞尔意义回溯理论的诠释与解构 [D]. 复旦大学，2008.

12. 蹇小兵. 浅谈中小学数学教学改革的主要内容 [J]. 青春岁月，2017（13）.

13. 江春莲. 英国中小学数学教育改革述评 [J]. 比较教育研究，1996（4）.

14. 蒋瑶君. 浅谈小学数学探究性学习 [J]. 新课程学习，2011（10）.

15. 孔明安 . 意义的历史及其回溯：胡塞尔《几何学的起源》解读 [J]. 中国社会科学院研究生院学报，2007（5）.

16. 孔明安 . 历史现象学与意义的建构：从《几何学的起源》谈起 [J]. 社会科学战线，2008（9）.

17. 李友莉 . 皮亚杰认知发展理论对小学数学教学的启示 [J]. 现代教育科学，2019（2）.

18. 卢盛华 . 教学方式对小学生数学图式形成的影响 [J]. 心理科学，2003，26（1）.

19. 马新晶 . 语言与意义：胡塞尔《几何学的起源》解读 [J]. 中共济南市委党校学报，2014（2）.

20. 倪梁康 . 观念主义，还是语言主义：对石里克、维特根斯坦与胡塞尔之间争论的追思 [J]. 浙江学刊，2006（5）.

21. 倪梁康 . 历史现象学的基本问题：胡塞尔《几何学的起源》中的历史哲学思想 [J]. 社会科学战线，2008（9）.

22. 倪梁康 . 何为本质，如何直观？：关于现象学观念论的再思考 [J]. 学术月刊，2012（9）.

23. 倪梁康 . 胡塞尔未竟之作《危机》的形成始末与基本意涵 [J]. 山西大学学报（哲学社会科学版），2015（8）.

24. 倪梁康 . 二十世纪数学基础论争中的现象学：从胡塞尔、贝克尔与外尔的思想关联来看 [J]. 中山大学学报（社会科学版），2016（6）.

25. 倪梁康 . 现象学的数学哲学与现象学的模态逻辑：从胡塞尔与贝克尔的思想关联来看 [J]. 学术月刊，2017，49（1）.

26. 倪梁康 . 胡塞尔《笛卡尔式的沉思与巴黎讲演》（1931年）的形成始末与基本意涵 [J]. 现代哲学，2019（1）.

27. 倪梁康 . 教育现象学的基本观念与方法：胡塞尔与芬克的教育思想概述 [J]. 甘肃社会科学，2019（5）.

28. 倪梁康 . 回忆与记忆 [J]. 浙江学刊，2020（2）.

29. 倪梁康 . 何谓意识：东西方意识哲学传统中的视角与理解 [J]. 南京大学学报（哲学·人文科学·社会科学），2020（7）.

30. 倪梁康．胡塞尔与帕托契卡的生活世界：作为实践哲学家的现象学家 [J]．外国哲学，2021（1）．

31. 潘建屯．胡塞尔历史现象学研究：以考问德里达对《几何学的起源》的批判为主线 [J]．中山大学，2011．

32. 钱捷．《几何学的起源》和发生现象学 [J]．"现象学与伦理"国际学术研讨会暨第十届中国现象学年会会议论文集，2004．

33. 汪树林．通向"儿童数学"的途中："儿童数学"的现象学意蕴 [J]．江苏教育研究，2011（3）．

34. 王庆丰．德里达发生现象学研究中的"历史"概念 [J]．吉林大学社会科学学报，2009（3）．

35. 王亚娟．被遗忘的起源：梅洛 – 庞蒂对胡塞尔《几何学的起源》的解读 [J]．哲学研究，2020（1）．

36. 左梦兰，陶云．7—8岁儿童数学运算能力发展的实验研究 [J]．心理科学，1994（1）．

37. 夏秋红．以儿童喜闻乐见的方式展开教学 [J]．小学科学（教师版），2017（11）．

38. 谢利民．论胡塞尔早期的数学哲学与现象学突破：以亚里士多德与柏拉图关于数的争论为背景 [J]．南京大学学报（哲学·人文科学·社会科学版），2014，51（1）．

39. 薛莉．读胡塞尔《几何学的起源》有感 [J]．安徽文学（下半月），2006（10）．

40. 于丰园．论胡塞尔关于数学起源的思想 [J]．黄山学院学报，2012，14（3）．

41. 朱晓宏．论哲学之思与教师专业发展 [J]．教育研究，2007（10）．

42. 朱晓宏．重新理解教师的境域与习惯：基于生活世界现象学的理论视域 [J]．教育研究，2014（5）．

43. 朱晓宏．教师的视界，学生的世界 [J]．中国德育，2016（19）．

44. 朱晓宏．"师说别解"与"师道实话"：为教师"正名"：陈桂生先生的教师研究视域与实践关怀 [J]．教师发展研究，2023（1）．

45. 朱刚. 交互主体性与他人：论胡塞尔交互主体性现象学的意义与界限 [J]. 哲学动态，2008（4）.

46. 张丹. 中国数学会中小学数学教育改革研讨会记录 [J]. 数学通报，2000（11）.

47. 张宪. 我与他人：胡塞尔的《笛卡尔式的沉思》[J]. 中国现象学与哲学评论，2004（1）.

48. 周觅. 皮亚杰与维果茨基儿童观比较研究 [J]. 教学与管理（理论版），2012（9）.

49. 朱德虎. 激发数学学习兴趣提高小学数学教学效率 [J]. 新课程，2019（3）.

50. 张梅，孔明安. 论"历史先天"：读胡塞尔《几何学的起源》[J]. 中国社会科学院研究生院学报，2009（4）.

51. HARTIMO M. Husserl's transcendentalization of mathematical naturalism[J]. Journal of Transcendental Philosophy, 2020（10）.

52. HARTIMO M H. From geometry to phenomenology[J]. Synthese, 2008（2）.

53. GRIEDER A. Husserl and the origin of geometry[J]. Journal of the British Society for Phenomenology, 2014, 20（3）.

54. CABRERA C, KRETSCHEL V. Husserl's phenomenology and the problem of the future: Towards a practical approach[J]. Comparative and Continental Philosophy, 2021, 3(1).

55. KOSE, FIREMAN G, GARY. Postmodern readings of Piaget's genetic epistemology[J]. Journal of Theoretical and Philosophical Psychology, 2000（1）.

56. OJOSE B. Applying Piaget's theory of cognitive development to mathematics instruction[J]. Mathematics Educator, 2008, 18(1).

57. RHETA, DEVRIES. Vygotsky, Piaget, and Education: A reciprocal assimilation of theories and educational practices[J]. New Ideas in Psychology, 2000, 18(2).

58. SHAYER M. Not just piaget, not just vygotsky, and certainly not vygotsky as an alternative to piaget[J]. Learning & Instruction, 2003.

59. PHILIPP G. Education, not democracy? The apolitical dewey[J]. Studies in Philosophy & Education, 2000.

60. YE Y, HUANG S Y. Development of John Dewey's educational philosophy and its implications for children's education[J]. Policy Futures in Education, 2021.

61. CUNHA M. V. DA. We, John Dewey's audience of today[J]. Journal of Curriculum Studies, 2016, 48(1).

62. BIESTA G, MIEDEMA S. Context and interaction: How to assess Dewey's influence on educational reform in Europe? [J] Studies in Philosophy & Education, 2000, 19(1).

63. RADU L. John Dewey and progressivism in American education[J]. Bulletin of the Transilvania University of Braov, 2011, 4(2).

64. SOLOVIEVA Y, QUINTANAR L. The zone of proximal development during assessment of intellectual development in preschool children[J]. Psychology in Russia: State of the Art, 2016（4）.